운명

MATSUSHITA LEADERSHIP by John P. Kotter
Copyright © 1997 by John P. Kotter
All rights reserved.
This Korean edition was published by Dasan Books in 2015
by arrangement with the original publisher, Free Press,
A Division of Simon & Schuster, Inc., New York
through KCC(Korea Copyright Center Inc.), Seoul.

이 책은 (주)한국저작권센터(KCC)를 통한 저작권자와의 독점계약으로
(주)다산북스에서 출간되었습니다.
저작권법에 의해 한국 내에서 보호를 받는 저작물이므로
무단전재와 복제를 금합니다.

하버드 교수 존 코터의
마쓰시타 고노스케 이야기

존 코터 지음 · 이주만 옮김

더 좋은 세상을 만드는 데 기여한 한 기업가의 삶을 소개한 훌륭한 책이다. 한 기업을 세우고, 한 산업을 개척하고, 한 나라를 부유하게 하는 데 기여한 한 남자의 운명에 관한 이야기를 들을 수 있다.

워렌 베니스 Warren Bennis
서던캘리포니아대학 경영학 교수이자 하버드 케네디 행정대학원 자문위원회 의장, 『판단력』의 저자

매력적인 한 지도자의 인생을 탁월하게 조명한 책이다. 나는 이 책에서 많은 것을 배웠다.

마이클 요시노 Michael Yoshino, 하버드 경영대학원 교수

무척 흥미롭고 배울 점이 많고 도전의식을 불러일으키는 책이다. 마쓰시타의 생애와 그가 이룬 업적은 감동과 감탄을 자아낸다.

새뮤얼 슈와브 Samuel C. Schwab, 슈와브 컴퍼니Schwab Company 대표이사

많은 사람들에게 영감을 줄 훌륭한 책이다.

존 리즐리 John C. Risley, 클리어워터 파인 푸드Clearwater Fine Foods 대표이사

생각을 자극하는 탁월한 책이다.

J. 데이비드 마틴J. David Martin, 번햄 퍼시픽Burnham Pacific 대표이사

생각해볼 거리가 많은 흥미로운 책이다. 특히 자기 자신과 직원들을 위해 끊임없이 배우는 마쓰시타의 자세는 본받을 만하다. 여느 사람이라면 좌절하고 말았을 개인적인 비극을 겪었지만 이를 승화시킨 마쓰시타의 이야기를 읽고 느낀 점이 크다.

렌 시갈 Len Siegal, 시갈 철강회사|Siegal Steel Company 최고경영자

충실한 자료조사를 바탕으로 집필한 이 책은 술술 읽히면서도 감동적이다. 이 책이 우리에게 전하는 메시지는 강력하고 호소력이 있다. 특히 인간의 본성을 긍정적으로 바라보고 겸손한 자세로 평생 배움을 구하는 일이 얼마나 중요한지 생생하게 증명한다.

팸 머렐 Pam Merrell, 몬태나 전력회사|Montana Power Company 부사장

매력적인 한 인간의 삶과 그가 남긴 유산에 관한 이야기로 시종일관 흥미진진하면서도 명쾌하다. 이 책에는 우리에게 깨우침을 주는 마쓰시타의 일화들이 풍부하게 담겨 있다. 비록 장사치라도 인본주의적 신념에 부합하는 이상적 목표를 세워 이를 실현하는 일이 가능하다고 확신했던 한 인물에게서 오늘날의 기업가들은 배울 점이 참 많다. 그리고 일반 독자는 평생 배우는 일을 중단하지 않았던 마쓰시타를 보며 자신을 돌아보게 될 것이다.

스테판 로슈 Stephan Roche, 베인앤드컴퍼니|Bain and Company 컨설턴트

차례

프롤로그 유산　　　　　　　　　　　　　　　8

1부___운명이 정한 길

1장_ 아버지의 실패　　　　　　　　　　　31
2장_ 강철처럼　　　　　　　　　　　　　50
3장_ 홀로 세상 속으로　　　　　　　　　　68

2부___새로운 시대의 개척자

4장_ 불굴의 의지로 세운 회사　　　　　　85
5장_ 더 좋게 더 싸게　　　　　　　　　　102
6장_ 대공황　　　　　　　　　　　　　　125

3부___진화하는 목표와 신념

7장_ 기업의 마음　　　　　　　　　　　147
8장_ 롤러코스터의 꼭대기　　　　　　　168
9장_ 선택　　　　　　　　　　　　　　188

4부 ___ 평범한 경영자에서 위대한 리더로

10장_ 잿더미 속에서   203
11장_ 도약   220
12장_ 과감한 움직임   240

5부 ___ 운명을 책임지는 힘

13장_ 은퇴생활   265
14장_ 쓰고, 또 쓰고   281
15장_ 그리고 끝   298

에필로그 신화가 된 남자   313

감사의 말   330
자료에 대한 설명   338
주석   340

프롤로그
유산

———

마쓰시타 고노스케를 보면, 여러모로 위대한 사람처럼 보이지 않는다. 오래전 사진 속에 보이는 그는 웃음기 없는 표정에 비행기 날개처럼 기다란 귀가 유독 돋보이는 젊은이였다. 키는 165센티미터에 체중은 항상 60킬로그램을 넘지 않았다.[1] 마쓰시타는 경쟁사인 소니의 창업자 모리타 아키오와는 달리 카리스마가 느껴지는 잘생긴 외모도 아니고, 국제적으로 널리 알려진 사람도 아니다. 또 서양의 유명 정치인들과 달리, 대중 연설에도 능숙하지 않았고 말년에는 목소리마저 작아져 무슨 말인지 더욱 알아듣기 힘들었다. 번뜩이는 두뇌회전을 보여주거나 재미난 이야기로 청중을 열광시키는 경우도 드물었다. 그럼에도 마쓰시타 고노스케는 위대한 사람이 할 만한 일들을 해냈다. 많은 사람들에게 영감을 주며 우리 삶의 여건을 개선하는 데 크게 이바지했다.

1989년 봄, 그가 세상을 떠났을 때 장례식에는 2만 명이 넘는 인파가 몰렸다. 유가족에게 전달된 조전弔電에서 미국 대통령은 마쓰시타를 가리켜 '전 세계인들에게 귀감'이 되었던 인물이라고 칭송했다. 그 내용은 다음과 같다.

친애하는 마쓰시타 마사하루 님께.
마쓰시타 고노스케 회장님이 서거하였다는 소식에 심심한 애도의 뜻을 표합니다. 고인께서는 전 세계 많은 사람들에게 귀감이 되었습니다. 고인께서 원대한 꿈을 품고 근면하게 노력한 결과 마쓰시타전기는 신기술을 선도하는 위대한 기업으로 성장했습니다. 또 성공에 따르는 더 큰 의무와 책임을 깊이 통감하고 국제적인 이해와 세계 평화를 위해서도 노고를 아끼지 않았습니다. 고인께서는 일본이 세계 사회의 일원으로서 책임을 다하며, 전후 일본이 부단한 노력으로 번영을 누렸듯이 다른 국가들을 위해 일본 정부가 기여하도록 촉구했습니다. 우리는 고인을 무척 그리워할 것이며, 고인의 정신은 언제나 우리와 함께할 것입니다. 슬픔에 잠긴 유가족 분들께 심심한 위로의 말을 전합니다.

— 조지 부시

마쓰시타 고노스케가 남긴 유산은 엄청나다. 그는 제2차 세계대전 후 일본의 경제 부흥을 이끌었던 주역으로, 파나소닉을 비롯한 여러 브랜드를 이끌면서 수십억 인구에게 가전제품을 공급했다. 이 당시 주요 기업이 확보한 고객 수를 모두 정확히 계산하기는 어려운 노릇이지만 다음의 기준에 의거해 고객 수를 추산해봤다.

첫째, 대기업은 중소기업보다 고객이 많다. 둘째, 소비재 생산기업은 다른 업종보다 고객이 많다. 셋째, 전 세계에서 영업하는 다국적기업은 여느 기업보다 고객이 많다. 따라서 그가 사망했던 1989년을 기준으로, 그가 만든 브랜드보다 더 많은 고객을 보유한 기업은 찾아보기 어렵다. 또 1989년에 기록한 420억 달러라는 천문학적인 매출은 그 당시 베들레헴 스틸Bethlehem Steel, 콜게이트 팜올리브Colgate-Palmolive, 질레트Gillette, 굿리치Goodrich, 켈로그Kellogg, 올리베티Olivetti, 스콧 제지Scott Paper, 월풀Whirlpool의 매출을 모두 합한 것보다 많았다. 1996년을 기준으로 마쓰시타전기의 연간 매출은 대략 650억 달러에 이른다.

어떤 면에서 마쓰시타가 이룬 경제적 업적은, 그보다 훨씬 유명한 헨리 포드라든가 제임스 캐시 페니, 레이 크록 등의 기업가들이 이룬 업적을 뛰어넘는다.[2] 그러나 혼다나 포드처럼 제품에 자신의 이름이 오른 것도 아니고, 미국이 세계의 중심이던 시절에 미국인도 아니었으며, 일본 이외의 나라에서 언론의 주목을 받으려고 적극적으로 노력한 적도 없었던 터라 지금도 일본 사람 외에는 그를 모르는 경우가 많다.

마쓰시타는 어마어마한 성공을 거두며 수십억 달러를 벌어들였지만 그 돈을 자신을 위해 프랑스 휴양지에 있는 고급주택을 구입하는 데 쓰지 않고 대신 노벨상과 비슷한 성격의 재단을 조성하는 데 썼다. 그는 일본의 정치 체제를 개혁할 목적으로 마쓰시타정경숙松下政經塾이라는 학교를 세우고, 여러 가지 공공사업을 수행하는 데 자신의 재산을 기부했다. 말년에는 소규모 연구소를 설립해 인간 본성을 연구하면서 수십 권의 책을 집필했으며, 시민을 위하는 정책을 보다 많이 펼 것을 정부에 촉구했다.

개인적으로 엄청난 부를 축적한 사람은 많다. 마쓰시타 못지 않게 자국에 크게 기여를 하거나 아니면 더 크게 기업을 일군 사람도 있을 것이다. 그러나 20세기를 살았던 기업가나 경영진 가운데 마쓰시타만큼 수많은 업적을 이룬 사람은 찾기 어렵다. 그는 만인에게 영감을 주는 모범이 된다는 점에서 그 누구에게도 비견될 수 없는 독보적 존재다.

부유하고 힘 있는 기업가들의 이야기와 대비되는 그의 작은 실천들은 세간에 화제가 되었다. 마쓰시타전기의 오가와 모리마사가 들려주는 이야기도 이런 일면을 단적으로 보여준다. 오가와는 네 명의 다른 부서 관리자들과 함께 창업주와 만찬을 나누는 자리에 초대를 받았다.³ 그 당시 마쓰시타는 이미 「타임」의 표지 모델로 소개된 적도 있고, 일본에서는 가장 많은 소득세를 내는 사람으로 꾸준히 보도되고 있었다. 그와 한 번도 만난 적이 없었던 오가와는 설렘 반 두려움 반으로 만찬을 기다렸다.

약속 장소는 오사카의 한 식당이었다. 여섯 남자가 만난 시간은 정오를 막 넘길 무렵이었다. 짧게 인사를 나눈 뒤 모두 스테이크를 주문했다. 마쓰시타는 맥주 두 잔을 마시며 회사의 역사와 사업 이야기를 했다. 그런데 여섯 사람 모두 메인 요리를 마칠 즈음 마쓰시타가 오가와 쪽으로 몸을 기울이며 자신의 스테이크를 요리한 주방장을 불러달라고 부탁했다. 마쓰시타는 '매니저 말고 주방장'이라고 콕 집어 이야기했다. 그러고 보니 접시에 그의 메인 요리가 절반이나 남아 있는 것이 눈에 띄었다.

어떤 당혹스러운 장면이 연출될지 몰라 걱정스러운 마음으로 오가와는 주방장을 찾아 테이블로 데려왔다. 주방장은 자신을 호출한 고객이 대단히 중요한 인사라는 사실을 알고 긴장한 모습이 역력했다.

"음식에 무슨 문제라도 있습니까?"

주방장이 조심스럽게 물었다. 마쓰시타는 이렇게 대답했다.

"스테이크를 요리하느라 수고가 많으셨을 텐데, 절반 정도밖에 먹질 못했어요. 요리에 무슨 문제가 있어서가 아닙니다. 요리는 아주 맛있었어요. 그런데 보시다시피 여든 살이나 된 노인네라 식욕이 예전 같지 못합니다."

주방장과 다섯 명의 손님들은 어리둥절하게 서로를 쳐다보다가 곧 사태를 파악할 수 있었다.

"제가 당신을 불러 이야기하는 이유는 이렇게 반쯤 먹다 남긴 요리를 주방에서 보고 혹여 기분이 상할까 염려스럽기 때문입니다."

아무리 탐욕스런 장사치라도 이따금 친절한 모습을 보일 때가 있지만 대개는 필요에 따른 연극에 불과하다. 마쓰시타는 그가 성취한 업적도 업적이려니와 타인을 진심으로 배려하는 이야기가 곳곳에 차고 넘친다.

대중은 이런 그를 사랑했다. 여러 설문조사에 따르면 마쓰시타는 영화계나 스포츠계의 스타보다 더 일본 국민들에게 더 많은 사랑을 받는 사람이다. 세계적으로 성공한 기업가들이 의혹의 눈길 또는 경멸의 시선까지 받았던 시대에 마쓰시타는 죽어서도 국민적 영웅으로 추앙받았다.

마쓰시타 고노스케는 19세기 말엽에 태어났다. 청년 시절 그는 수많은 어려움을 겪었다. 1917년 사업을 시작할 당시, 수중에 있는 재산은 100엔뿐이었고 가방 끈도 턱없이 짧고 이렇다 할 인맥도 없고 가족사 역시 순탄치 못했다. 그러나 점차 상술을 터득하며 뛰어난 기업가로 성장한 마쓰시타의 지휘 아래 자금난에 허덕이던 자그마한 회사는 탄탄하게 뻗어나갔다.

이 당시 그가 우리에게 들려주던 조언은 시장 중심의 실용적인 내용이 주를 이룬다.

"사업하면서 거래하는 사람들을 가족처럼 대하라. 사업의 성패는 거래하는 사람들이 얼마나 당신을 이해해주느냐에 달렸다."

"판매하기 전에 제공하는 그 어떤 지원보다 애프터서비스가 더 중요하다. 단골 고객은 그런 서비스를 통해 얻는다."

"고객들을 홀리는 상품이 아니라 고객들에게 이로운 상품을 팔아라."

"비록 종이 한 장이라도, 낭비는 그만큼 상품의 가격을 올리게 된다."

"재고가 바닥나는 것은 부주의한 탓이다. 만일 이런 일이 벌어지면, 먼저 고객에게 사과하고, 그다음 주소를 물어 즉시 상품을 배달해드려도 괜찮을지 의견을 물어라."[4]

마쓰시타 고노스케가 나이 들고 회사가 성장함에 따라 그의 사상도 그 넓이와 깊이가 확대돼갔다. 1930년대 초반 들어 그가 들려주는 조언들을 살펴보면 실용성 외에도 기업 사명과 인간 본성 등의 폭넓은 주제를 철학적으로 다루는 경우가 많아졌다. 1932년 회사 직원들에게 행한 연설에도 이런 변화가 드러난다.

"기업의 사명은 가난을 극복하고, 빈곤으로 고통받는 사회 전체를 구제하여 번영케 하는 것입니다. 기업은 사업하고 생산하는 활동을 통해 기업과 관련된 상점이나 공장뿐 아니라 사회 전체를

풍요롭게 해야 합니다."⁵

그는 주주가치의 극대화가 기업이 추구해야 할 올바른 사명이라고 단 한 번도 말한 적이 없었다. 부의 창출에 대해 자주 언급한 것은 사실이지만, 이는 주주들만이 아니라 모든 사람들에게 혜택이 돌아가도록 하기 위해서였다. 또 심리적이고 정신적인 부를 강조하면서 물질적 부와의 조화를 중요시 여겼다.

"물질적 풍요가 행복을 보장하지는 않습니다. 정신적 풍요를 얻어야만 비로소 참다운 행복을 얻을 수 있습니다. 그렇다면 기업은 물질적 측면에만 관여를 하고 인간의 정신을 돌보는 일은 종교나 윤리에 맡겨야 하는 것일까요? 나는 그리 생각하지 않습니다. 기업인들은 정신적으로 풍요롭고 물질적으로 풍족한 사회를 창출하는 데 기여할 수 있어야 합니다."⁶

마쓰시타는 제2차 세계대전의 참혹함을 경험한 후 정치에 지대한 관심을 두기 시작했다. 그가 마지막으로 품은 큰 뜻은 교육을 통해 일본의 차세대 정치인들을 육성하는 것이었다. 기본 구상은 극히 단순하고 이상적이었다. 첫째, 기존 교육체제의 틀에서 벗어난 소규모 정치 대학원을 세운다. 둘째, 미래를 향한 비전과 정직한 태도를 배양하고, 폭넓은 시야와 합리적 정책 분석에 힘쓰도록 한다. 셋째, 졸업생들로 하여금 선거에 출마해 장차 성공한 정치인으로서 일본의 정치 풍토를 개혁하도록 격려한다.

마쓰시타는 치가사키에 마련한 6000여 평 부지 위에 마쓰시타정경숙을 건립했다. 1980년 4월 마침내 1기생들이 입학했다. 그리고 1993년 여름이 되면 130명의 졸업생을 배출하기에 이른다. 마쓰시타정경숙 출신들은 1993년 7월 중의원 선거에서 돌풍을 일으켰다. 23명이 선거에 출마했는데 대부분 새로 창당한 일본신당 소속으로 40대 미만의 젊은 층이었다. (이 당시 후보 중에 3명은 자민당에 입당했고, 20명은 새로 창당한 당에 들어갔다.) 이들은 제2차 세계대전 직후부터 수십 년 동안 권력을 장악하고 있는 자민당 소속 의원들에게 도전장을 내밀었다. 미국은 물론이고 다른 나라에서도 대개 젊은 출마자들은 낙선하기 십상이다. 그러나 1993년 여름 총선에 출마했던 정경숙 졸업생 23명 가운데 15명은 국회의석을 획득했다.

무카사 마사히로는 마쓰시타와 약 25년을 함께 일한 사람이다. 마쓰시타에 대한 그의 평가 역시 마쓰시타와 가까이 지냈던 사람들의 의견과 별반 다르지 않다.

"일본에는 왕이 개인에게 수여하는 훈장이 여러 종류 있습니다. 마쓰시타 고노스케 씨도 왕으로부터 훈장을 하사받았지요. 그런데 한 번도 그 사실을 공공연하게 드러낸 적이 없습니다. 그분은 다른 사람들에게 감사하는 것이 몸에 배인 분이었어요. 무엇보다 그런 모습이 제게는 가장 인상 깊었습니다. 더할 나위 없이 겸손한 분이었습니다. 지위고하를 막론하고 모든 이들을 중히 여겼지요.

권력자 앞에서는 입을 잘 떼지 못하던 이들도 마쓰시타 씨와는 편하게 이야기를 나눴습니다. 그분의 검손한 태도는 사람들로 하여금 자기 마음을 있는 그대로 털어놓도록 만듭니다."

"그분은 참으로 부지런히 공부했습니다. 특히 다른 사람들이 하는 말을 늘 귀담아 들었는데 제 생각에는 어려서 교육을 많이 받지 못했기 때문인 듯싶어요. 그렇게 귀담아 들은 지식으로 자신만의 사고를 정립하는 데 뛰어난 분이었죠."

"돈을 엄청 많이 벌었지만 그 때문에 뿌듯해하는 일은 없었어요. 사치스럽게 돈을 쓰지도 않았습니다. 도덕의식이 확고해서 정신을 수양하는 데 전념했던 것으로 보입니다. 그분은 매일 매일 정진하여 더 깊은 앎에 도달하고자 노력했습니다."

"'타인을 향상시킴으로써 나 자신도 향상할 수 있다' '남을 돕는 것이 곧 나를 돕는 것이다'라는 것이 그분의 신념이었습니다. 종교적 가르침과 비슷하지요. 다른 사람들이 협력해주지 않는다면 자신의 목표도 이룰 수 없다고 생각했습니다. 마쓰시타를 만난 사람들은 대부분 그분이 이렇게 말하는 것 같은 인상을 받았다고 해요. '당신이 없다면 우리는 성공하지 못할 것입니다.'"

"대단히 모범적인 분이었고, 그분을 위해 일하는 것이 무척 즐거웠습니다. 탁월한 경영자라는 표현으로는 부족한 분입니다. 그분은 위대한 사람입니다."[7]

마쓰시타의 젊은 시절을 살펴보면, 위대한 인물은 고사하고 보통은 넘는 사람이라고 생각하는 이들도 거의 없었다. 학생 때도 공부를 잘하는 편이 아니었다. 20대 초반 청년 시절 마쓰시타는 예민하고 병약했다.

그러나 그가 서른 살 무렵에 구사한 경영기법들은 50여 년 뒤인 1970년대 후반에야 톰 피터스와 로버트 워터맨에 의해 조명을 받게 되는 선진 경영기법들이었다.[8] 40대에 그가 보여준 리더십은 권위 있는 리더십 전문가인 워렌 베니스와 노엘 티치 등이 최근 들어 높게 평가하는 이상적 리더상과 유사하다.[9] 또 그가 구축한 기업은 제2차 세계대전 후에 진행된 급속한 경제 성장과 기술 발전은 물론 뒤이은 세계화의 물결에도 뒤처지지 않고 경이적인 적응 능력을 보이며 성장을 거듭했다.

1970년대와 1980년대에는 저술가이자 박애주의자, 교육가, 사회철학자, 정치가로서도 중요한 궤적을 남겼다. 무엇보다 그는 전 생애를 통해 인간의 성장과 재생 능력이 과연 어느 정도인지를 몸소 보여주었다. 전문가들은 세상이 느리게 움직이던 과거보다 모든 것이 정신없이 빠르게 변하는 21세기에 이런 자질이 훨씬 더 중요하다고 한목소리를 낸다.

아이들은 쉽게 배우고 빠르게 기술을 익히지만 어른들은 배우는 속도가 더디다고 한다. 여기에 대한 마쓰시타의 생각은 어떨까? 그는 기회가 될 때마다 자신의 생각은 다음의 시 한 편에 잘 요약되어 있다고 이야기했다. 참고로, 사무엘 울만Samuel Ullman의 「청춘Youth」이라는 제목의 이 시는 맥아더 장군이 일본에 소개한 것으로 알려져 있다.

청춘은 인생의 어느 한때가 아니라 마음 상태라오.
그것은 장밋빛 뺨과 붉은 입술, 유연한 무릎과는 무관하니
청춘은 의지력과, 드높은 상상력과, 왕성한 감수성에 달려 있다오.
청춘은 생명의 깊은 샘에서 솟아나는 신선한 마음이라오.

청춘은 본래 두려움을 물리치는 용기
안락한 삶을 사랑하기보다는 모험을 찾아 떠나기를 갈망하오.
청춘은 스무 살 청년이 아니라 육십 넘은 노인에게서도 곧잘 찾을 수 있다오.
세월로만 늙는 이는 아무도 없다오. 자기 이상을 저버리며 늙어가는 것이외다.

마쓰시타는 원대한 이상을 품은 사람이었다. 그 원대한 이상은 그의 행동에 크나큰 영향력을 미쳤으며 또 한편으로는 겉모습만으로는 짐작키 어려운 복잡한 성격을 형성하기도 했다.
1975년 오사카의 한 식당에서 마쓰시타가 주방장을 대우하는

모습을 지켜봤던 오가와 모리마사의 눈에 마쓰시타는 그야말로 성인군자였다. 첫인상이 그러했으니 5년 뒤 마쓰시타의 또 다른 모습을 경험하게 되었을 때 그는 어리둥절할 수밖에 없었다.[10] 당시 오가와가 이끄는 사업부는 적자를 내고 있었다. 이에 마쓰시타 회장이 직접 오가와를 찾아왔다. 그와 나눈 대화는 오가와의 설명에 따르면 무척이나 격하게 진행되었다.

"매출이 하나도 없어서 인건비 때문에 적자가 났다면 몰라도, 1000억 엔이나 매출을 내고서도 90억 엔이 적자라니 도대체 말이 되는가? 이토록 한심한 지경을 만든 책임은 자네와 부하 직원들에게 있네. 또 최근 자네 사업부에 200억 엔이라는 큰돈을 빌려준 본사에도 책임이 있지. 내일 당장 본사에 가서 그 돈을 돌려받도록 지시할 생각이네!"

마쓰시타는 오가와에게 추상같이 호통을 쳤다.

"그렇지만 회장님, 그러면 저희는 끝장입니다! 5일 지나면 월급날입니다. 월말에는 원자재와 부품 비용 때문에 또 돈을 빌려야 할 처지입니다. 지금 200억 엔을 회수한다면 거래처에 대금을 결제할 수가 없습니다."

"맞네. 그래도 자네들이 이런 식으로 운영할 것 같으면 한 푼도 빌려줄 생각이 없네. 내일 돈을 회수하겠네."

"그러면 우린 파산하게 됩니다!"

"이 사업부에는 4000명이나 되는 우수한 인재들이 있지 않은가? 이 문제를 그들과 함께 의논해보고, 타당한 경영정상화 계획을 수립해오도록 하게. 그런 계획을 수립해온다면 스미토모 은행에 추천서를 써주지. 그거면 이곳 대지와 건물, 장비를 담보로 은행에서 200억 엔 정도는 대출받을 수 있을 거야. 이제, 일들 하게!"

이런 일화 중에 기록으로 남아 있는 것은 별로 없다. 하지만 때가 되면 한 번씩 중역들에게 호통을 치고 때로는 얼굴이 벌겋게 달아오르도록 화를 낸 것으로 보인다.[11] 측근일수록 그에게 꾸지람을 들을 일도 많아졌다. 혈연으로 보나 회사와의 연계 정도로 보나 사위인 마쓰시타 마사하루(본명은 히라타 마사하루였으나 장인의 성을 따라 개명했다)만큼 그와 가까운 사람은 없었으니 아마 호통 소리도 마사하루가 제일 많이 들었을 터다. 마사하루의 말을 들어보자.

"고객과 영업직원들에게는 유난히 다정한 분일지 몰라도 그분을 잘 아는 우리 같은 사람들에게는 때로 냉철하고 엄한 분이었어요. 집에서 함께 식사할 때도 다정한 모습은 거의 보기 힘들었습니다."[12]

국민적 영웅으로 추앙받는 마쓰시타에게는 흔히 알려진 영웅 스토리보다 훨씬 더 복잡한 사연이 숨겨져 있음을 짐작케 하는 몇몇 사례가 있다. 그가 얼마나 인류애와 선행을 강조했는지는 익히 알려져 있다. 하지만 제2차 세계대전 당시에 일본군에 군수품을 공급한 바 있고, 1960년대 후반에는 자국에서는 고가로 제품을 판매하고 미국에서는 상품을 덤핑판매하는 가격담합에 가담했다는 혐의를 받았다.

성인이 된 이후에는 그를 찬양하는 수많은 사람들에게 둘러싸여 지내는 시간이 많았지만 어찌 보면 외로운 사람이었다.[13] 한 여자와 70년이 넘게 결혼 생활을 유지했으니 성공적이라고 볼 수도 있지만 수십 년 동안 아내 외에 적어도 한 명 이상의 정부와 또 다른 가정을 꾸린 사람이었다.[14] 마쓰시타의 몸가짐은 마치 수도승처럼 고요하고 힘이 있어 보였다. 하지만 세상을 뜨기 전까지 무려 40년 동안 불면증에 시달리며 밤마다 수면제를 먹어야 했다.[15]

마쓰시타의 삶에는 적어도 세 가지 다른 이야기가 존재한다. 공적인 마쓰시타에게는 위대한 사업가로서 성인군자와 다름없는 이야기가 있다. 사적인 마쓰시타에게는 측근들에게 고함을 치고, 밤마다 수면제를 복용하고, 본처 외에 정부를 둔 사내의 이야기가 있다. 반면 겉으로 드러나지 않는 저 깊은 내면에서는 희로애락의 감정이 격렬하게 소용돌이치며 만들어내는 또 다른 이야기가 있다. 하지만 그의 감정은 보통의 회의론자들은 좀처럼 이해하기 힘든 강철 같은 신념과 확신에 의해 통제되고 있었다. 오카모토 야스오는 『히타치부터 마쓰시타까지 일본경영의 원형』에서 마쓰시타를 두고 '자신을 대단히 잘 통제하는 매우 복잡한 사람'이라고 분석했다.[16]

이 책은 연대기 구조를 유지하기는 했지만 기존의 전기와는 성격이 다르다.[17] 나는 역사적 기록을 철저하게 밝히기보다는 마쓰시타가 이룬 수많은 업적과 그의 경험으로부터 우리가 배울 수 있는 교훈을 찾는 데 중점을 두었다. 그 과정에서 어쩔 수 없이 일본에 대한 논의도 등장하겠지만 일본의 기업 경영방식을 살펴보는 것은 어디까지나 부차적인 논의일 뿐이다. 이 책의 주요 논제는 다음과 같다.

마쓰시타가 남긴 유산이 일본을 비롯해 세계 그 어느 나라의 경영자들과 비교해도 유례를 찾기 힘들 정도로 특별한 이유는 무엇인가? 그의 인생이 던져주는 교훈은 과연 다음 세기에도 적용 가능한 효과적 전략이 될 수 있을까? (여기에 대한 결론부터 살펴보고 싶은 독자가 있다면 곧장 에필로그로 넘어가기 바란다.)

마쓰시타라는 사람은 특정 시간과 공간의 산물이다. 만일 마술을 부려 서른 살의 마쓰시타를 오늘날의 시카고나 프랑크푸르트로 옮겨놓는다고 가정해보면, 그가 살면서 이룩했던 그 엄청난 업적을 고스란히 재현하기는 불가능할 것이다. 그럼에도 불구하고 일본에서 20세기를 살았던 그의 흥미로운 이야기를 통해 우리는 어려운 상황을 어떻게 타개하고, 급속도로 변하는 환경에서 남보다 앞서가는 방법이 무엇인지를 배울 수 있다. 만약 향후 몇 십 년 동안 경영 환경이 지금보다 훨씬 안정적으로 형성된다면 이런 교훈들은 별 쓸모가 없을 것이다. 하지만 미래가 그렇게 순탄하리라고 믿을 만한 증거는 어디에도 없다. 오히려 정반대의 환경이 올

가능성이 크다.

21세기가 더욱 급변하는 격동의 세기로 전개될 경우, 마쓰시타 신화가 우리에게 강력하게 시사하는 부분이 있다. 과거에 활용했던 비즈니스 전략, 조직 체계, 승진 방식 등은 그다지 효과가 없으리라는 것이다. 1950년대와 1960년대에 이미 기업의 사명 선언서, 고객지향 마케팅, 고생산성 체제, 종업원 참여 프로그램을 실천하며 지속적으로 발전해온 마쓰시타전기는 그 당시에는 물론이고 현재까지도 제너럴모터스(GM), 필립스, 시어스 등의 여러 쟁쟁한 기업보다 훨씬 더 나은 기업 모델로 평가받고 있다. 지구상 최초로 본격적인 사업부제를 도입한 CEO와 함께 경영 혁신을 선도한 마쓰시타전기의 이야기를 들어보자. 그러면 역동적인 사업 환경에 적응하는 방법은 물론 더 많은 자원을 지닌 경쟁사들을 전략적으로 이길 수 있는 방법도 알 수 있다.

마쓰시타전기의 역사가 우리에게 증명하는 것은 성공적으로 실행된 탁월한 경영 전략 뒤에는 이성적이고 합리적인 경제 분석은 물론 개인의 인생사와 연계되는 리더의 성품과 능력이 강력하게 작동하고 있다는 것이다. 마쓰시타 고노스케의 이야기는 위대한 리더십은 날 때부터 크기가 정해진 능력이 아님을 증명한다. 그것은 오히려 달콤한 혜택보다는 쓰라린 고통 위에서 수십 년에 걸쳐 진화하는 자질인 경우가 많다.

마쓰시타 고노스케를 연구하면서 발견한 것 가운데 가장 흥미로운 점은 아무래도 그의 빛나는 업적과 어울릴 만한 요소가 그에게서 잘 안 보인다는 사실이다. 록펠러에게는 위대한 리더에게서 자주 보이는 지배적 성향이 있었고, 월트 디즈니에게는 카메라 앞에서 늘 당당한 카리스마가 있었고, 토머스 에디슨에게는 천재적인 발상이 있었다. J. P. 모건에게는 금융 쪽으로 비상한 두뇌가 있었고, 모리타 아키오에게는 남부러울 것 없는 성장 배경, 샤를 드골에게는 훤칠한 용모, 앤디 그로브에게는 누구나 인정하는 학력이 있었다. 그러나 마쓰시타 고노스케는 여러모로 참 평범하다. 어린 시절 그를 알고 지냈던 사람들 중에 마쓰시타가 크게 될 인물이라고 예견했던 이는 아무도 없었다. 하지만 그는 전혀 평범하지 않은 특별한 인물로 성장했다. 이렇게 성공하게 된 열쇠는 성장을 향한 그의 강렬한 열망에 있다.

가난에 찌들고 상처받은 병약한 아홉 살 소년이던 마쓰시타는 자전거 가게에 견습공으로 들어가 그곳에서 고객의 소중함을 배웠다. 16세에 오사카전등회사에 들어가 전도유망한 종업원으로 성장한 그는 이후 독립하여 상인형 기업가로 성공해 20세기 기준으로서는 한참이나 앞서가는 경영 전략을 구사했다. 그는 상당한 부와 명예를 얻은 뒤에도 이에 만족하지 않고 계속 정진하여 강력한 영향력을 끼치는 비즈니스 리더의 자리에 올랐다. 또 전례가 없는 거대한 기업 조직을 건설했고 나중에는 경제적 이해를 뛰어넘어 정치가이자 철학자로서 세상에 영향을 끼쳤다. 사람은 보통 실패의 쓰라린 고통이라든가 성공에 따른 자만심 때문에 30대나 40대에 접어들면 성장을 주춤하기 마련이다. 그러나 마쓰시타는 보통 사람과 달리 쉼 없이 배우고 성장했다.

이렇게 성장한 데는 그의 특유한 기질이 견인차 역할을 했다. 마쓰시타 고노스케는 자기 자신은 물론 다른 사람들도 쉬이 안주하지 못하도록 채찍질하고 관습에 도전하면서 위험에 맞서는 사람이었다. 자신의 약점과 실패 원인을 냉정하게 평가하고, 새로운 아이디어를 구하며, 열린 마음으로 다른 사람들의 의견을 경청했다. 이런 기질은 세월이 지날수록 원대해진 인도주의적 비전과 야망에 힘입어 더욱 강화되었고, 그런 마쓰시타에게 이미 달성한 업적은 늘 보잘 것 없는 전리품으로 보였다. 거듭되는 비극적 사건과 역경 속에 태어난 목표는 그만큼 강렬했고 더 큰 야망을 품도록 부채질했다. 때문에 마쓰시타는 살면서 겪게 되는 자잘한 실패쯤은 아무렇지 않게 딛고 일어설 수 있었다. (에필로그에 그의 인생을 요약해놨으니 참조하기 바란다.)

역경에 처한 사람들은 자기가 처한 상황을 정복하려고 치열하게 애쓴다. 그러는 와중에 일에 중독되기도 한다. 목적을 위해서는 수단 방법을 가리지 않는 가치관을 형성하기도 하고, 돈과 권력에 한없이 집착하기도 한다. 마쓰시타 고노스케는 혹독한 고난 속에서 자신과 인류를 향한 꿈을 더 크게 키워나가며 끊임없이 성장을 갈구했다. 그의 이야기는 오랜 세월 계속된 배움을 통해 수백만의 사람들에게 혜택을 안겨준 경이로운 신화다. 이 책은 잠시도 안주하지 않고 거센 물결을 헤치며 살아온 혁명적인 한 인물을 다루고 있다. 그의 이야기는 20세기 역사의 단편이며 일본역사의 요약판이기도 하기 때문에 배울 점이 많다.

무엇보다 그의 이야기는 갈등과 빈곤이 판을 치고, 과학적 합리주의의 차가운 시선 아래 신경이 무딜 대로 무뎌진 세상 사람들의 마음을 따뜻하게 녹여줄 한 편의 드라마가 될 것이다.

1부
운명이 정한 길

마쓰시타 고노스케에게 마사쿠스는 사랑하는 아버지이자 가정을 무너뜨린 원흉이었고, 현재의 고통을 안겨준 진원지이자 빛나는 미래를 제시한 영감의 원천이었다. 또 그에게 아버지는 힘 센 강자이자 서글픈 약자였다. 세상 모든 아이들이 그렇겠지만 마쓰시타에게는 이 모든 감정들이 혼란스럽기만 했다.

1장

아버지의 실패

지리적으로 어림잡아 국토의 중앙에 위치한 도쿄는 일본 동부 해안에 자리하고 있다. 도쿄에서 남서쪽으로 380킬로미터쯤 떨어진 곳에 오사카가 있고, 여기서 같은 방향으로 60킬로미터쯤 가면 와카야마 현이 있다. 마쓰시타 고노스케는 1894년 11월 27일 이곳 와카야마 현 가이소 군에 있는 와사무라 마을에서 태어났다.

비교적 유복한 대가족 집안에서 태어났기 때문에 큰 불행이 닥치지 않았다면 세상에 이름을 떨치지는 못했어도 그럭저럭 안락하게 살지 않았을까 싶다. 하지만 마쓰시타 고노스케가 태어난 이후로 집안에 운이 따르지 않아 가족들은 사납고 험난한 세월을 보냈다. 특히 가장 어린 마쓰시타가 크게 영향을 받았다.

시대적 배경을 고려하면 전반적인 삶의 패턴은 특별할 게 없지만 몇몇 사건들은 오직 어린 마쓰시타에게만 일어난 특별한 경험이다. 그가 어려서 겪은 이별과 고난은 희망과 두려움이 공존하는 복잡한 정서를 형성했고 결과적으로는 기업가정신과 리더십, 타인에게 본이 되는 행동을 하게 만드는 정신적 토양이 되었다. 대개 그렇지만 어떤 인물이 성인이 되어 이룩한 탁월한 업적들을 제대로 이해하려면 그 인물의 유년 시절을 먼저 살펴봐야 한다. 성공한 이들의 유년 시절은 힘들고 고통스러운 경우가 많다. 마쓰시타의 경우 특히 그렇다.

와사무라의 고쿠라쿠 사원에 있는 마쓰시타 가문의 족보를 보면 17세기에 생존했던 조상들의 이름까지 기록되어 있지만 1850년 이전에 사망한 이들에 대해서는 이름 외에는 아무 기록이 없다. 다른 기록을 찾아보니 마쓰시타의 친할아버지는 수염을 길게 기르고 비교적 체구가 컸으며 고향 마을에서 평판이 좋은 사람으로 여든한 살까지 살았다.[1]

마쓰시타의 아버지인 마사쿠스가 태어난 해는 1855년, 즉 미국의 페리 제독이 쇄국 정책으로 220년간 굳게 닫혀 있던 일본의 문을 밀어젖히며 도쿄 만에 입항한 지 2년 뒤였다. 어머니인 시마모토 도쿠에는 1856년에 태어났다. 도쿠에는 열여덟 살이던 1874년 마쓰시타 마사쿠스와 결혼했다. 1874년 첫째 딸 이와가 태어나고, 1877년 첫째 아들 이사부로가 태어났다. 1880년 둘째 딸 후사에가 태어나고 1882년에 둘째 아들 하치로가 태어났다. 이후 3년 터울로 딸 셋이 세상에 태어났다(1885년 치요, 1888년 하나, 1891년 아이).² 그리고 막내인 마쓰시타 고노스케가 1894년에 태어났다. 장차 마쓰시타가 영웅으로 삼게 되는 토머스 에디슨이 영사기를 처음으로 발명한 것도 바로 1894년의 일이다.

열 명이나 되는 마쓰시타 가족이 살던 마을은 전체 가구 수가 60가구밖에 되지 않았다.³ 일본 전체 면적은 미국 서부해안선 절반 정도를 차지하는 캘리포니아 주와 비슷하다. 그러나 사람이 거주하지 않는 산과 숲이 대부분이어서 약 1억 명이나 되는 일본 인구가 실제로 거주하는 면적은 미국에서 네 번째로 면적이 작은 뉴저지 주보다 더 작다. 그런 점에서 보면 마쓰시타의 고향 마을은 단출하고 널찍한 편이었고 마을 중심부에 있는 사원 하나만 빼고는 별 다른 건물도 없었다.⁴ 마을 경제 기반이 농업 중심이고 주요 작물이 쌀이기 때문에 토지는 대부분 논으로 활용되었다.⁵ 경제 활동 중에 가장 눈에 띄는 부분도 일 년 주기로 진행되는 노동집약적인 벼농사로 함께 모를 심고 추수하는 일이었다.⁶

마쓰시타 집안은 오늘날의 기준으로 보면 중산층 정도에 지나지 않지만 20세기 초 기준으로는 부유한 편이었다. 작고 가난한 고향 마을에서 마쓰시타의 아버지는 18만 평이 넘는 경작지와 소작인 7명을 거느리고 있었다.⁷ 또 마쓰시타가 태어나기 전 두 차례나 촌의회 의원으로 선출된 적도 있었다.⁸ 마쓰시타 집안은 적어도

3~4대 전부터 와사무라에서 살았고 사람들 사이에서 명망 있는 가문으로 인정받았다.[9] 집안의 막내였던 마쓰시타도 어려서부터 이 점을 분명히 느끼고 있었다.[10]

마쓰시타의 어머니는 보모를 두고 자녀 8명을 양육했다.[11] 자료를 보면, 가족들에게 별 특별한 문제는 없었던 모양이다.[12] 부모의 따뜻한 손길 아래 자녀들 모두 건강하고 만족스러운 시간을 보낸 것으로 보인다. 특히 마쓰시타는 어린 막내라서 귀여움을 독차지하곤 했다.[13]

마쓰시타 고노스케는 어린 시절에 대한 기록을 많이 남기지 않았다. 그나마 남은 기록에 따르면 그는 유년 시절을 "평화롭고 근심 걱정 없던 시절"이라고 회고한다.[14] 그가 살던 집은 조상 대대로 살던 목조 가옥으로 수수하지만 널찍했으며 와사무라 중심부에서 1킬로미터도 떨어지지 않은 곳에 있었다. 고향집 주변으로는 논과 푸른 숲과 산이 있었다. 농가에는 할 일이 많은 법이지만 어린 마쓰시타에게 주어지는 일은 거의 없었다. 마쓰시타는 근처 개울가에서 고기를 잡거나 친구들과 술래잡기를 하면서 즐겁게 놀았다.[15] 자장가를 들으며 누군가의 등에 업혀 논둑길을 따라 집으로 돌아오던 장면이 어렴풋이 기억난다고, 마쓰시타는 책에서 말한 적이 있다.[16] 이런 시간들이 몇 년씩 지속되면서 그는 이런 즐거운 일상들을 당연하게 받아들이고 인생은 이렇게 사는 것이라고 여겼을 것이 틀림없다. 하지만 인생은 그렇게 움직이지 않았다.

1899년 마쓰시타 집안의 가세가 급격히 기울었다. 가족들은 인근 와카야마 현에 있는 빈민가에 조그만 집을 하나 얻어 이사를 가야만 했다. 입에 풀칠하기도 어려웠다. 급기야 형제들이 목숨을 잃게 되는 끔찍한 비극까지 맞이하게 된다. 마쓰시타는 살아남았지만 겨우 아홉 살의 나이에 부모 품을 떠나 오사카에 보내졌다. 그곳에서 마쓰시타는 주인집에 기거하면서 하루 16시간씩 일해야 했다.

　비극적인 현실은 상황이 어찌 됐든 모두 견디기 어려운 법이다. 하지만 마쓰시타가 겪은 고난은 그 원인이 더욱 심각했다. 마쓰시타 집안이 암울한 처지에 놓이게 된 것은 지진 때문도 아니고 전쟁 때문도 아니었다. 가족들이 돈에 쪼들리고 비극적인 사건들을 겪게 된 것은 바로 마쓰시타의 아버지 때문이었다.

　만약 일본이 19세기가 끝나갈 무렵 문호를 개방하고 급격한 변화의 물살을 타지 않았다면, 마쓰시타의 아버지가 선물시장에 발을 들여놓아 집안이 몰락하게 되는 일은 없었을지 모르겠다. 물론 이 같은 변화가 일어나지 않았다면 막내아들인 마쓰시타가 대기업을 세워 전 세계인들에게 자기가 만든 제품을 판매하고, 일본이 경제대국으로 발돋움하는 데 한몫을 담당하는 일도 없었을지 모른다.

　1868년까지만 해도 일본은 소작농과 귀족으로 구성된 봉건사회에 가까웠기 때문에 사회적으로 경직되어 있었고 서양의 과학기술도 별로 도입되지 않았다.[17] 그러다가 지배계층이 전통을 포기하고 현대화를 추구하자 변화의 바람이 거세게 몰아닥쳤다. 1889년 대일본제국 헌법이 공포되었고, 같은 해에 최초로 선거가 실시되었다. 마쓰시타의 아버지도 이때 촌의회 의원으로 선출되었다.[18]

정치가 급속도로 변하면서 경제, 군사, 교육 분야에서도 변화가 빠르게 진행되었다. 이런 변화의 몇 가지 사례를 살펴보자. 1868년 새로운 실크 직조 기술이 들어왔고 1873년에는 프랑스 기술을 도입해 일본에 실크 직조 공장이 세워졌다. 1882년에는 최초로 현대식 방적공장이 세워졌으며 곧이어 영국식 방적 기업을 모방한 회사들이 속속 등장했다.[19] 1877년에는 전체 방추 수가 8000추였는데, 1897년에는 97만 1000추로 증가했다. 1872년에는 일본 최초로 요코하마와 도쿄를 잇는 철도가 완공되었고, 1894년까지 대략 3200킬로미터 길이의 철도가 추가로 개통되었다.[20] 일본은 영국 해군을 모델로 현대식 해군을 만들어나갔으며 처음에는 프랑스 그다음에는 독일을 모델로 삼아 현대식 육군을 만들어나갔다. 1871년에는 교육부가 설립되었다. 처음에는 프랑스 교육체제를 모델로 삼았지만 차츰 미국식 체제도 결합하면서 시스템을 개선해나갔다. 1869년 고등교육 육성 정책의 일안으로 세 개 기관이 통합되는데 이것이 바로 도쿄대학의 전신이다.[21]

19세기 후반의 기록을 살펴보면, 사람들은 이 모든 변화의 소용돌이 속에서 때로는 어리둥절해하고 때로는 숨 막힐 정도로 흥분하고 때로는 두려움에 떨었다. 이때의 변화 양상은 우리가 현재 느끼는 변화보다 몇 곱절로 강렬하다고 보면 된다. 이 새로운 환경 속에는 기회도 많았지만 위험도 그에 못지않게 컸다.[22]

근대화의 물결이 일본을 휩쓰는 가운데 1894년 1월, 와카야마에 미곡거래소가 들어섰다.[23] 농산물 거래는 미국이나 유럽과 마찬가지로, 미래 일정 시점의 농산물 가격을 미리 확정해서 계약을 체결하는 방식으로 이뤄졌다. 계약 만기 시, 선물의 시장가격이 선물거래에서 체결한 가격보다 높으면 매수인이 이익을 보고, 매도인은 손해를 본다. 반대로 시장가격이 선물거래에서 체결한 가격보다 낮으면 매도인이 이익을 보고, 매수인은 손해를 본다. 지금도 그렇지만, 선물거래는 당장 거액을 투자하지 않고도 목돈을 벌 수 있다는 점에서 매력이 있었다. 물론 반대로 큰돈을 잃을 수도 있었다.

1897년에는 흉작으로 인해 쌀 가격이 이듬해에 36퍼센트가 상승했고, 1899년에는 33퍼센트 하락했다.[24] 당시 소작인을 둔 유한계급이자 촌의회 의원이었던 마쓰시타의 아버지는 집에서부터 10킬로미터 떨어진 와카야마 거래소까지 선물거래를 하러 다녔다. 그는 쌀 선물에 적지 않은 금액을 투자했다.

마쓰시타의 어머니 도쿠에는 남편이 선물거래에 투기를 하고 있는지 몰랐던 모양이다. 그녀와 아이들은 평소와 다름없이 지냈다. 장남은 학교 교육을 모두 끝마쳐가는 중이었다. 당시 여자아이는 의무교육 대상이 아니었고, 남자아이들도 대개 의무교육으로 지정된 초등 4학년까지만 학교를 다녔기 때문에 나머지 일곱 명의 자녀들은 집에 있었다.[25] 첫째 딸 이와와 둘째 딸 후사에가 어린 동생들을 돌봤다. 딸들은 모두 요리, 바느질, 빨래 등 가사 일을 하면서 어머니를 도왔다. 둘째 아들 하치로는 집안을 손보고 농경지를 살폈다.[26] 전기도 없고 현대식 수도시설도 없으며 짚으로 지붕을 이던 시절이라[27] 오늘날의 기준으로 본다면 사는 모습이 원시적인 편이었다. 그래도 당시 한 마을에 살던 이웃들과 비교해보면 마쓰시타 집안은 유복했다. 마쓰시타 가족이 살던 단층짜리 목조주택은 20세기를 목전에 둔 일본인들 기준에는 널찍한 주택이었다. 마쓰시타 가족은 그들이 알고 지내는 어떤 지인들보다 확실히 재산도 더 많고 식량도 더 풍족했다. 그들은 도심에서는 누리기 힘든 쾌적하고 조용한 삶을 누렸고 가족들은 서로를 아꼈다. 전해지는 기록을 모두 살펴볼 때, 마사쿠스가 가산을 탕진하기 전까지 그들은 행복한 대가족이었음이 분명하다.

선물거래는 전문가들도 예측이 어긋나는 경우가 많아 어려운 법인데 마쓰시타의 부친인 마사쿠스는 매번 자기 운명을 시험하듯 위험천만하게 선물거래에 나섰다. 그가 선물거래에 뛰어들게 된 동기라든가 투자 규모나 선물 포지션을 정확하게 알 수 있는 자료는 없다. 다만 봉건제 이후 경제 체제에서 그가 한눈을 팔았던 결과가 어땠는지는 잘 알고 있다.

마쓰시타 고노스케가 네 살이 되고 얼마 지나지 않아 마사쿠스는 투기거래로 가진 돈을 거의 날려버렸다. 그는 무엇보다 한없이 부끄러웠을 것이다. 아내는 물론 소작인들이나 동료 의원들, 또 이웃들에게 파산 이야기를 꺼낼 때면 한없이 초라해져서 쥐구멍에라도 들어가고픈 심정이었을 터다. 마사쿠스는 유산으로 받은 재산을 처분해 미곡거래소에서 진 빚을 갚아야만 했다. 동료 의원이자 이웃에 살던 츠지모토 가쿠지로에게 농경지를 팔았고, 또 다른 이웃인 센다 후지키치에게 살던 집과 대지, 텃밭을 팔았다. 친척인 세키모토 시게시치에게는 창고를 팔았고, 앞뒤 문 쪽에 있는 땅과 소작인 공동주택과 가구들은 또 다른 이웃에게 팔아 넘겼다.[28]

마쓰시타 가족이 전반적으로 어떤 처지에 놓였을지 오늘날의 현대인은 제대로 파악하기 쉽지 않다. 오늘날에도 파산은 끔찍한 경험이지만 이런 사람들의 개인 회생을 돕기 위한 관련법이 있으므로 그 충격은 많이 완화되었다. 개인파산법으로 구제받을 경우 어느 정도 사회적 비용을 치러야 하지만 오늘날 신용불량자에게 찍힌 낙인은 불과 수십 년 전과 비교하면 그리 깊은 상처는 아니다. 오늘날에는 투기로 재산을 모두 잃은 개인이 파산을 선언하면, 기존 재산을 일정 정도 보존하도록 허용하고 경제적으로 재기할 수 있는 기회를 준다. 그러나 1899년의 일본은 여전히 봉건제 사회를 벗어나지 못했고 현대와 같은 개인파산법도 없었기 때문에 사회적 지위가 조금만 떨어져도 사람들로부터 이전과는 판이한 대접을 받았다. 극진한 예절을 갖추고, 미소를 짓거나 허리를 숙여 인사를 하던 이들이 순식간에 돌변해 본체만체하고, 쌀쌀맞게 대하거나 무례하게 군다는 의미다. 오늘날로 치면, 대기업 부사장을 지내던 사람이 하루아침에 날품팔이로 전락한 경우라고 할까. 모르긴 해도 당시 마사쿠스는 동네에서 얼굴을 들고 다니기 어려웠을 듯하다.

마쓰시타 일가족 열 명은 기본적인 가재도구만 챙겨서 와카야마 현 혼마치 빈민가에 있는 비좁은 집으로 이사를 갔다.[29] 와카야마 현의 인구는 와사무라보다 100배 많은 6만 4000명이었다.[30] 방만 해도 열두 개가 넘는 저택에서 살았던 그들은 이제 콩나물시루처럼 비좁은 두세 칸짜리 집에서 지내야 했다.[31] 그들의 눈앞에는 고향 마을에 있던 숲과 들판과 산 대신에 도시의 비좁은 거리가 놓여 있었고, 그들의 귀에는 평온하고 정겨운 시골 소리 대신에 시끌벅적한 도시 소음이 들려왔다. 그들을 공손하게 대우하던 이웃들도 사라졌다. 식구들도 신경이 점점 날카로워질 수밖에 없었다. 집안의 가장인 마쓰시타 마사쿠스는 난생처음으로 다른 사람 밑에 들어가 일해야 할 처지였다.

이렇게 거처를 옮기게 됨으로써 마쓰시타 가※의 자녀들은 그동안 익숙했던 것들을 대부분 포기해야 했다. 단짝 친구들은 물론, 살던 집과 익숙한 개울가, 혼자만의 은신처, 옆집에 살던 놀이동무, 즐겨 타던 나무, 달리기하던 길 등이 하루아침에 모조리 사라졌다.

생활이 궁핍해지면서 입맛에 맞는 음식은 고사하고 먹을거리도 부족하고, 옷을 새로 산다는 것은 꿈도 꾸지 못하게 되었다. 또 비좁고 허름한 주택에 살면서 셋이나 다섯이서 한방에 묵어야 했으니 사생활이랄 게 없었다. 새로 이사 온 도시에서 궁핍하게 산다는 것은 명망 있는 집 자손이 아니라 그저 낯선 부랑아 취급을 받게 될 처지임을 뜻했다.

마쓰시타 형제자매들은 거북하고 고통스러운 현실에 처했다. 순전히 아버지 한 사람의 잘못으로 일가족이 고통의 나락으로 떨어졌다. 그들이 아무리 아버지를 사랑하고 그들에게 닥친 불행이 아버지가 아닌 다른 사람 탓이나 다른 일 때문이라고 합리화시켜 봐도 비좁은 집 안에는 팽팽한 긴장감이 감돌았다. 게다가 자식에게 효를 강조하는 유교 전통의 일본 문화로 인해 분위기는 더욱 경색되었다.

마쓰시타 마사쿠스는 신발 가게를 하던 친구의 도움으로 와카야마에 조그만 소매점을 내고 게다(일본 나막신)를 팔기 시작했다. 스물한 살이던 장남 이사부로는 가게 일을 돕기 위해 졸업을 1년 남겨두고 학교를 그만두었다.[32] 가게 위치도 좋았고 일도 부지런히 했지만[33] 장사는 영 신통치 않았다. 마사쿠스는 타고난 장사꾼은 못 되는 사람이었다. 가족 중에도 장사에 경험이 있는 사람은 아무도 없었다.

가족들에게는 울적한 하루하루였다. 마쓰시타 고노스케는 말년에 이때를 회상하며, 혹시나 손님들에게 받은 돈이 위조 동전은 아닌지 두 번 세 번 확인하시던 아버지를 뒤에서 숨죽여 지켜보던 배고픈 시절이었다고 말했다.[34]

와카야마에 첫발을 들여놓을 때부터 나빠질 대로 나빠진 상황이었지만 그 이후로 2년 반 동안 상황은 최악으로 치달았다. 1900년 가을, 둘째 아들 하치로가 전염병에 걸렸다. 경제적으로 또 사회적으로 불운이 닥쳤을 때도 무력감에 빠지는 일은 없었지만 하치로에게 아무것도 해주지 못하는 현실 앞에 이들 부부는 무력감을 통감했다. 갖은 수단을 써봤지만 하치로의 상태는 호전되지 않았다. 결국 10월 4일, 열여덟 살의 꽃다운 나이로 사랑스러웠던 하치로는 이 세상을 떠났다.[35]

하치로를 잃은 깊은 상실감에서 채 회복되기도 전, 그러니까 6개월 뒤 또다시 끔찍한 죽음의 그림자가 찾아들었다. 이번에는 스물한 살 난 둘째 딸 후사에가 병을 얻었다. 그 당시 와카야마에 빈곤층을 위한 의료 시설이 제대로 구비되었을 리 만무하다. 치료를 받기는 했지만 별 진전 없이 누워만 있다가 결국 1901년 4월 17일 후사에가 눈을 감았다.[36]

자식들을 먼저 보낸 슬픔이 가시기도 전에 설상가상으로 운영하던 신발 가게마저 장사가 안 돼 문을 닫고 말았다. 그 후 마사쿠스는 이 일도 해보고 저 일도 해보지만 아무런 성과를 거두지 못했다. 마지막 자존심마저 무너진 셈이었다.[37] 장남인 이사부로는 새로 문을 연 와카야마 방적공장에 취직을 했다.[38] 가족들도 이로써 한 줄기 희망을 갖게 되었으나 그마저도 얼마 가지 못했다.

1901년 여름 즈음에 이사부로가 감기에 걸리더니 급기야 몸져누웠다. 새파랗게 겁에 질린 부모는 밤낮으로 이사부로를 간호했지만 병은 날이 갈수록 깊어졌다. 이사부로를 살리려고 가족들은 필사적으로 매달렸지만 스물네 살 장남의 병은 호전될 기미가 보이지 않았다. 8월 22일 이사부로도 세상을 떠났다. 하치로와 후사에가 세상을 떠난 지 채 1년이 안 된 시점에 발생한 세 번째 비극이었다.[39]

20세기 초 일본인의 평균 수명은 물론 오늘날보다 훨씬 짧았다. 그럼에도 장남인 이사부로의 죽음은 뜻밖이었고 하치로와 후사에를 떠나보낸 후라 더더욱 쓰라렸다.

잇따라 발생한 세 사람의 죽음으로 마쓰시타 일가가 정신적으로 받은 충격은 이루 말할 수 없었을 것이다. 당시 일본인들은 지금의 우리와는 다른 방식으로 죽음을 해석했다. 봉건주의 사회에서 사람들은 미신을 믿는 경우가 많았다. 아마도 마쓰시타 가족은 1901년 여름을 나는 동안 누군가 자신들에게 저주를 퍼부은 것이 분명하다고 생각하지 않았을까 싶다.

마사쿠스와 도쿠에는 연이은 비극에 망연자실했다. 마쓰시타는 그때를 이렇게 회상한다.

"누나와 두 형을 먼저 떠나보낸 데다 발버둥 쳐도 벗어나기 어려워 보이는 가난 때문에 부모님께서는 경제적으로나 정신적으로 대단히 괴로워하셨다."[40]

그 시절은 어린 마쓰시타의 뇌리에 강렬하게 각인되어 오래도록 잊히지 않았다. 그는 그중 한 장면을 이렇게 회상한다.

"어머니의 고통으로 일그러진 얼굴과 기진맥진해져 축 늘어진 어깨는 아직도 생생하게 떠올라 나를 괴롭힌다."[41]

봉건사회였던 일본에서는 남아선호 사상이 있어서 딸보다는 아들이 소중했고 특히나 장남은 절대적 위치를 차지했다. 장남은 가문의 전통을 잇고 선조와 후손을 연결하는 존재였다. 두 형이 죽고 나서 마쓰시타 고노스케가 맏아들 자리를 지키게 되었을 때 그에게 한없는 애정이 쏟아진 것은 너무도 당연했다. 마쓰시타는 이렇게 적는다.

"갖은 고생을 겪으면서도 부모님은 나를 애지중지하셨고 하나 남은 아들인 내게 당신들의 모든 희망을 거는 것 같았다."[42]

정신적으로 피폐해진 사람이 누군가에게 '자신의 모든 희망'을 건다고 할 때, 그 기대는 엄청나게 무거운 짐이 될 수 있다. 그러나 성공에 대한 열망은 괴로운 마음을 다스리기도 한다. 부모님이 가문의 명예와 부를 되찾아야 한다고 수시로 이야기하며 그를 끔찍이 위했던 탓에 마쓰시타는 상실감으로 인해 겪은 슬픔과 분노, 근심, 우울한 마음을 달랠 수 있었다.

혼란의 소용돌이 속에서 1901년 마쓰시타 고노스케는 초등학교에 다니기 시작했다. 함께 학교를 다녔던 타무라 마고베이에 따르면, 그 시절 마쓰시타는 얌전하고 수줍음을 많이 타는 편이었다.[43] 학업 성적은 급우 100명 가운데 45등 정도로 중간치였다.[44] 나중에 마쓰시타 고노스케 자신도 그리 뛰어난 학생은 아니었다고 선뜻 인정했다.

마쓰시타는 자서전에서, 초등학교 시절 좋아했던 한 선생님과 창피했던 일에 대해 털어놓은 적이 있다. 창피했던 일은 다름이 아니고 그의 궁핍한 환경 때문에 생긴 일이었다.[45] 당시 학생들은 학교에서 행사가 있는 날이면 면으로 만든 주름바지(하카마)를 입었다. 하지만 마쓰시타의 어머니 도쿠에는 새로 옷을 살 돈이 없었던 터라 형들이 예전에 입던 낡은 실크 바지를 그에게 입혔다. 세계 어딜 가나 그렇겠지만 특히 일본 아이들은 또래와 어울리는 것을 중요시한다. 그 가운데서도 마쓰시타는 유난히 제 또래와 잘 어울리고 싶어 했는데, 가난에 대한 자의식 때문에 그런 욕구가 더 강해진 듯싶다. 면이 아니라 실크로 된 바지를 입게 된 마쓰시타는 친구들과 다른 옷을 입어야 한다는 사실에 어머니에게 거세게 대들었다. 그때 어머니가 얼마나 마음이 아팠을지 쉽게 짐작이 간다.

마쓰시타가 좋아했다고 말한 선생님은 무라카미 선생님이었는데, 그의 책에 묘사한 바에 따르면 "무척 친절하고 훌륭하신 분으로 학생들을 당신의 집에 자주 초대하셨다"고 한다.[46] 마쓰시타는 무라카미 선생님 댁에서 장기 두는 법을 배웠다. "나는 선생님 댁에서 친구와 장기를 자주 뒀다. 내가 이겼을 때 무라카미 선생님이 칭찬해주셔서 말할 수 없이 기뻤던 생각이 난다"고 마쓰시타는 나중에 회상했다.[47] 별로 만족스러운 일이 없던 시절, 친구와의 장기에서 이겨 자신이 신봉하던 듬직한 남자 선생님으로부터 주목을 받았다는 사실이 어린 마쓰시타로서는 뜻깊은 사건이었다. 나중에 마쓰시타는 무라카미 선생님 댁과 정원이야말로 극히 드물게 유년의 즐거움을 누릴 수 있던 소중한 원천이었다고 말했다. 마쓰시타는 그 시절을 이렇게 돌아본다.

"가을이면 감귤나무에 올라가 수분이 가득한 황금빛 귤을 따먹었다. 아이들에겐 그곳이 지상낙원 같았고 거기서 해질녘까지 놀던 날이 많았다."[48]

1903년쯤이면 이미 아버지 마사쿠스는 가족과 따로 떨어져 오사카에서 머물고 있었다. 마사쿠스는 1년 전에 일자리를 찾아 와카야마를 떠나왔다.[49] 왜냐하면 오사카는 인구가 90만 가까이 되는 대도시여서 와카야마보다 일자리를 얻을 기회가 더 많았기 때문이다.[50] 마사쿠스가 이런 결정을 내리게 된 데에는 가족 간에 불편한 분위기도 틀림없이 일조한 것으로 보인다. 오사카로 간 마사쿠스는 시각장애 및 청각장애 어린이를 위한 신설학교에 취직해 사무원으로 한동안 일을 했다. 월급이 많지는 않았지만 그래도 가족들에게 경제적으로 최소한의 생활은 보장해주었다.[51]

경제 형편도 나아지고 학교생활도 점점 만족스러워지자 어린 마쓰시타의 삶도 꽤 지낼 만해졌다. 그는 여느 아이들처럼 학교를 다녔다. 학교를 다녀와서는 와카야마 성 돌담에서 놀거나 키노 강에서 새우를 잡기도 하고 무라카미 선생님 집에도 찾아갔다. 식구도 이제 여섯 명밖에 남지 않아 집도 예전처럼 비좁지 않았다. 물론 마쓰시타가 네 살 때까지 누렸던 안락함과는 비교도 안 되지만 그래도 그럭저럭 앞날을 점쳐볼 수 있는 삶이 되어가고 있었다. 마쓰시타 가족이 처했던 현실을 생각해볼 때 앞날을 그릴 수 있다는 사실은 크나큰 위안이 아닐 수 없다.[52]

그런데 또다시 모든 것이 변하고 말았다.

1904년 11월 중순 도쿠에는 남편이 보낸 편지 한 통을 받는다. 하치만스지의 화로 판매업자가 견습공이 필요하다는 이야기를 하면서 남편은 이렇게 적었다.

"고노스케도 이제 4학년이고 곧 초등학교 졸업을 하겠구려. 하지만 이번 기회는 절대 놓칠 수 없는 절호의 기회라오. 그러니 한시바삐 고노스케를 오사카로 보내주구려."[53]

훗날 마쓰시타 고노스케는 이 편지에 대해 자신이 어떤 반응을 보였는지 기억할 수가 없다고 말한다.[54] 서럽고 격한 감정이 북받치는 모습이 쉽게 연상되긴 하지만 이와는 상당히 다른 반응을 보였을 수도 있다.

어머니 도쿠에는 11월 23일 아홉 살 난 마쓰시타를 데리고 와카야마에 있는 기노카와 역으로 갔다.⁵⁵ 그녀는 마쓰시타를 기차에 태운 뒤 조그만 옷 보따리를 하나 쥐여주었다. 그리고 옆자리 승객에게 자기 아들이 오사카에 있는 아빠를 만나러 간다고 설명하면서 아들을 지켜봐달라는 부탁을 건넸고 승객은 그러마고 대답을 했다. 도쿠에는 기차가 출발하기 직전까지 막내아들에게 힘을 주면서 조심하라고 신신당부했다. 그녀 곁에 유일하게 살아남은 아들을 태운 증기기관차가 드디어 출발하자 도쿠에는 플랫폼을 떠나는 기차를 바라보며 한없이 눈물을 흘렸다.⁵⁶

기차로 몇 시간이면 닿는 오사카였지만 어린 마쓰시타에게는 신세계로 떠나는 여행이나 다름없었다. 그 당시 오사카는 지구상에서 열다섯 번째로 큰 도시였으며 상인들에게는 사업하기에 더없이 좋은 환경이었다. 와카야마에서 오사카라는 거대 도시로 진입한다는 것은, 미국으로 치면 중서부 소도시에서 살다가 시카고로 옮겨가는 것이고 러시아로 치면 황야에 있다가 상트페테르부르크로 이동하는 것이라 하겠다. 마쓰시타는 앞으로 자신의 인생이 현저하게 달라질 것임을 느꼈다. 하지만 자기 앞날에 무엇이 기다리고 있을지 알 수 없었다. 지난 수 세기 동안 대도시를 찾아들었던 사람들과 마찬가지로 마쓰시타는 앞으로 더 많은 기회와 위험, 더 큰 즐거움과 괴로움, 더 풍요롭고 힘든 생활을 맞이하게 될 것이었다.

그는 나중에 이때를 회상하며, 차창 밖으로 흩어져가는 시골 마을 풍경을 보면서 슬프기도 하고 두렵기도 했다고 적었다. 또다시 그간에 익숙했던 모든 것들을 잃어버린다는 것은 어린 마쓰시타에겐 겁나는 일이었지만 오사카까지 가는 길은 한편으로는 무척 설렜다.[57]

아이들은 자기만의 경험을 토대로 희망과 두려움을 키워나가기 마련이다. 마쓰시타가 어릴 때 겪었던 온갖 곡절을 감안하면 그가 꿈꾸는 공상과 악몽의 세계는 제 또래 누구보다 강렬했을 것이 틀림없다. 이런 아홉 살 소년에게 오사카는 그저 수많은 일자리와 집과 상점이 들어선 대도시가 아니었다. 마쓰시타에게 오사카라는 대도시는 불확실한 미래와 고통을 선사할 또 다른 원천이자 자기 꿈을 실현시키고 더 나은 삶을 안겨줄 수단이기도 했다.

집안의 경제적 몰락 후에 불어닥친 세 남매의 죽음, 익숙한 것과의 단절, 가난으로 인한 수치심, 하나 남은 아들인 마쓰시타를 더욱 애지중지하는 부모님. 그가 그토록 강렬하고 원대한 꿈을 꾸게 된 배경에는 이 모든 것들이 자리하고 있었다.

2장

강철처럼

　마쓰시타가 오사카에서 처음으로 일을 시작했던 1904년은 라이트 형제가 최초로 비행기를 만들어 키티 호크에서 성공적으로 비행을 마쳤던 해이자 헨리 포드가 포드자동차회사를 세웠던 해이다. 마쓰시타의 주인은 일본말로 히바치, 그러니까 화로를 제조하고 판매하는 사람이었다. 주인 내외와 나이 어린 견습공 세 명, 그리고 마쓰시타까지 6명이 작은 가게에서 함께 기거하면서 일을 했다.

　당시 일본의 견습공 제도는 현대인들의 눈에는 야만적이라 비칠 법하다. 어린아이가 부모 곁을 떠나 주인집에 기거하면서 일주일에 80~90시간을 일했다고 하니 말이다. 그러나 100년 전 일본인들은 오사카에서 견습공으로 일을 한다고 하면 더 나은 인생을

개척할 수 있는 훌륭한 기회를 얻었다고 생각했다.[1]

마쓰시타 고노스케의 견습공 시절은 혹독하기도 했지만 더 크게 성장할 수 있는 발판이기도 했다. 그는 희망과 두려움이 뒤섞인 불안함 속에서도 스스로를 채찍질해 자신의 힘든 처지를 더 나은 발전의 밑거름으로 삼았다. 이는 마쓰시타 고노스케의 인생 전체에 걸쳐 되풀이되는 성장 패턴이다. 역경은 사람을 지치게 만드는 법이지만 그는 역경을 배움의 원천이자 성공의 원동력으로 삼았다.

오사카에서 일을 시작한 처음 몇 주 동안은 주인집 아이를 돌보며 심부름을 하고, 집과 가게를 청소하는 일을 맡았다. 그러다 차츰차츰 쉬운 것부터 일을 배우기 시작했는데 대개는 제품이 완성되고 난 후의 마무리 작업이었다.[2] 마무리 작업은 때로 육체적으로 매우 고된 일이었다. 마쓰시타는 그때 일을 이렇게 회고한다.

"제품에 광택을 내는 작업은 등급에 따라 여러 가지가 있다. 화로 본체는 일반적으로 샌드페이퍼로 연마한 다음에 골풀 줄기로 문질러서 광택을 낸다. 최고급 제품을 만들기 위해 나는 온종일 거친 골풀 줄기로 화로를 문질러 광을 냈다. 그러다 보면 내 여린 손이 여기저기 부르트고 퉁퉁 부어올랐다."[3]

이렇게 일을 하고 마쓰시타는 숙식을 제공받고 매월 두 차례 5센씩 급료를 받았다. 1903년을 기준으로 그가 받은 10센의 구매력을 현대와 비교해보면 1만 원도 안 되는 돈이다. 이 당시 도쿄대학 출신의 공학도가 받는 초봉은 월 50엔, 즉 그가 받는 급료의 500배 수준이었다.[4] 오늘날로 보자면 노예나 다름없는 급료지만 와카야마 생활이 하도 궁핍했던지라 마쓰시타에게는 두둑하게 느껴졌다. 그는 이렇게 말했다.

"어머니께 어쩌다 1몬센을 받은 적은 있어도 5센이라는 돈을 받아본 적은 생전 처음이었다. 5센이면 1몬센의 50배나 되기 때문에 주인에게 그 돈을 받고 나는 깜짝 놀랐다."[5]

20세기 후반의 선진국 수준과 비교해보면 당시 마쓰시타의 삶은 끔찍이도 군색했던 것 같다. 친구도 거의 없었고, 학교도 다니지 않았고, 장난감 등의 개인 소유물도 얼마 없었고, 자유롭게 쓸 수 있는 시간도 거의 없었다. 무엇보다도 어머니가 곁에 없었다. 나중에 마쓰시타가 남긴 책과 연설을 봐도, 그가 고통스럽게 떠올리는 기억은 고된 노동이나 궁핍한 형편보다는 외로움에 대한 것이 많았다.[6] 그는 어머니가 사무치게 그리워 매일 잠자리에 들면 흐느껴 울었다.[7]

마쓰시타는 화로 가게에서 석 달밖에 일을 하지 못했다. 왜냐하면 주인이 소매상을 정리하고 제품 제조에 주력하기로 하면서 오사카보다 땅값이 싼 곳으로 이사를 가기로 했기 때문이다. 따라서 네 명이나 되는 견습공도 필요가 없게 되었다. 그렇게 그는 자리 잡은 곳을 또 떠나야 했다.[8]

마쓰시타의 부친은 급히 서둘러 다른 일자리를 알아봐주었다.

이번에는 새로 문을 연 자전거 가게였다. 가게 주인은 부친이 일하던 학교 설립자의 동생인 고다이 오토키치 씨로 견습공 생활을 거친 경험이 있었다.[9]

당시 일본에서 자전거는 새로 떠오르는 소비재 중에 하나였다. 미국과 영국에서 제조된 자전거는 대개 100~150엔 사이에서 거래되었다. 이는 요즘 환율로 따져보면 1000만 원이 넘는 가격이다. 이 당시 자전거는 대중교통 수단이라기보다는 부자들이 주로 아들에게 사주는 사치품이었다.[10]

자전거 가게는 오사카 시 센바에 있었다. 여기서 마쓰시타가 처음에 맡은 일은 지난 번 화로 가게에서 하던 일과 비슷했다. 집에서는 이런저런 허드렛일을 했고 가게에서는 별다른 기술이 필요 없는 단순 노동을 했다. 쉬는 날도 거의 없이 이런 나날들이 오래도록 계속되었다. 그는 마루를 닦고, 진열된 자전거들을 관리하고, 작업하는 주인을 위해 선반을 돌리는 일을 했다.[11]

마쓰시타가 회상한 당시 생활을 살펴보자. 당시로서는 평범한 수준일지 몰라도 오늘날의 기준에 비춰보면 전반적으로 낙후한 편이다.

"식사는 주로 쌀과 야채 반찬이었다. 아침에는 밥에 무라든가 다른 야채절임, 점심에는 밥에 야채볶음, 저녁에는 밥에 다시 야채절임이 나왔다. 생선은 매달 두 번, 1일과 15일에 점심 식사로 제공되었다. 뭐 하나 충분한 게 없던 시절이었다."[12]

자전거 가게에서는 일주일 내내 일을 했다. 일을 하지 않는 날은 새해 첫날과 오봉 명절 때뿐이었다.[13] 일본인들은 현재도 오봉 명절을 쇠고 있는데, 8월 15일을 전후로 3~4일간 연휴를 가지면서 조상을 기리는 불교 의식을 행한다. 가족들도 오봉 명절에는 한자리에 모인다.

고다이 씨는 무척 엄격한 주인이라 게으름을 결코 용납하지 않았다. 하지만 나이 어린 견습공들을 대하는 모습은 고용주라기보다는 엄한 아버지에 가까웠다. 그는 견습공들을 감독하고, 가르치고, 보살펴주었다.

마쓰시타는 네 살부터 열 살까지의 불안정한 생활과 비로소 작별하고 자전거 가게에서 고다이 가족들과 함께 6년을 함께 생활하며 일을 배웠다. 이 시절은 어느 모로 보나 가혹했지만 그 후의 여러 정황을 살펴볼 때 많은 것을 배울 수 있었던 시간이었다.[14] 그는 역사, 문학, 언어, 예술보다는 철저하게 실용적인 분야, 그러니까 생산 원가와 고객, 상품 판매에 관해 배웠다. 마쓰시타가 이 시기에 뼛속 깊이 새긴 교훈이 하나 있다. 바로 훨훨 타오르던 꿈과 희망을 실현하기 위해 자신의 열정을 어디에 또 어떻게 쏟아야 할지를 깨달은 것이다.

마쓰시타는 죽기 전 30년 동안 자그마한 서재 하나를 모두 채울 만큼의 책을 썼다. 그러나 이 많은 저작물 중에 유년 시절을 제대로 다른 것은 하나도 없다. 나는 이 책을 쓰면서 마쓰시타전기 측 관계자들을 수십 명이나 만났지만 마쓰시타 고노스케가 유년 시절을 언급하는 것을 본 적이 없다고 하나같이 입을 모았다. 최측근인 사위조차도 그때 이야기를 들은 기억이 거의 없다면서 이렇게 말했다.

"그때 기억이 너무 고통스럽기 때문이라고 저는 생각합니다."[15]

마쓰시타 본인이 언급했던 견습공 시절의 일화 몇 가지가 있긴 하다. 하지만 자세히 살펴보면 단순히 어려웠던 시절의 쓰라림을 강조하기보다는 자신이 얻은 소중한 교훈을 보여주고자 선택한 것이다. 그는 고통과 희생 속에서 자기 목표를 어떻게 쟁취하고, 어떤 영향을 받았으며 무슨 깨달음을 얻었는지 이야기한다. 우리는 이를 통해 마쓰시타가 배운 교훈과 청년 시절의 심리 상태를 엿볼 수 있다.

그 가운데 가장 어렸을 때의 일화 하나를 먼저 살펴보자.[16] 마쓰시타가 화로 가게에서 견습공을 하던 때였다. 어느 날 주인집 아이를 업고 다른 견습공 아이들과 팽이치기를 하다가 아이를 떨어뜨리고 말았다. 아이는 큰 소리로 울기 시작했고 아무리 달래도 그칠 줄을 몰랐다. 겁에 질린 어린 마쓰시타는 근처 상점으로 달려가 사탕 한 개를 사서 아이 입에 물려주었다. 그 방법이 통했던지 아이는 이내 울음을 그쳤다. 그러나 성공의 대가는 너무 컸다. 고급 상점이라 사탕 한 개 값으로 그의 사흘 치 급료에 해당하는 1센을

지불했기 때문이다.[17]

　마쓰시타는 집에 돌아와 주인에게 사건의 자초지종을 모두 털어놓았다. 주인은 그를 가엾게 여겨 그 일로 꾸짖지 않았다. 그러나 주인이 견습공 마쓰시타에게 베푼 것은 그러한 연민이 전부였다. 그는 순식간에 없어진 사흘 치 급료를 결코 보상받지 못했다.[18]

　두 번째 일화는 자전거 가게에서 일하던 초창기 시절의 이야기다. 1906년, 마쓰시타는 당시 주요 일간지인 「오사카 신문」이 후원하는 자전거 경주대회에 나가기로 한다.[19] 그는 힘든 와중에도 해가 뜨기도 전에 일어나 오사카 남부의 스미요시에 있는 경주로에 가서 다른 주자들과 함께 연습을 했다. 연습도 무척 많이 하고 연습 경기에서 몇 번 이겨도 봤지만 그가 바라던 만큼의 성적을 내지는 못했다. 그러다 사카이에서 벌어진 한 경기에서 사고를 당해 쇄골이 부러진 후로 경주를 그만두었다.[20]

　자전거 가게와 관련된 일화 중에 동료 견습공에 대한 이야기도 있다. 아마도 1907년경에 있었던 일로 보인다. 마쓰시타는 낮에는 자전거 수리를 하고 저녁 8시 30분부터 10시까지는 가게를 지켰다.[21] 이 일화의 주인공은 마쓰시타보다 나이 어린 대여섯 명의 견습공 가운데 한 명이다. 마쓰시타는 이렇게 기억한다.

　"눈치가 빨라 주인에게 애정도 듬뿍 받고 꽤 능력도 있는 친구였다. 그런데 어찌된 영문인지 몰라도, 그 친구는 가게 물건을 훔쳐 내다 팔면서 자기 용돈으로 썼다. 그러다 우연찮은 기회에 주인이 이를 알게 되었다. 주인은 어찌해야 할지 혼란스러워하다가 결국 한 번만 용서해주기로 마음을 먹었다. 워낙 영리하고 솜씨가 좋았기 때문이다. 고다이 씨는 크게 혼쭐을 낸 다음, 문제의 견습공을 용서하고 계속 일을 하도록 했다."[22]

도둑질을 일삼은 견습공을 주인이 해고하지 않았다는 소리를 듣고 마쓰시타는 화가 치밀어 올랐다. 그는 속이 부글부글 끓어올라 주인에게 가서 이렇게 말했다.

"그렇게 결정하셨다니 참 유감입니다. 하지만 저는 그렇게 부도덕한 친구와는 함께 일하고 싶지 않습니다. 계속 그 친구에게 일을 시키신다면, 저를 당장 해고시켜주십시오."

정면에서 당당하게 자기 의견을 피력하는 경우는 일본에서는 좀처럼 보기 드물기 때문에 마쓰시타는 주인을 어리둥절하게 만들었다. 그 직후에 어떤 일이 벌어졌는지는 기록이 남아 있지 않다. 하지만 마쓰시타에 따르면, 고다이 씨는 '결국' 잘못을 범한 견습공을 해고했다.[23]

네 번째로 소개할 일화는 어린 마쓰시타가 처음으로 자전거를 판매한 이야기다.[24] 그가 열두 살 인가 열세 살 때의 일이다. 마쓰시타는 가게 점장이 손님들에게 자전거를 선전할 때 옆에서 도와주는 일을 맡아서 하고 있었다. 어느 날 근처 모기장 도매상으로부터 전화가 걸려왔다. 그곳 주인인 데츠가와 씨가 자전거를 구경하고 싶다는 것이었다. 하지만 점장은 시간을 낼 수가 없었고, 데츠가와 씨는 급하다고 해서 마쓰시타가 대신 가게 되었다.

그는 모기장 가게에 가서 씩씩하고 열성적으로 제품을 설명했다. 데츠가와 씨는 설명이 채 끝나기도 전에 마쓰시타의 머리를 쓰다듬으면서 말했다.

"좋아, 자전거를 사도록 하지, 그런데 10퍼센트를 깎아주는 조건이야."[25]

자전거 판매가는 오늘날 환율로 따지면 1000만 원에서 1500만 원 정도였는데 그중에 10퍼센트라면 상당한 금액이다. 고다이 씨가 절대로 5퍼센트 이상 깎아주지 않는다는 것을 알면서도 마쓰시타는 데츠가와 씨에게 잘 말씀드려보겠다고 말하고 가게로 돌아왔다. 그의 이야기를 들어보자.

"나는 주인에게 돌아와 데츠가와 씨가 자전거를 사기로 했는데 10퍼센트 할인을 원한다고 말했다. 하지만 주인은 안 된다고 딱 잘라 말했다. 우리 가게 할인 방침은 5퍼센트라고 다시 가서 말을 하고 오라는 것이었다. 혼자 힘으로 자전거를 팔 수 있다고 감격했던 나는 주인의 대답을 전하러 데츠가와 씨한테 가기가 죽기보다 싫었다. 나는 고다이 씨에게 10퍼센트를 할인해달라고 울먹거리며 애원하고 매달렸다. 한참이나 나를 지켜보던 주인은, 도대체 누가 네 주인이냐며 정신 차리라고 호통을 쳤다. 나는 울음을 멈출 수가 없었다."[26]

일이 너무 더디게 진행되자, 왜 그런지 이유가 궁금한 데츠가와 씨는 점원을 보냈고 고다이 씨는 그에게 자초지종을 설명했다. 마쓰시타가 기억하는 바에 따르면, 사정 이야기를 들으러 온 모기장 가게 점원이 그의 집요함과 순박함에 깊은 인상을 받은 것 같다고 한다. 그 점원은 돌아가서 데츠가와 씨에게 자기가 본 광경을 자세히 이야기했고, 그것을 들은 데츠가와 씨는 자기 생각을 접고 5퍼센트 할인된 가격으로 자전거를 사기로 했다. 마쓰시타는 이 사실을 알고 나서 날아갈 듯 기뻤다.[27]

나이 어린 견습공 시절의 일이라 생각하면 놀랍지만 마쓰시타의 파란만장한 인생사에 비춰본다면 그리 놀라운 것도 아니다. 일화에 나타나는 마쓰시타의 주인이자 스승이었던 이들은 어떤 모습인가? 한 번은 급료를 보상해주지 않았고, 또 한 번은 도둑질을 하는 점원이 있어도 해고하지 않았고, 마쓰시타의 간절한 애원을 일언지하에 거절했다. 따라서 우리는 마쓰시타가 일찌감치 아버지를 대신하는 존재가 자신을 힘들게 할 뿐이라는 이미지를 형성했음을 읽어낼 수 있다. 여기에는 상실에 대한 이미지도 많다. 졸지에 손에서 빠져나간 사흘 치 급료, 포기할 수밖에 없었던 자전거 경주, 도둑질을 일삼던 동료 견습공 등이 그렇다. 또 우리는 자신의 처지를 개선시키기 위해 열렬하게 노력했던 마쓰시타를 목격한다. 자전거 경주를 준비할 때도, 자전거를 판매할 때도, 부도덕한 동료 라이벌을 쫓아낼 때도 그는 진심을 다했다.

일화를 살펴보면, 기업인 마쓰시타의 경영기법과 관련해 눈에

떠는 교훈이 하나 있다. 마쓰시타는 위험을 감수하면 그만큼 성과가 따른다는 것을 경험으로 배웠다. 첫 번째 일화에서 그는 새로운 시도를 통해 울던 아이를 기분 좋게 만들었다. 비록 사흘 치 급료를 손해 봤지만 원하던 결과를 얻어냈다. 네 번째 일화에서는 10퍼센트 할인이라는 전례가 없는 제안을 받아들고 끈질기게 주인에게 애원함으로써 결국 '날아갈 듯 기쁜' 결과를 만들어냈다.

그간의 고된 노동과 고통 뒤에 느끼는 기쁨이니 그 맛은 더더욱 달콤했을 것이다.

1905년, 그의 모친과 누이들이 와카야마에서 오사카 북부지역으로 이사를 왔다.[28] 이때 마쓰시타는 열한 살이었다. 자전거 가게에 계속 기거하긴 했지만 가족들을 좀 더 자주 볼 기회가 생긴 것이다.[29]

누이 한 명이 오사카 우편국에서 경리로 일하게 되면서 어머니 도쿠에와 누이는 힘겨운 견습공 일을 하는 막내를 빼내올 궁리를 하기 시작했다. 그들은 고심 끝에 우편국에 사환 자리를 얻어 마쓰시타가 가족과 함께 살면서 낮에는 사환으로 일하고 밤에는 학교를 다니게 하기로 결정했다. 어머니와 누이에게 계획을 전해들은 그는 더없이 기뻤다. 도쿠에는 신명이 난 마쓰시타를 데리고 남편을 만나러 갔다. 그러나 아버지 마사쿠스는 그 계획을 듣고 단칼에 잘라 버렸다.[30]

마사쿠스는 아들에게 견습공 일을 계속해야 나중에 조그마한 자기 사업이라도 할 수 있다며 열변을 토했다. 그는 남 밑에서 일하지 않고 자기 사업을 경영하는 기업가가 된다는 것은 엄청나게 가치 있는 일이라고 주장했다. 계속 견습공 일을 한다면 마쓰시타는 학교로 되돌아갈 수 없을 것이 분명했다. 하지만 학교에 다닐 기회를 놓치는 것쯤은 거시적인 관점에서 보면 사소한 것이었다. 기업가로 성공하면 제대로 학교 교육을 받은 사람들을 자기 밑으로 고용할 수 있기 때문이다. 반대로 우편국에서 사환으로 일하게 되면 생활은 좀 편해지겠지만, 원대한 꿈을 이룰 기회는 그만큼 줄어드는 것이었다.[31]

이때 어린 마쓰시타가 아버지와 어떻게 얼마나 설전을 벌였는지 그 기록은 전혀 남아 있지 않다. 설령 아버지의 마음을 돌려보려고 그가 애를 썼다 해도 부질없었을 것이다. 투기로 집안 재산을 모두 날려버려 마쓰시타를 곤궁에 처하게 한 아버지는 이제 편한 일거리를 얻어 어머니 곁에서 학교를 다니고픈 그를 막아서고 있었다.

당시 마사쿠스는 여전히 딱한 처지에 놓여 있었다. 장애인 학교에서 받는 봉급이라 해봐야 보잘 것 없는 수준이었고, 아내가 오사카에 있긴 하지만 곁에 두지는 못했다. 거기다 잃어버린 재산을 도로 찾으려고 선물시장에 필사적으로 매달리는 바람에 가족 간에는 일촉즉발의 긴장감이 감돌았다.[32]

1906년, 마사쿠스로 인해 발생한 문제들이 모이고 모여 드디어 거센 폭풍우가 되어 몰아닥쳤다. 그해 4월에 열여덟 살 누이 하나가 목숨을 잃은 것이다. 8남매 중 벌써 네 번째였다. 그것만으로는 부족했을까. 한 달 뒤에 부모와 형제들을 깊은 절망으로 몰아넣는 죽음이 다시 한 번 찾아왔다. 치요가 스물 한 살의 나이로 저 세상으로 떠난 것이다.[33] 그리고 같은 해 9월, 그러니까 치요가 죽은 지 넉 달도 안 되어 쉰 살의 마사쿠스가 학교에서 일하던 중에 쓰러졌다. 그리고 그 역시 하나와 치요처럼 얼마 버티지 못하고 숨을 거두고 말았다.[34]

장례식을 모두 치르고 난 후 도쿠에와 남은 누이 둘은 경제 사정이 어렵기도 하고 개인적 사정도 겹쳐 다시 와카야마로 돌아갔다.[35] 마쓰시타는 그들과 함께 돌아가지 않고 오사카에 남아 자전거 가게에서 견습공 일을 계속했다.[36]

마쓰시타는 좀처럼 부친에 대한 자기감정을 말하거나 글로 남기지 않았다. 분명 복잡하고 모순된 감정이었을 것이다. 한번은 자서전에서 이렇게 회상한 적이 있다.

"아버지가 고향 마을에서 얼마나 존경을 받았는지, 그리고 우리 집안이 옛날에는 얼마나 명예로웠던가를 생각하면 아버지 인생이 더욱 애처롭다. 아버지는 당신 인생에서 실수도 많고 판단 착오도 많았지만, (내 사업을 시작하라고) 나를 격려하고 충고하실 때의 판단은 타당한 것이었다. 나는 아버지가 생각날 때마다 당신이 바라는 대로 살아야겠다고 굳게 마음을 다졌다."[37]

당시 마쓰시타 고노스케에게 마사쿠스는 사랑하는 아버지이자 가정을 무너뜨린 원흉이었고, 현재의 고통을 안겨준 진원지이자 빛나는 미래를 제시한 영감의 원천이었다. 또 그에게 아버지는 힘 센 강자이자 서글픈 약자였다. 세상 모든 아이들이 그렇겠지만 마쓰시타에게는 이 모든 감정들이 혼란스럽기만 했다.

마쓰시타는 열다섯 살까지 자전거 가게에서 일을 하다가, 자기 삶의 절반 가까운 시간을 보냈던 일터를 떠나기로 결정한다.

일본은 인구 밀도가 높아서인지 인간관계와 타인에 대한 예의범절에 극도로 민감한 사회였다.[38] 20세기 초반까지 강하게 남아 있던 봉건주의 문화도 일본인들이 관계에 있어 안정성을 추구하는 주요 원인 중 하나다. 이런 배경 때문인지 일본에서는 세계 대부분의 나라에서보다 자발적 이직률이 낮다. 현대에 들어와 이런 분위기도 바뀌는 추세에 있지만 일본인들은 여전히 이직을 탐탁지 않게 여긴다. 일본의 젊은이들은 고용주에 대한 의리를 중시하고, 돈 때문에 이직하는 것을 스스로 부끄러워하는 편이다. 한 조사에 따르면 30퍼센트 정도의 임금 인상 폭은 이직에 영향을 주지 못하는 것으로 나타났다.[39] 마쓰시타가 이직을 결심한 1909년에는 어땠을까? 제2차 세계대전 이후의 일본 분위기와는 달리 직원 충성도가 아주 높은 편은 아니었다. 그래도 마쓰시타처럼 견습공 생활을 하는 이들은 언젠가는 자기도 주인이 될 거라는 희망을 품고 대체로 끝까지 견습공 기간을 채우는 편이었다. 하지만 그는 다른 길을 선택했다. 처한 상황은 달랐지만 소니의 창업자 모리타 아키오의 선택도 이와 같다. 모리타 아키오는 대대로 사업을 하는 집안의 장남이었고, 당시 일본에서는 장남으로서 가업을 이어야 하는 의무를 지고 있었다. 하지만 모리타 아키오는 이를 거절하고 부친의 허락을 받아 소니를 창업한다.[40]

자전거 가게는 순조롭게 성장세를 이어갔다. 자전거는 날로 인기를 끌었고 가격이 인하되고부터는 더욱 잘 팔려나갔다. 주인인 고다이 씨도 고객지향적인 운영 방식으로 손님을 늘려가고 있어 매출 규모는 어느덧 대규모 소매상을 방불케 할 정도였다.[41] 이때 오사카에서는 도시 전체를 연결하는 전차 노선이 부설되고 있었다. 우메다에 있는 중앙역과 오사카 항구를 잇는 노선이 완공되는 것을 줄곧 지켜보면서 마쓰시타는 전기의 힘에 매료되었고 자전거의 미래를 골똘히 고민하기 시작한다.[42]

그 당시 유럽은 인지하지 못했지만 유럽의 시계바늘은 세계대전을 향해 착착 움직이고 있었다. 미국에서는 윌리엄 하워드 태프트William Howard Taft가 대통령을 맡고 있었고, 탐험가인 로버트 피어리Robert Peary와 매튜 헨슨Matthew Henson이 북극 탐험에 성공해 열렬하게 환호를 받았다. 일본의 경제 구조는 봉건주의를 벗어나 빠른 속도로 근대화의 길을 가고 있었다. 전차는 거대한 변화를 눈으로 확인할 수 있는 하나의 표지판에 불과했다.

진로를 고민하던 마쓰시타는 1909년 어느 날 전등회사에 취직하고 싶다며 매형에게 도와달라고 부탁을 한다. 그전에 매형에게서 그런 일자리는 분명 구하기 쉬울 거라는 말을 듣고 자전거 가게 견습공을 그만두고 새로운 기회를 찾아 나서기로 한 것이다.[43]

고다이 씨에게 그만둔다는 말을 꺼내야 했지만 차마 입을 떼지 못해 몇 번이나 면전에서 돌아섰다고 마쓰시타는 회상한다. 그에게 고다이 씨는 7년 가까운 시간 동안 아버지이자 스승이었다. 이런 사정도 사정이거니와 일본 사회는 관계를 중시하기 때문에 이직 이야기를 꺼낸다는 것은 여간 어려운 일이 아니었다. 너무 괴롭고 죄스러웠던 마쓰시타는 고다이 씨에게 직접 이야기하려는 마음을 접고 결국 다른 묘수를 짜냈다. 어머니가 아프니 집에 돌아오라는 내용의 거짓 전보를 자기 앞으로 보낸 것이다. 미국 같으면 비웃음을 살 일이지만, 사람 사이의 충돌을 꺼리는 일본에서는 그렇지 않았다. 방법은 통했고 고다이 씨는 다정하게 말했다.

"자네가 여기서 일한 지도 6년이 넘었구먼. 그만두고 싶다면 그리 해야지. 자네 뜻대로 하게."[44]

이렇게 해서 마쓰시타는 고다이 씨를 떠나게 된다.

만약에 그가 고다이 씨 밑에서 일을 계속했다면 어땠을까? 아마도 언젠가 자전거 가게를 하나 내고 중류층 이상의 삶을 누리지 않았을까 싶다. 하지만 그 정도 미래로 만족할 마쓰시타가 아니었다. 그는 더 큰 꿈을 이루기 위해 아버지이자 스승이었던 고다이 씨와의 관계를 기꺼이 정리하고 앞이 확실히 보이지 않는 길로 걸어 들어갔다.

크게 성공한 사람들의 인생 자취를 살펴보면 한 가지 공통점이 있다. 그것은 자신들에게 닥쳐오는 역경을 성장의 발판으로 삼았다는 것이다.[45] 마쓰시타 고노스케도 예외는 아니다. 물론 그와 동시대를 살았던 이들 중에는 고통을 겪는 이들이 많았다. 하지만 1899년부터 마쓰시타가 겪었던 가족들의 연이은 죽음은 결코 평범하지 않다. 그는 네 살에 순식간에 처참한 빈곤의 나락으로 떨어졌다. 다섯 살에 하치로 형이 죽었고, 여섯 살에는 후사에 누나와 이사부로 형도 세상을 떠나갔다. 그리고 아홉 살이라는 어린 나이에 어머니 품을 떠나야 했다. 이런 사건들을 겪으면서 마쓰시타 속에서는 슬픔과 분노와 굴욕이 곳곳에 똬리를 틀었다.

그러나 부모의 보살핌으로 이런 감정들을 추스르면서 그는 밝고 빛나는 미래를 꿈꾸기 시작했다. 그리고 이런 꿈이 있었기에 고된 견습공 생활을 성장의 발판으로 삼을 수 있었다. 멀리 계신 부모님과 또 함께 기거하는 주인아저씨의 격려와 지원을 받으면서 마쓰시타는 장사와 거래, 타인을 설득하는 법, 이익을 창출하는 법, 판매 기법 등을 배워나갔다. 그는 또한 어려서부터 독립심과 위험을 감수하는 능력을 키웠다. 그가 어려운 시간을 견뎌내면서 확실하게 배운 게 하나 있다면 뭐니 뭐니 해도 그 어려움을 성장의 밑거름으로 삼는 자세가 아닐까 싶다.

프리드리히 니체는 "나를 죽이지 않는 것은 나를 더 강하게 할 뿐"이라고 말했다. 다소 가혹한 말이긴 해도 마쓰시타만큼 니체의 이 말이 더없이 잘 어울리는 사람도 없을 듯하다. 특히 1899년부터 1910년 사이에 벌어진 일들을 떠올려보면 더욱 그렇다. 이때 그는 절반이나 되는 가족을 차례로 잃었다. 하지만 살아남은 막내아들 마쓰시타 고노스케는 강해졌다. 강철처럼 단단해졌다.

3장

홀로 세상 속으로

마쓰시타는 매형의 말을 듣고 자전거 가게를 떠나면 곧바로 오사카전등회사에 취직할 것으로 생각했다. 하지만 지원서를 제출하려고 가보니 당장은 빈자리가 없다는 것이었다. 생활비는 마련해야 겠기에 매형이 관리자로 일하는 사쿠라시멘트회사에 임시직으로 들어갔다.[1]

신생 시멘트회사인 사쿠라에서 맡은 일은 철도차량처럼 생긴 소형 컨테이너에 건식 시멘트를 퍼 담아 트랙을 따라 공장 이곳저곳으로 이동하는 것이었다. 어찌 보면 마쓰시타가 처음 경험하는 강도 높은 육체노동이었다. 석 달 후, 오사카전등회사 사이와이초 지점 내부 배선 부문에 자리가 났다. 그는 소식을 듣자마자 지원서를 제출하고 합격 통지를 받았다.² 마쓰시타는 1910년 10월 21일, 그가 '전기사업'이라고 지칭했던 분야에서 처음으로 일을 하게 되었다. 많은 유명 기업가들이 그랬듯이 마쓰시타 또한 흔히들 가는 편한 길을 버리고 앞으로 끊임없이 변화하고 성장할 산업에 뛰어들었다. 그때나 지금이나 이런 선택에는 크나큰 위험이 따르는 법이다. 신생사업 분야는 실패하는 기업들이 많기 때문이다. 하지만 금전적 이익과 승진, 자기계발을 위한 도전의 기회 역시 크다.

18~19세기에 수백 명의 과학자들이 장차 부흥하게 될 전기산업의 토대를 구축했다. 윌리엄 길버트William Gilbert, 조셉 프리스틀리Joseph Priestley, 헨리 카벤디시Henry Cavendish, 샤를 오귀스탱 드 쿨롱Charles-Augustin de Coulomb, 알레산드로 볼타Count Alessandro Volta, 험프리 데이비 경Sir Humphry Davy, 한스 크리스티안 외르스테드Hans Christian Orsted, 마이클 패러데이Michael Faraday, 제임스 클라크 맥스웰James Clerk Maxwell 등이 대표적이다. 실제로 전기를 사업에 응용한 사람 중에 단연 돋보이는 사람은 토머스 에디슨이다. 에디슨은 1879년에 백열전구를 발명하고, 1881년에는 세계 최초로 뉴욕 시에 교류발전기와 송·배전시스템을 구축했다.

마쓰시타가 오사카전등회사에서 일을 시작했던 1910년에 '전기'라는 신생사업은 그야말로 공포와 경외의 대상이었다. 그는 책에서 이렇게 회상한다.

"대중은 전등의 형태로만 전기를 알고 있었고, 전기에 살짝만 닿아도 죽을 수 있다고 믿었기 때문에 대다수는 전기의 힘을 두려워했다. 또 전기는 전문가들만이 다룰 수 있다고 생각해서 직급이 낮은 수리공이라도 이 신비로운 힘을 자유자재로 다루는 전문 기술자로 대단히 존경을 받았다."[3]

전등회사에 들어간 마쓰시타는 기업체와 가정에서 조명 배선을 하는 선임 기술자를 보조하는 업무를 처음으로 배정받았다. 근무는 보통 아침 일찍 시작해서 대여섯 군데를 돌면서 작업을 하고, 오후 느지막하게 사무실로 돌아가 마무리를 지었다. 그는 연장과 부품을 실은 손수레를 끌고 다니면서 선임 기술자에게 필요한 도구를 건네주는 등 옆에서 시중드는 역할을 했다. 그리고 몇 주간의 훈련 기간을 마친 후에는 간단한 배선 작업 정도는 혼자 하기 시작했다.[4] 마쓰시타는 첫 월급으로 1엔을 받았다.[5]

이 전등회사는 당시 성장가도를 달리던 기업체라 유능하고 의욕이 넘치는 직원들에게는 승진 기회가 빨리 찾아왔다. 조수였던 마쓰시타는 입사한 지 불과 3개월 만에 기술자로 승진해 새로 문을 여는 지점에 배정받았고 월급도 대폭 인상되었다.[6]

그가 하는 일은 사무원이라든가 관리직이 하는 일에 비해 육체노동을 필요로 하는 경우가 훨씬 많았다. 지붕으로부터 전선을 집안으로 끌어들인 다음 천장에 소켓을 설치하고 전등을 다는 순서로 작업은 진행되었다.[7] 날씨에 따라 일하기가 매우 사나운 날도 있었다. "얼음장 같은 바람이 불어도 전신주에 올라가야 했고, 이글이글한 뙤약볕 아래서도 뜨거운 지붕에 올라가야 했다"[8]고 그는 회상한다.

전기 쪽은 신생산업이라 주어지는 업무 내용이 다양했기 때문에 새로 익혀야 할 과학지식이 많아 마쓰시타는 지적으로 흥미를 느꼈을 것이다. 지금은 기술자들이 당연시하는 과학지식과 기술이라도 과거에는 알려지지 않은 것들이 많았다. 배선 공사를 용이하게 처리하는 기술과 장비들도 아직 발명되지 않았던 터라 사고 위험이 높았고 각별히 주의하지 않으면 작업을 하다가 목숨을 잃을 수도 있었다.

마쓰시타는 배선 공사를 하면서 대도시의 다양한 군상들을 접할 수 있었다. 크고 작은 여러 공장과 상점, 오사카 시내 곳곳에 있는 주택들을 돌아다니며 배선 공사를 했고, 수천 명의 사람들을 만났다.

1912년에는 14명의 기술자들과 함께 오사카 교외에 배치되어 한동안 작은 여관에 기거하면서 작업을 했다.[9] 오늘날에는 전문직이나 관리자들이 출장을 가면 호텔에 머무는 것이 관례지만 당시에는 이런 종류의 출장이 흔하지 않았다. 특히나 10대 직공이 출장을 가는 일은 드물었다.

영화 상영이 가능하도록 극장 배선을 바꾸는 작업도 했다. 파리의 에펠탑을 모델로 오사카 신세카이에 세워진 그 유명한 츠텐

가쿠 타워도 마쓰시타가 작업한 곳 중 하나다. 또한 성공한 사업가들이 지은 호화 주택의 전기 배선 공사도 담당했다.[10]

오사카전등회사에서 일했던 초창기 시절의 경험은 전반적으로 유익했지만 따분하거나 불쾌할 때도 종종 있었다.

"건물 디자인이 완전히 생소하거나 내부 설비가 특히 까다로운 경우에는 작업이 정말 만만치 않았다. 그런 작업을 하고 나면 배선 기술이 눈에 띄게 좋아졌고 고객들이 칭찬을 하면 모든 수고가 보상받는 기분이었다. 하지만 지루하기 그지없는 작업도 많았다. 좀처럼 만족시키기 어려운 고객들도 있고 심지어 노골적으로 모욕을 주는 고객들도 있었다."[11]

마쓰시타는 오사카전등회사를 같이 다니던 가나야마 이치로의 집에서 하숙을 했다. 하숙비로 월급의 절반이 나갔지만 하숙 생활은 만족스러웠다.[12] 특히 가나야마의 모친께서 잘해주셨다. 그는 이렇게 회고한 적이 있다.

"가나야마의 집에 있으면 무척 편안했다. 함께 일하는 동료의 가족이라서 그런 것도 있지만 다정다감한 가나야마 모친께서 정성스럽게 돌봐주셨기 때문이다."[13]

당시 함께 하숙을 하던 동료 아시다 히로유키는 간사이 공업학교 야간반을 다니며 공부를 하고 있었다. 학교에 다니는 동료를 보니 그동안 두 번이나 좌절되었던 학교 교육을 다시 받아보고 싶었다. 마쓰시타는 1912년 열일곱 살의 나이에 간사이 공업 학교에 등록을 했다. 그러나 2년이 채 안 되어 380명 중에 175등의 성적으로 학교를 그만두게 된다.[14]

마쓰시타는 자신이 학교를 중도에 포기한 이유가 노트 필기를 못했기 때문이라고 했다. 나중에 그가 쓴 책을 보면 이 시절의 쓰라린 맛이 묻어나는 기록이 있다.

"예비과정에서 대수와 물리학, 화학 과목에 필요한 기초를 배운 뒤 전자공학 정규과정으로 올라갔다. 전자공학을 전공할 수 있다는 생각에 뛸 듯이 기뻤지만 그것도 잠시뿐이었다. 대부분의 선생님들이 교재 없이 강의를 진행했기 때문에 학생들은 꼼꼼하게 노트 필기를 해야 했다. 하지만 나는 쓰기 능력이 부족해서 수업을 따라갈 수가 없었다. 그동안 실전업무도 열심히 쌓았고, 업무에 있어서는 동료들에게 뒤질 것이 없었다. 하지만 어릴 때 학교를 제대로 다니지 못한 탓에 수업을 따라갈 만큼의 쓰기 능력은 부족했다. 어려운 한자는 되도록 피하고 소리 나는 대로 히라가나로 표기했지만 수업 내용대로 필기를 따라가기가 벅찼다. 나는 점점 뒤처지기 시작했고 결국 학교를 중도에 포기하고 말았다."[15]

오사카전등회사 근무 시절에 마쓰시타는 발전기, 변전 및 배전, 가전제품, 산업용 전자제품에 관련된 기술을 익혔다. 향후 그는 이 네 가지 관련 사업을 통해 세계적으로 수천만의 사람을 고용하는 대기업을 일으킨다. 사실 그가 책이나 강의를 통해 배운 것은 지극히 단편적인 데 불과하다. 그의 교실은 바로 회사였고 그의 교사는 함께 일하는 동료들이었다.

열여섯 살 무렵 마쓰시타는 자기 나이보다 보통 서너 살이 더 많은 사람들을 지도하는 관리자 위치에 올랐다. 또래 중에는 그만한 경력을 갖춘 이가 드물었다. 열아홉 살에는 꽤 규모 있고 복잡한 프로젝트를 처리했으며 때에 따라 수십 명이나 되는 직원들을 관리하고 감독했다.

센니치마에 아시베 극장에서 배선 공사를 하면서는 세 팀의 기술진을 책임졌다. 서양식 영화관으로 개축하는 공사라서 다른 건축업자들 및 하청업자들과 업무를 조율할 일이 많았다. 공사 일정을 맞추기 위해 팀원들을 설득해가며 사흘 밤낮으로 작업을 강행하기도 했다. 성공적으로 작업을 끝마치고 마쓰시타는 자신감이 '엄청나게 붙었다'는 것을 깨달았다.[16]

오사카전등회사를 다닌 지 2~3년 후부터는 경제적으로 큰 성공을 거둔 고객을 직접 상대하면서 그들이 보유한 고급 사치품들을 눈으로 볼 기회가 많아졌다. 한 고급주택의 배선 공사를 하면서 오사카 최대 도매상에 속하는 야기 요사부로도 만났고, 20세기 초반 일본을 선도하는 기업가였던 아사노 소이치로의 요청으로 빌딩의 전기 배선 공사를 한 적도 있었다.[17]

한 번은 오사카 남부지역 유흥가에 있는 한 극장의 배선 공사를 마친 후에 그곳에서 열리는 게이샤 공연에 조명 기사로 잠깐 일하러 간 적이 있다. 마쓰시타는 극장에 갔다가 도미타야 게이샤 하우스의 그 유명한 야치요를 보고 매력을 느꼈다. 아름답고 재능 있는 배우였다. 나중에 알고 보니 그녀의 후원자는 제당회사의 회장이었다. 마쓰시타는 그 사실을 알고 왠지 모르게 그녀에게 '더욱 매료되었다'고 한다.[18]

돈을 많이 모아 비극을 대비한 완충장치를 만들고 가문의 명예를 회복해야 한다고 막연하게 생각하던 마쓰시타는 유명 사업가들을 많이 접했던 이 기간에 큼지막한 회사를 운영해야겠다고 손쉽게 진로를 정한 듯하다. 한때는 자전거 가게 주인인 고다이 씨가 모델이었지만 이제는 기업을 운영하는 사장들에게 자꾸 눈길이 갔다. 마쓰시타는 그 사람들이 사는 호화주택을 보았고, 그들 곁에 있는 아름다운 미녀를 보았다. 그들이 소유한 엄청난 재산에 대한 소문을 들었고, 성공한 기업가들이 특별하게 대접받는 모습을 목격했다. 가슴 아픈 비극을 수차례 경험한 10대 소년에게 이 기업가들은 틀림없이 그 어떤 것으로도 해칠 수 없는 무적의 존재로 보였을 것이다.

1913년, 마쓰시타가 전등회사에 입사한 지 3년 후 어머니 도쿠에가 세상을 떠났다.[19] 향년 57세였다. 와사무라에서 살 때 열 식구였던 가족은 이제 마쓰시타와 누이 두 명만 남아 세 사람으로 줄어들었다. 먼저 세상을 떠난 일곱 식구의 평균 수명은 겨우 30세에 불과했다.

그는 어머니가 돌아가신 후 처음으로 결혼에 대한 생각을 품기 시작했다. 당시에는 부모가 신붓감을 골라주는 것이 관례였지만 마쓰시타는 부모가 돌아가셨으므로 오사카에 사는 누이를 찾아갔다. 누이는 신붓감을 찾아보겠다고 했고 1915년 5월 적당한 여자를 찾았다.[20]

누이가 찾았다는 신붓감의 이름은 이우에 무메노였다. 그녀는 오사카 남서쪽으로 약 160킬로미터 떨어져 있는 아와지 섬에서 태어났다. 부모는 농업과 상업에 종사했으며 형제는 이우에 무메노 외에 3남 4녀였다.[21] 학교는 8년을 다녔으니 마쓰시타보다 가방끈이 두 배나 길었다. 마쓰시타의 누이는 무메노가 교마치보리의 한 상인 가정에서 가사를 돕고 있을 때 그녀를 처음 만났다.[22]

마쓰시타는 당시 관습대로 신붓감을 한번 만나는 자리를 가졌다. 두 사람은 첫 만남 자리에서 말 한마디 나누지 못하고 서로의 얼굴도 제대로 쳐다보지 못했다. 누이와 매형이 결혼을 재촉했다. 마쓰시타도 별 이견이 없었기에 두 사람은 1915년 9월 4일에 결혼식을 치렀다.[23] 그는 스무 살이었고 얼굴도 제대로 모르는 어린 신부의 나이는 열아홉 살이었다.[24]

결혼식을 치르고 두 사람은 오사카 동부에 있는 두 칸짜리 집으로 이사를 했다. 당시 마쓰시타가 받는 월급은 20엔이었다. 생활비는 보통 월세로 3엔, 쌀값 3엔, 부식으로 4엔, 신문과 잡지 대금으로 1엔, 대중목욕탕 이용료 2엔, 전기와 석탄, 땔감으로 1엔, 용돈으로 2엔, 저축으로 2엔이 나갔다.[25]

신혼 시절 찍은 사진 속의 이우에 무메노는 단호하고 쾌활해 보인다. 여러 기록을 보면 그녀는 '단호'하고 '승부욕이 강한' 사람이었다.[26] 남편이 점점 야망을 키워갈 때도 그의 기를 좀처럼 꺾지 않고 오히려 부추겨 야망을 더 크게 가지도록 했다.

결혼하고 2년 후에 마쓰시타는 검사원으로 승진했다. 자전거 가게에서 힘들게 일하면서 익혔던 실무 경험 덕분에 업무 성과가 좋았기 때문이다. 그는 하루에 15~20군데를 둘러보며 다른 기술자들이 작업한 배선 상태를 점검하는 일을 새로 맡았다. 오사카전등회사 검사원으로서는 제일 어린 편이라 회사에서의 미래는 그만큼 탄탄해 보였다.[27] 그러나 그로부터 채 6개월도 지나지 않아서 마쓰시타는 회사를 떠나게 된다.

기록을 보면, 오사카전등회사와 7년간 맺었던 관계를 정리한 이유로 마쓰시타는 조금씩 다른 설명을 하고 있다. 새로 배정받은 업무 내용도 퇴사를 결심한 원인 중 하나였다. 그가 다른 사람들에게 이야기한 바로는, 하루에 서너 시간만 일하면 되는 단순 작업에서 별 성취감을 느끼지 못했다고 한다. 새로 배우고 도전할 만한 과제를 찾길 바랐는데 그것이 없었던 것이다. 그의 이야기를 들어보자.

"나는 사무실에서 동료들과 잡담을 하거나 검사를 끝내고 돌아오는 길에 여기저기 상점 구경이나 하면서 남아도는 시간을 보냈다. 그러다 보니 무기력하고 공허해졌다. 점점 일에 싫증이 나기 시작했다. 결국 배선 기술자 시절에 그토록 선망했던 자리에 대한 이상이 와장창 무너지고 환멸까지 느꼈다."[28]

이 기간에 마쓰시타는 건강도 악화되었다. 한번은 오사카 하마데라에 있는 목욕탕에서 배선 작업을 마치고 돌아오던 중 기침을 하는데 피가 나왔다. 의사를 찾아갔더니 '폐첨부에 가벼운 염증'이 생긴 것 같다고 진단을 내렸다. 마쓰시타는 그 말이 폐결핵 초기 단계를 말하는 것이라고 짐작했다. 그 당시에는 결핵으로 죽는 이들이 많았다. 진단받은 후로 몇 년 동안 간간이 병원을 찾으며 점검했고, 상태는 더 이상 악화되지 않았다.[29]

그런데 검사원으로 승진한 후에 다시 병이 도진 것이다. 기침이 끊이지가 않고 밤에는 식은땀이 줄줄 흐르고 체중도 줄어들었다. 의사를 찾아가자 폐 점막에 가벼운 염증이 생겼다며 휴식을 취하라고 했다. 형들과 누나들을 죽음으로 몰아간 그 무시무시한 병에 걸렸을지도 모른다는 공포가 그를 덮쳤다. 마쓰시타는 그때 당시의 심정을 이렇게 피력한다.

"회사 동료로부터 폐결핵에 감염된 것이 틀림없다고 생각했다. 이즈음 찍은 사진 속의 나를 보면 전에 없이 창백하고 수척했다."[30]

의사는 쉬라고 했지만 장기간 휴식을 취할 수는 없는 노릇이었다. 일을 하지 않으면 들어올 돈이 없기 때문이다. 저축한 돈도 많지 않고 정부 보조금도 형편없는 수준이라 월급을 받지 못하자 당장 먹을거리가 떨어졌다. 결국 내키지 않지만 검사원 일을 계속할 수밖에 없었다. 하지만 심경의 변화가 있었던 마쓰시타는 이전처럼 남는 시간을 허투루 보내지 않았다. 네다섯 시간 일을 하고 난 다음에는 회사에서 쓰는 것보다 성능이 향상된 전구 소켓을 개발하기 시작했다. 어지간한 공을 들이고 성공이 눈에 보이자 그는 이를 상사에게 보고했다. 마쓰시타에 따르면, 상사는 전혀 무감동한 얼굴로 그가 건의하는 것을 듣더니 다른 직원들에게 소켓 개량법을 보여주자는 제안도 그냥 묵살했다. 마쓰시타는 상사의 부당한 처사에 울컥 눈물이 솟았다. "너무 낙심한 나머지 상사가 앞에 있는데도 눈물을 감출 수가 없었다"고 그는 회상했다. 물론 한참 뒤에 자신이 처음으로 고안한 소켓에 사실은 심각한 결점이 있었음을 발견하지만, 당시에는 상사의 행동이 지극히 불합리하다는 데 한 치의 의심도 없었다.[31]

"상사의 말에 관계없이 내가 고안한 소켓 디자인이 우수하다는 생각에는 변함이 없었다. 적어도 회사에서 쓰고 있는 것보다는 뛰어났기 때문에 내가 옳다는 사실을 보여주고픈 욕망이 들끓어 올랐다. 업무 내용도 점점 불만족스러워지고, 내가 개량한 소켓에 대한 확신도 점점 커져갔다. 이 상태로 계속 회사를 다녀야 할까,

어떻게 하는 것이 좋을까? 나는 고민 끝에 회사를 떠나기로 결심했다. 내가 설계한 소켓을 제조하고 판매하는 전등회사를 갖고 싶었다. 상사의 결정이 틀렸다는 것을 증명해 보이자고 스스로에게 선언했다. 그러고 나자 의욕이 치솟고 몸 상태도 호전되었다."[32]

그의 건강 상태는 이후로 거의 30년 동안 이런 식으로 오르락내리락했다. 어린 나이에 보기 드문 승진을 하고 나서 병이 도졌다가 상사에게서 소켓 디자인을 거부당하고 새로운 의욕이 생기면서 몸 상태가 호전된 것이다. 마쓰시타는 크나큰 성공을 획득한 후에 몸이 나빠졌다가 힘겨운 과제나 문제에 맞닥뜨리면 의욕이 솟아나 다시 몸 상태가 호전되곤 했다.

1917년 6월 15일, 그는 사직서를 써서 상사에게 제출했다. 상사는 실수하는 거라고 말하면서 만류했지만 마쓰시타는 자기 결정을 굽히지 않았다.[33]

마쓰시타는 1917년 6월 20일 회사를 떠났다.[34] 그가 선택한 길은 위험천만한 길이었다. 신생사업 분야에 소규모로 뛰어든 회사들은 실패하는 경우가 비일비재하기 때문이다. 게다가 마쓰시타는 변변한 자본금도 이렇다 할 인맥도 없었다. 그러나 기업가정신으로 무장한 벤처기업만의 장점이 분명 있다. 자기 운명을 개척할 기회가 더 많이 주어지기 때문에 현재에 안주하지 않고 미래를 향한 도전을 계속 수 있으며, 직원들이 기업 경영자가 아니라 스스로를 위해 일할 수 있는 환경을 만들 수 있다. 사실 지난 200년 동안 신생사업 분야에서 막대한 부를 거머쥔 기업은 모두 벤처기업이었다 해도 틀린 말은 아니다.

나이로 따지면 겨우 스물두 살이었지만 마쓰시타는 이미 13년 전에 가족 품을 떠나 독립적으로 살아온 터였다. 그동안 실무 경험도 풍부하게 쌓았다. 사업 수완이 좋은 소매상 밑에서 일을 배웠고 전등회사에서는 일찌감치 관리자로 승진해 주목을 받았다.

마쓰시타의 인생 전체를 단계별로 나눈다고 할 때, 1917년 6월을 기점으로 인생 1기에 마침표를 찍었다고 할 수 있다. 고달픈 유년기를 보내고 견습공 시절을 거쳐 기술자로서 경험을 쌓다가 지금까지와는 전혀 다르게 자기 사업을 구상한 시점이기 때문이다. 부모로부터, 스승으로부터, 상사로부터 독립해 태어나서 처음으로 홀로 서는 길을 택한 것이다. 앞으로 그의 인생은 적어도 한동안, 어쩌면 평생토록 이전보다 더 험난해질지도 모를 일이었다. 하지만 그런 우려가 마쓰시타를 주저앉히지는 못했다.

그에게는 역경을 견뎌낼 수 있다는 자신감이 있었고 역경을 통해 더 강하게 성장할 수 있다는 믿음이 있었다. 지난 20년간 마쓰시타는 그렇게 살아왔다.

2부
새로운 시대의 개척자

마쓰시타전기가 성공할 수 있었던 이유는 기존 관행을 거부하고 다양한 경영기법을 찾아 적용하면서 경쟁력을 키웠기 때문이다. 특히 제품설계와 마케팅, 제조, 인사정책에 있어 혁신적 전략을 선보였다. 반면 기초연구 부문에서 취한 전략은 그리 혁신적이지 않았다. 마쓰시타의 전략은 새로운 범주의 제품을 발명하기보다는 신제품이 시장에 나오면 그것을 더 나은 품질로 개선해 더 저렴한 가격으로 공급하는 것이었다. 마쓰시타전기는 지속적으로 제품을 개선해 경쟁제품에 비해 품질은 더 좋고 가격은 더 저렴한 제품을 만들었다. 시장을 확장하고 시장점유율을 높일 수 있다면 위험천만한 승부도 마다하지 않았다. 마쓰시타전기가 비용을 낮추고 생산성을 높일 수 있었던 데는 열정적으로 일하는 직원들의 힘이 컸다.

4장

불굴의 의지로 세운 회사

일본 질소비료 주식회사의 창업자인 노구치 준이 1906년 처음으로 사업을 시작했을 당시, 그에게는 도쿄대학 전기공학과 학위가 있었고 은행가 친구로부터 대출받은 10만 엔이 있었다. 몇 년 후 추가 자금이 필요했을 때도 일본 굴지의 선박회사인 NYK$^{\text{Nippon Yusen Kaisha}}$의 이사회 임원이었던 친척과 다른 유력 인사들에게 도움을 요청할 수 있었다.[1] 도요타 기이치로는 이보다 더 많은 지원을 얻어 도요타 자동차를 설립했다. 그가 가족으로부터 지원받은 창업 자금은 자그마치 100만 엔에 달했다. 방적기계 사업을 벌였던 도요타 가문은 그 후에도 100만 엔 이상의 자금을 지원해주었다.[2]

마쓰시타 고노스케의 창업 스토리를 살펴보자. 1917년 처음으로 사업을 시작할 때 그가 손에 쥔 자본금은 고작 100엔, 오사카전등회사에서 받았던 5개월 치 월급에 해당하는 돈이었다. 마쓰시타에 따르면 이 중에 20엔은 개인예금, 33엔 20센은 퇴직금, 42엔은 오사카전등회사 재직 시 기업연금으로 매월 불입한 돈이었다. 차후에 같이 일하는 친구에게서 100엔을 빌려 자본금을 보충했다.[3] 창업 멤버는 단 네 명이었다. 먼저, 아내인 이우에 무메노. 두 번째, 오사카전등회사에서 함께 일하다가 조그만 회사에서 전기공으로 일하고 있던 하야시 이사부로. 세 번째, 역시 오사카전등회사 동료였던 모리타 노부지로. 그리고 마지막으로 열네 살의 처남 이우에 도시오였다.

　이 다섯 명 가운데 고등학교 이상의 학력을 소지한 이는 아무도 없었다. 신생기업에서 일해본 경험이 있는 사람도 없었다. 돈이 많거나 금융 쪽에 인맥이 있는 사람도 없었다. 무엇보다 전기소켓 제작법을 아는 사람도 없었다.[4]

　마쓰시타가 운영하는 공장은 말이 공장이지, 실은 아내와 살던 두 칸짜리 집 내부에 3.6평(12제곱미터) 정도의 공간을 낸 것뿐이었다. 그리고 이보다 더 작은 공간을 한 쪽에 남겨 마쓰시타 내외가 잘 수 있는 침실을 만들었다.[5]

　아직은 들어오는 소득 없이 쥐꼬리만 한 자본금으로 공장을 운영하는 상황이었기 때문에 그들은 서둘러 신형 소켓 제작에 나섰다. 그런데 소켓 내부에 들어가는 절연체에 꽤 심각한 문제가 있음이 드러났다. 오늘날엔 절연체 제조법이 널리 알려져 있지만 1917년 오사카에서는 기밀에 속하는 기술이었다.[6]

기술의 노하우가 부족했던 터라 일주일 내내 하루도 쉬지 않고 작업에 매달렸다. 가지고 있는 자본금 내에서 제품을 생산해야 한다는 중압감도 만만치 않았다. 하지만 그렇게 오랜 시간을 투자했는데도 절연체를 만들어내지 못하는 상황이 참으로 절망스러웠다.

절망하는 중에 마침내 한 친구가 도움의 손길을 내밀었다. 마쓰시타는 그때 일을 이렇게 회상한다.

"우리는 절연체를 제조하는 한 공장에 가서 절연체 조각을 찾아내, 제조 방법을 분석해봤지만 아무 소용이 없었다. 그러다 예전에 함께 일했던 동료가 절연체 제조에 필요한 재료 혼합법을 알고 있다는 소식이 들렸다. 그 친구는 오사카전등회사를 그만두고 나서 절연체를 혼자 만들어보려다 실패한 전력이 있었다. 친구는 제조법을 알아내려고 절연체 제조회사에 들어가 일을 했고 방법을 배운 뒤에 회사를 나왔다. 자기 사업을 시작하고 절연체를 제작했지만, 성과가 좋지 않아 사업을 접은 상태였다. 그 친구는 우리가 애쓰는 것을 알고 선뜻 나서서 제조법을 설명해주었다. 우리가 몰랐던 핵심 노하우를 전해 듣고 우리는 드디어 다음 단계로 나아갈 수 있었다."[7]

절연체를 제외한 나머지 부분은 제작이 수월한 편이었다. 마쓰시타는 1917년 10월 중순, 꼬박 넉 달을 애쓴 끝에 신형 소켓 샘플 몇 개를 완성하는 데 성공했다.

소켓을 도매상에 판매하는 일은 모리타 노부지로가 맡았다. 과연 얼마나 많이 팔릴지는 알 수 없었다. 하지만 마쓰시타는 반응이 나쁘지만 않으면 다섯 사람 모두 소켓 제작에 매달려야 할지도 모른다고 예상했다.

모리타는 견본을 들고 도매업자들을 찾아다녔다. 그러나 그들의 반응은 얼음장처럼 차가웠다. 도매업자들이 우려했던 것은 오늘날 신생기업들이 겪는 것과 매한가지다.

"매출 실적이 어느 정도 쌓이면 그때 다시 오세요. 당장 몇 달 후에 망할지도 모를 회사와 어떻게 거래를 합니까."

"거래할 제품이 하나밖에 없다니요. 가령 우리가 제품을 하나씩만 따로따로 다른 회사에서 구입한다고 치면, 상대해야 할 협력업체가 수천입니다. 이렇게는 일이 안되지요. 제품군이 제대로 갖춰지면 그때 오세요."

모리타는 일주일하고도 절반이 더 지났지만, 소켓을 겨우 100개밖에 팔지 못했다. 판매 대금을 수금해보니 채 10엔도 되지 않았다.[8]

제조업체가 첫 해에 실패하는 경우는 주로 제품에 결함이 있거나, 자금사정이 좋지 않거나, 판매에 어려움을 겪기 때문이다. 마쓰시타의 공장 같은 경우 이 세 가지 모두 다 걱정거리였다. 신형 소켓이라고는 하지만 신생기업이 넘어야 할 장애물, 특히나 자금 사정이 좋지 않은 형편에서 그것을 너끈히 뛰어넘을 정도로 혁신적인 제품은 아니었다.

도매업자들이 냉담하게 반응하자 모리타와 하야시는 마쓰시타에게 앞으로의 사업에 대해 우려하는 목소리를 내기 시작했다.

"그들은 내게 앞으로 어찌할 생각이냐고 물었다. 사업을 운영해나갈 좋은 방안은 있는지, 사업 자금은 어디서 보충할 생각인지 말해달라고 하였다. 모리타와 하야시는 나랑 친한 사이였기 때문에 그전까지는 한 번도 월급에 대해 내게 부담을 준 적이 없었다. 그들도 버틸 만큼 버틴 셈이었다. 그들은 내게 사업을 포기하고 각자 생계를 꾸려나갈 방도를 찾아보자고 말했다. 나는 이 위기를 꿋꿋이 버텨내자고 그들을 설득했지만 사실 내게도 사업을 살릴 만한 뾰족한 방안이 없고 돈도 없었던 터라 내 설득이 먹힐 리가 없었다."[9]

가족들을 먹여 살릴 월급도 받지 못하고, 마쓰시타전기의 미래에 대해서도 암울하게만 느껴지자 모리타와 하야시는 다른 일자리를 찾아갔다. 결국 10월 말, 다섯 사람으로 시작했던 마쓰시타전기에는 세 사람만 남게 되었다.[10]

제품 견본이 도매업자들에게 차갑게 외면을 당하고 설상가상 모리타와 하야시까지 떠나고 나니 마쓰시타는 기운이 하나도 없었다. 11월에도 희망의 그림자는 어디서도 보이지 않았다. 갖은 노력에도 불구하고 마쓰시타는 공장을 살릴 만한 방도를 찾을 수 없었다. 그는 도매업자들을 찾아다니며 관계 개선에 나섰지만 역시 별 돌파구는 찾지 못했다. 새 제품을 구상해보기도 했지만 결실을 맺은 것은 하나도 없었다.

　11월도 이렇게 끝나가자 마쓰시타의 머릿속에서는 절망적인 질문이 수도 없이 떠오르기 시작했다. 지금 하는 사업이 바보짓이 아니라는 증거는 어디에 있는가? 경험도, 전문성도, 현금도 부족한 상황에서 과연 수익성 있는 기업을 키울 수 있을까? 인정을 받았던 오사카전등회사로 다시 돌아가야 할까? 감정에만 치우쳐 퇴사 결정을 내린 것은 아닐까? 몸이 아파서 판단력이 흐려졌던 것일까?

　가게 주인이 될 수도 있었을 것이다. 자전거 소매상에서는 거의 7년간이나 상점을 운영하는 법을 배우지 않았던가. 전기제품을 판매하는 조그만 가게나 하나 운영하는 것이 어울리는 미래였을까?

　두려움이란 의심을 증폭시키는 법이다. 아버지만 봐도, 첫 번째 결정적 실패가 길고 긴 쇠락의 시작이었다. 아버지의 운명을 반복하는 것은 아닐까? 불행했던 아버지처럼 고통받다가 죽게 될 운명은 아닐까? 마쓰시타는 이런저런 생각이 끊이지 않았다.

　그가 거주하는 환경도 이 모든 의심과 두려움을 떨쳐내는 데 전혀 도움이 되지 못했다. 마쓰시타가 쓰는 사무실과 공장, 가정집을 전부 합쳐봐야 오늘날 미국의 교외 지역에서 흔히 보는 승용차

두 대가 들어가는 차고보다도 좁았다.

　사업 자금이 턱없이 부족해서 마쓰시타와 아내는 개인 소지품과 옷가지들을 저당 잡혔다.[11] 부부는 파산 기미가 보이는 공장을 살리려고 악착같이 일을 했다. 마쓰시타는 소켓에 연결하는 플러그 디자인을 개선하고, 제품을 추가로 개발하려고 힘썼다. 그러면서 처남 도시오와 함께 도매업자들을 더 열심히 찾아다녔다. 아내 무메노는 이 두 사람이 지치지 않도록 끊임없이 기운을 북돋워주었다.[12] 이 세 사람의 속은 분명 시커멓게 타들어가고 있었다.

　그러나 그는 결코 포기하지는 않았다.

　그러던 중 젊은 기업인을 어여뻐하는 한 도매업자 덕분에 마쓰시타에게 드디어 기회가 찾아왔다. 이 도매업자가 거래하는 회사 중 가와키타전기가 적당한 협력업체를 찾고 있었던 것이다. 가와키타전기는 선풍기 부품으로 도기로 된 절연판을 쓰다가 파손 가능성이 더 낮은 석면 같은 재질의 절연판으로 교체하는 중이었고, 당장 새로운 절연판이 필요한 상황이었다. 그런데 적당한 공장을 찾지 못해 난항을 겪고 있었다. 12월 초, 이를 알게 된 도매업자는 마쓰시타를 찾아와 전기플러그 제작 계획을 접고 절연판 1000개를 만들어보라고 제안했다. 그는 한 치의 망설임도 없이 그러마고 동의했다.[13]

　절연판 제작에 필요한 주형은 인근 대장간에서 일주일 안에 조달했다. 마쓰시타는 일단 견본판을 만들어 도매업자에게 먼저 보여주었다. 도매업자는 물건을 확인하더니 주문을 빨리 끝내면 추가로 4000~5000개를 더 받을 수도 있다고 말해주었다.[14]

절연판 제작 과정은 노동집약적이고 지루했다. 단조로운 과정을 계속해서 반복하는 작업이었다. 마쓰시타와 아내, 처남 도시오는 일주일 내내 하루 18시간을 일한 결과, 12월이 가기 전에 주문량을 모두 끝낼 수 있었다. 납품을 하고 받은 돈은 160엔, 주형비 등의 제작비용으로 절반 정도가 들어갔지만 그래도 꽤 짭짤한 편이었다.[15]

이렇게 해서 남은 수익은 마쓰시타에게 두 가지 점에서 남다른 의미가 있었다. 첫째, 죽어가는 공장으로서는 가뭄에 단비 같은 현금이었으며 사업이 경제적으로 회생할 수 있다는 증거였다. 둘째, 이보다 더 중요한 것은 고객을 만족시켰다는 사실이다. 가와키타전기 측 임원진을 전적으로 만족시키지 못했다면 재주문은 물론 다른 이들에게 추천받는 일도 없었을 것이다. 영세한 공장은 그렇게 되면 머지않아 또다시 곤경에 처하게 된다.

납품한 제품에 대해서는 꽤 빠르게 반응이 왔다. 마쓰시타는 1월 초에 가와키타전기로부터 제품이 마음에 든다는 연락을 받았다. 품질도 만족스럽고, 납품 기일이 빨랐던 것도 마음에 든다고 했다. 그 결과 절연판 2000개를 더 만들어 달라는 두 번째 주문을 받아냈다.[16]

첫 번째 성공을 즐기며 잠시 쉴 만도 하건만, 자료에 따르면 마쓰시타는 공장을 넓혀가기 위해 곧장 쓸 만한 건물을 찾아다니기 시작했다. 몇 주를 수소문한 끝에 그는 2월에 한신선 노다 역 근처에 있는 2층 주택을 찾아냈다. 오사카 시 오비라키초에 있었고 1층에 방이 3개, 2층에 방이 2개로 이전에 살던 집보다 3배 정도 넓었다. 월세는 16엔 50센으로 주인과 타협을 봤는데, 가와키타전기가 2000개 주문건으로 지급한 대금의 5퍼센트에 해당하는 돈이었다.[17]

1918년 3월 7일, 마쓰시타와 아내 무메노, 처남 도시오는 새로 얻은 주택으로 이사를 했다. 그들은 1층에 있는 방 세 개를 터서 작업장으로 개조하고 절연체를 성형하는 수동기계도 두 대 설치했다. 아직 번듯한 회사라고 하기엔 부족함이 많았지만 처음 작업했던 공간에 비해서는 꽤 좋아진 셈이었다.[18]

2월과 3월 내내 세 사람은 절연판을 제작하는 동시에 원래 만들었던 소켓도 틈틈이 생산하느라 오랜 시간 작업에 매달렸다. 그들은 소켓과 절연판에 이어 전기플러그를 생산하기로 결정했다. 1918년 늦은 봄, 마쓰시타는 전기플러그 디자인을 완성하고 제작에 들어갔다. 생산 비용이 적게 들어갔기 때문에 경쟁사보다 30퍼센트 저렴한 값에 제품을 공급할 수 있었다. 처음에는 소규모로만 거래를 했지만 도매상들 사이에 제품이 좋다는 평판이 퍼지면서 전기플러그는 만드는 대로 팔려나갔다.[19]

하루 12~16시간씩 일하면서 세 가지 제품의 주문량을 맞추려고 했지만 도저히 따라갈 수가 없는 지경에 이르렀다. 마쓰시타는 새로 직원을 고용했다. 직원들은 하나둘 늘어나 세 명에서 다섯 명이 되고 또 일곱 명이 되었다. 그는 생산성을 높이고 비용을 절감하기 위해 비록 단순한 형태이긴 해도 조직을 분화했다. 마쓰시타는 절연체에 주력하기로 했다. 처남인 도시오는 생산 재료와 부품 제조를 맡았다. 신입사원들은 도시오를 보조하고 플러그를 조립하는 일을 맡았다. 아내인 무메노는 포장을 담당했다.[20] 이때부터 마쓰시타전기Matsushita Electric라는 회사명을 사용한 것은 아니다. 이를 공식적으로 사용하게 된 것은 회사를 법인체로 전환한 1935년이다.

마쓰시타전기가 네 번째로 세상에 내놓은 제품은 특수한 플러그가 내장된 쌍소켓이었다. 대개 주택에서는 각 방에 소켓이 하나뿐이라 쌍소켓은 인기가 좋았다. 마쓰시타는 기존 제품을 개량한 형태의 소켓을 디자인하고 특허권을 따낸 다음 제작에 들어갔다. 쌍소켓은 이전에 만든 세 가지 제품에 비해 시장 반응도 빨리 왔고 판매율도 더 높았다.[21]

1918년 여름, 마쓰시타전기는 네 가지 제품을 제조하는 직원 8명의 회사로 성장해 있었다. 하지만 사업 초창기부터 성장가도를 달렸던 유명 기업과 비교해보면 아직은 작고 연약한 수준이었다. 예컨대 앞서 잠깐 언급한 노구치 준은 창업 1년여 만에 수력발전 공장을 세웠고 2년 만에 일본 최대 탄화칼슘 생산업체로 발돋

움했다.²² 미국 사례로는, 피플익스프레스 항공People Express airlines이 창업 1년을 조금 넘긴 시점에 100명이 넘는 직원을 고용한 바 있다. IT 서비스업체인 페로시스템Perot Systems과 몇몇 생명공학 신생기업도 단기간에 눈부신 성장을 보였다. 물론 마쓰시타는 첫 해부터 적극적으로 매달려 회사를 키웠지만 그럼에도 불구하고 성과가 단박에 나타나지는 않았다. 말하자면, 토끼가 아니라 거북이처럼 한 걸음 한 걸음 경주를 펼쳐나갔다. 마쓰시타전기는 이제 창업 초기의 위태로운 시기를 무사히 넘기고 크게 발돋움할 계기를 마련한 것이다.

토끼는 남들의 이목을 끄는 경주를 펼치지만 거북이는 그렇지 않다. 마쓰시타전기 역시 오사카 외에서는 거의 주목받지 못했다. 지난 150년 동안 창업 후 거북이처럼 경주를 펼친 다른 많은 기업들이 증명하듯이 빈약한 자본도, 느릿느릿한 초반 경주도 먼 훗날 결승선에서 본다면 전혀 장애가 되지 않는다.²³ 오히려 온 세상이 주목하는 성공을 거두는 경우가 많다.

그즈음 요시다라는 한 도매업자가 마쓰시타를 찾아와 쌍소켓에 대한 독점판매권을 체결하자고 요청했다. 계약 조건을 협상한 후, 마쓰시타는 생산설비를 증설하기 위한 사업 자금 3000엔을 그에게 빌리기로 하고 독점판매권을 허용했다.²⁴

직원들이 늘면서 오비라키초에 마련한 작업장도 비좁아졌다.

마쓰시타는 또 건물을 구해 이사를 가는 대신 1층 작업장에 한 층을 증축했다. 미학적으로 보면 괴이한 구조였지만 방문객들은 이를 보고 검소한 씀씀이에 좋은 인상을 받곤 했다. 사람들은 그에게 이렇게 말을 했다.

"제품 단가가 그리 낮은 것도 다 이유가 있었군요."[25]

거의 비슷한 시기에 마쓰시타는 견습공들을 고용해 입주시켰다. 견습공을 관리하는 방식은 그가 자전거 가게에서 경험했던 방식과 흡사했다. 마쓰시타에 대해 일찍이 기록한 자료를 보면, 그는 어린 견습공들을 엄격하게 그러나 인자한 아버지처럼 대우했다. 아내인 무메노는 그들을 먹이고 입히면서 어머니 노릇을 대신했다.[26]

기존 제품의 매출 향상과 더불어 신제품 가짓수가 늘어나면서 회사는 1918년 한 해 내내 성장세를 이어갔다. 같은 해 가을 무렵에는 20명이 넘는 신규사원을 채용했다. 세계적으로 이름을 떨치는 전자제품 기업에 비한다면 여전히 갓난아이 수준이지만 회사 규모를 점점 키워가고 있었다.[27]

더욱이 창업 첫해에 이미 마쓰시타전기 초창기 10년을 이끌어갈 핵심 사업 전략이 마련되고 있었다. 그것은 경쟁사가 내놓는 제품보다 품질은 향상시키고 가격은 시장가격보다 낮게 판매한다는 것이 정책이다. 마쓰시타는 최저 비용과 장시간 근무, 초긴축 경영으로 제품 단가를 낮게 유지해나갔다. 또한 주식 발행을 통한 자금

조달을 하지 않는 독특한 방식으로 회사를 운영했으며 직원들을 한 가족처럼 대우했다. 그가 강조하는 이념은 유연성과 신속성, 그리고 끊임없는 신제품 출시였다.

마쓰시타 고노스케는 자기 사업을 시작하기 전에도 이미 막노동을 비롯해 안 해본 일이 없었지만 사업을 시작하면서 처음부터 다시 기업 경영을 샅샅이 익혔다. 대개의 기업가들이 그렇듯이, 회사가 돌아가는 모습을 구석구석 가까이서 모두 살폈다. 당시에는 분명 지루한 시간이었다. 하지만 이런 시간 덕분에 마쓰시타는 제품과 생산, 고객, 직원을 직관적으로 보는 눈을 키우게 되었으며 결국 이는 사업 운영에 있어 가장 소중한 자산이 되었다.

여러 작가와 평론가들은 마쓰시타의 성공적인 창업 배경을 분석하면서 그가 지닌 재능을 그 원인으로 꼽는다. 이를테면 뛰어난 장사 수완, 사람을 다루는 능력, 날카로운 지성, 카리스마 넘치는 성품 등을 마쓰시타가 타고났다고 보는 입장이다. 그러나 당시 마쓰시타 고노스케의 최측근은 이와 다른 견해를 내놓았다. 처남인 이우에 도시오가 인터뷰 중에 한 말을 들어보자.

"저는 젊은 시절의 그분이 명석하거나 뛰어난 재능을 지녔다고는 보지 않습니다. 하지만 일에 대한 열정만큼은 누구보다 높았습니다."[28]

도시오는 마쓰시타 고노스케가 식사 중에 쉴 새 없이 사업 이

야기를 하느라 입으로 무슨 음식이 들어가는지도 몰랐을 거라고 우스갯소리를 했다.[29]

창업에 성공하는 일은 사람들이 흔히 상상하는 것보다 훨씬 어렵다. 신규 창업자들의 위험 부담을 줄일 수 있는 요소로는 풍부한 자금, 핵심 특허권, 탄탄한 인맥, 획기적 기술 혁신 등이 있다. 그러나 마쓰시타의 경우 이런 유리한 요소를 등에 업고 사업을 했다는 기록을 찾기 어렵다. 마쓰시타전기에 대한 초기 기록을 살펴보면, 몇 가지 성공 요인을 가늠할 수 있다. 먼저, 마쓰시타 고노스케가 견습생 시절에 배운 고객지향 사고를 들 수 있다. 같은 시기에 몸에 익힌 그의 검소함도 신생기업을 성공으로 이끄는 데 한몫을 톡톡히 했다.[30] 그러나 무엇보다도 돋보이는 것은 마쓰시타의 근면함과 승부욕, 기어코 꿈을 실현하고야 말겠다는 굳은 의지다.

그는 건강도 자신할 수 없었고 자금도 부족한 상황이었지만 의욕이 넘치는 사람이었기에 사업을 시작할 수 있었다. 직원들에게 봉급을 줄 돈도 없을 만큼 자금 압박이 심한 상황이었지만, 굳건한 의지가 있었기에 다른 이들을 설득할 수 있었다. 처음으로 시장에 내놓은 제품이 외면당하고 동료 두 사람이 그만두었을 때도 비관적으로 생각하지 않았기 때문에 포기하지 않을 수 있었다. 힘든 시기를 넘기고 회사가 안정세로 접어들면서 직원도 늘고 벌이도 괜찮아졌으니 그대로 안주할 수도 있으련만 마쓰시타는 결코 현재에 만족하지 않았다.

그는 분명 사업이 안정세로 접어든 이 시점부터 자기 선택에 대한 두려움을 떨쳐버린 것으로 보인다. 그리고 아직 구체적으로 그 모습을 드러내지 않고 저 멀리 있는 꿈을 향해 달려나갔다. 대다수 성공한 기업가들이 그렇듯이 마쓰시타는 과거 경험을 통해 평범한 이들보다 더 독립적인 사람으로 성장했다. 그는 또한 적극적으로 위험을 감수하는 사람이었다. 이는 고통스런 시간을 이겨냈던 경험이 일정 부분 뒷받침되었을 것이다. 무엇보다도 마쓰시타는 근면하고, 승부욕과 의욕이 넘쳤다.[31] 그리고 희망과 두려움 속에서 태어나 단단하게 다져진 야망이 있었기 때문에 힘든 도중에도 쉽게 포기하지 않고 끊임없이 노력하면서 배워나갔다.

사업 초창기에 성공을 거둔 후에도, 마쓰시타는 거기에 만족하거나 자기 포부를 줄이지 않고 더욱 큰 야망을 가슴에 품었다. 사업을 하면서 얻은 것이 있으면 자신이 제대로 하고 있다는 증거로 보았으며, 잃은 것이 있으면 누구나 한 번쯤 겪어야 할 괴로움으로 여겼다.

실제로 마쓰시타는 약한 몸 때문에 괴로움을 겪었다. 처남인 도시오의 말을 들어보자.

"그분은 몸이 무척 약해서 아픈 적이 많았다. 생각이 너무 많아서 불면증에도 시달렸고 혈압도 매우 높았다."[32]

마쓰시타 고노스케 자신도 처남과 자신을 비교하면서 이렇게 말한 적이 있다.

"내가 자주 예민해지고 불안해하는 데 반해 처남은 무척이나 밝고 활기가 넘쳤다."[33]

이즈음의 의료 기록이 남아 있지 않아 마쓰시타의 병세가 구체적으로 어땠는지는 알 수가 없다. 짐작해보건대, 외적으로는 왜소하고 빈약한 몸으로 감내하기에 어려운 사업적 상황이 많았고 내적으로는 현실에 대한 노여움과 두려움, 원대한 포부로 인해 스트레스가 더욱 가중되었던 모양이다.

사람이 병약하면 애처로워 보여서 그것을 지켜보는 이들을 불편하게 만들 수도 있다. 그러나 와사무라 출신의 마쓰시타는 주위 사람들에게 잔잔히 감동을 주는 인물이었다. 그것은 아마도 어느 누구에게도 자기보다 더 열심히 일하라고 요구하는 법 없이 솔선수범하는 모습, 회사 내에서 제일 없이 산다는 가난한 직원과 비교해봐도 특별히 나을 것 없이 사는 검소한 모습, 오로지 회사를 성장시키기 위해 헌신하는 모습 때문이었을 것이다.

사업 초창기에 마쓰시타는 운명의 여신이 자기편이라는 믿음을 키워가면서 힘을 얻은 것으로 보인다. 그가 쓴 자서전을 보면, 본인이 죽을 뻔했던 몇몇 사고를 돌아보는 대목이 있다. 자동차에 치였던 사고가 한 번 있었고, 회사를 창업한 1917년인가 그 다음 해에는 전차에 치일 뻔했던 적도 있었다.[34] 그전에 시멘트회사에 다녔을 때는 배에서 떨어서 익사 직전까지 간 적도 있었다.[35] 심리 분석을 좋아하는 독자라면 이 같은 '사건들'이 심한 우울증을 일으킬 조짐이라고 해석할지도 모르겠다. 하지만 마쓰시타가 이후로 쓴 책들을 보면, 그는 이 사건들을 통해 자신을 비호하는 운명의 힘을 느꼈던 것 같다.

마쓰시타를 비호하는 운명의 힘을 보여주는 가장 강력한 증거는 아무래도 그의 가족사에 있지 않나 싶다. 그가 회사를 차렸을 당시, 양친은 이미 돌아가셨고 8남매 중 5남매가 이미 목숨을 잃은 뒤였다. 그런 뒤 1919년에는 28세로 일곱째 아이 누이가 세상을 떠나고, 2년 뒤에는 47세로 둘째 이와 누이도 세상을 떠났다.[36]

이와가 세상을 떠날 당시 그는 스물일곱 살이었다. 열 식구 중에 아홉 식구가 세상을 떠나고 마쓰시타 홀로 살아남은 것이다.

5장

더 좋게 더 싸게

마쓰시타 고노스케가 사업을 시작했을 당시 일본 정부와 금융 시스템, 사업 환경은 기업가정신으로 무장한 신생기업이 빠르게 성장하는 데 거의 힘을 보태주지 못했다. 자본주의 경제체제라지만 정치인들이나 도쿄 관료들과 가까이 지내는 대기업들이 사업하기에 유리한 구조였기 때문이다.[1] 이런 환경에서 원대한 포부를 지닌 조그만 회사가 성공하려면 창의력을 발휘할 수밖에 없었다. 영세기업이 대기업의 전략을 모방하려 해도 그만한 연줄과 자원이 없다면, 성장은 고사하고 기껏해야 현상유지 정도에 머무를 뿐이었다. 현상유지에 만족할 수 없었던 마쓰시타의 기질과, 정경유착 관계를 이용해 시장을 지배하던 대기업 경쟁업체들을 향한 분노는 이런 현실 속에서 그의 승부욕을 더욱 발동시켰다.

마쓰시타전기는 전기제품 시장에 새로 뛰어드는 수많은 회사들과 치열하게 경쟁하면서도 1919년부터 1921년까지 세 차례 사세를 확장했다. 하지만 특급기밀에 속하는 기술도 없고, 자금력이 풍부하거나 인맥이 대단한 것도 아니어서 영세규모의 마쓰시타전기는 그야말로 고군분투하며 한 걸음씩 나아가고 있었다. 직원을 채용하는 것도 만만치 않았다. 구직자에게 선택권이 있다고 할 때 가족 소유의 소규모 신생회사, 게다가 자금력이 부족한 회사는 선택에서 밀리기 마련이었다.

마쓰시타는 전화기와 전신주에 구인광고를 붙였지만 학력이 좋고 경력이 화려한 자들은 지원하지 않았다. 이에 그는 학력이나 경험은 부족하지만 편견이 없고 젊고 열정적인 태도를 지닌 사람들을 회사의 자원으로 만들었다.[2]

그는 사업 초기, 시장에 나온 제품들보다 품질을 약간 개선하거나 제품 가격을 약간 낮추는 수준으로는 별로 관심을 끌지 못한다는 사실을 배웠다. 첫 번째로 출시했던 소켓이 그 좋은 사례다. 마쓰시타는 여러 번의 시행착오를 거치면서 기존 제품보다 품질은 30퍼센트 향상하되 가격은 30퍼센트 낮추는 것이 가장 바람직하다는 것을 알아냈다. 이런 제품이라면 시장점유율도 상당히 끌어올리고 거기에 따른 규모의 경제도 확보할 가능성이 있었다.

눈에 띄는 품질 향상이나 가격 인하를 단행한 신제품 개발은 디자인부터 시작해서 마케팅까지 창의성을 요구하는 일이었다. 처음에는 마쓰시타 혼자서 개발을 도맡다시피 했고 회사가 커지면서 다른 직원들과 함께 개발하기 시작했다. 그와 소수의 개발 전담반은 이미 파악한 고객의 욕구를 만족시키는 제품을 개발하기 위해 촉박한 일정으로 작업을 할 수밖에 없었다. 마쓰시타는 대규모 개발 인력과 장기개발 계획을 필요로 하는 제품, 기초연구 등에는 손을 대지 않았다. 이는 한정된 자원 때문이기도 했지만 특히나 대기업과 경쟁하는 상황에서는 신속성과 저렴한 가격이야말로 강력한 무기라는 사실을 알았기 때문이다.

오사카 외의 새로운 시장을 찾던 마쓰시타는 창업한 지 2년여 만에 다른 지역으로 진출하게 된다. 1919년, 도쿄의 도매상과 소매상들에게도 제품을 팔기 시작한 것이다. 그는 일본의 수도인 도쿄의 가능성에 고무되어 1920년 3월, 처남인 도시오를 보내 지점을 개설했다. 이우에 도시오는 불과 17세의 나이로 이미 마쓰시타의 최측근이 되어 있었다. 도쿄로 간 도시오는 와세다대학 근처 하숙집에 기거하면서 고객들을 방문했다.[3]

새로 출시한 제품들과 거래 지역 확대로 판매가 늘어나자 또다시 기존 생산 설비로는 감당하기 어려운 지점에 도달했다. 당시 일본 경제는 침체의 늪에 빠져 있었지만, 1920년 마침 옆집이 비게 되자 마쓰시타는 그 집을 빌려 작업장을 확장했다. 개조한 작업장은 썩 훌륭한 형태는 아니지만 아주 값싸게 생산설비를 늘린 것은

만족스러웠다.⁴

    1921년 중반에 이르자 찔끔찔끔 생산설비를 늘리는 방편으로는 더 이상 주문량을 감당할 수 없었다. 더 큰 공장에 더 좋은 설비를 갖춰야 할 시점이 된 것이다. 마쓰시타는 근처에 쓸 만한 공장 부지가 나오자마자 대충 설계도를 그려 건축업자를 만나러 갔다. 처음에는 그가 예상한 건축비보다 견적이 많이 나오는 바람에 상담이 중단되었다가 건축업자가 공사비를 지원하겠다고 제안하여 계약을 마무리 지었다.⁵

    공장은 1921년 8월에 공사를 시작해 1922년 1월에 완공되었다.⁶ 마쓰시타는 이때의 감회를 이렇게 적는다.

    "새로 짓는 공장에 대한 기대는 이루 말할 수 없을 정도로 컸다. 어찌 보면, 아홉 살 나이로 견습공을 시작한 이래 18년 동안 일해오면서 가졌던 꿈이 현실로 이루어지는 순간이었다. 새 공장은 이제 명실공히 어엿한 사업가로 도약하는 발판이었고, 공장이 그 모습을 드러내면서 미래에 대한 확신도 점점 커져갔다. 공장 설립은 내 초창기 사업경력에 있어 중요한 전환점의 하나였다."⁷

    신축 공장은 이전에 쓰던 작업장보다 네 배나 넓었고, 30명이 넘는 직원에 현대식 설비를 갖추었다.⁸ 무솔리니가 로마에서 정부를 구성하고, 남 아일랜드에서 아일랜드 자유국이 수립되던 해에 마쓰시타전기는 일본 전기제품 시장에서 규모는 작아도 번창하는 기업으로 인지도를 얻기 시작했다.

1922년 무렵, 마쓰시타전기는 '더 좋게 더 싸게'라는 평소 전략대로 거의 매월 한두 개씩 신제품을 시장에 내놓고 있었다. 이는 결코 만만치 않은 과제였다. 회사는 거래 지역을 계속 확장해나갔다. 도쿄에 이어 나고야, 멀리는 규슈 지방까지 판로를 열었다.[9] 마쓰시타전기는 끊임없이 사세를 확장해나갔다. 하지만 일본 최대의 전기제품 업체인 도시바(당시에는 도쿄전기로 불렸음)에 비한다면 갓난아이 수준에 불과했다.

마쓰시타전기 제품은 1918년 봄 이후로는 줄곧 판매가 잘되는 편이었지만 시장이 열광하는 히트상품은 아직 없었다.[10] 새로 공장을 지은 후, 마쓰시타는 본격적으로 더 큰 시장 기회를 엿보기 시작했다. 그리고 1922년 초반, 자신의 경험 속에서 한 가지 가능성을 찾아냈다.

당시 시장에서 자전거 램프에 대한 수요가 크게 증가하고 있었지만 기존 제품들은 하나같이 심각한 단점이 있었다. 양초를 이용한 램프는 바람이 불면 자주 꺼졌고, 아세틸렌 램프는 비싸고 끊임없이 연료를 공급해줘야 했다. 건전지를 이용한 램프도 두세 시간만 사용하고 나면 교체를 해야 했다.

마쓰시타는 건전지 기능을 대폭 향상시킨다면 건전지 램프가 시장에서 승산이 있을 거라고 확신했다. 그는 램프 구조를 단순화시켜 쉽게 고장이 나지 않고, 10시간 이상 지속되는 경제적인 램프를 만들려고 마음먹었다. 처음에는 기존 램프처럼 건전지를 직렬로 배열하는 방식을 채택했지만 알고 보니 기능 향상에는 오히려 방해가 되었다. 서너 달을 고생한 끝에 건전지를 재배열할 수 있었고, 구조적으로도 전혀 다른 모양을 설계하는 게 가능해졌다. 마쓰시타는 각종 다양한 형태와 크기로 100여 개 이상의 모델을 시험해본 후, 시장에서 특히 인기를 끌 것으로 생각되는 포탄 모양의 램프를 설계했다. 시장에 때마침 120~130밀리암페어만 쓰는 꼬마전구가 등장하자 마쓰시타는 신형 자전거 램프 개발 작업에 박차를 가했다. 그의 이야기를 들어보자.

"구형 전구에서는 400~500밀리암페어가 필요했으니까 이 정도면 엄청나게 기능이 향상된 것이었다. 이 신형 전구에 내가 재배열한 건전지를 이용하면 30~50시간도 너끈히 버티는 자전거 램프를 만들 수 있었다."[11]

마쓰시타는 자신이 쓰는 자전거에 개발한 시제품을 달아놓고 직접 사용하면서 거듭 테스트를 했다. 또한 직원들로 하여금 밤에 자전거로 울퉁불퉁한 길을 주행하면서 내구성을 확인하도록 했다.[12] 시험 결과, 모두가 뛰어난 제품이라고 입을 모았다.

"기존에 나와 있는 그 어떤 제품보다 확실히 좋았다. 모양도 단순하고, 건전지도 한 세트만 있으면 되고, 30센이면 40~50시간을 쓸 수 있었다. 이렇게 되면 비용 면에서 양초보다도 저렴한 셈이었다."[13]

포탄 모양의 램프가 들어갈 목재 케이스를 적당한 가격에 제조하는 업체를 구하는 일은 생각보다 쉽지 않았다. 결국 매월 2000개씩 구매하는 조건으로 협력업체를 구했는데, 소규모 회사로서는 엄청난 주문 계약이었다. 마쓰시타는 여러 대안을 모색한 후, 고데라를 건전지 생산업자로 정했다. 그리고 램프 제작 책임자로 미야모토 겐지로를 선정한 후 1922년 6월 중반부터 조립에 들어갔다.[14]

마쓰시타는 견본제품을 들고 거래 중이던 도매상 한 곳을 직접 방문했다.

"나는 신형 자전거 램프의 장점을 설명했고 그 사람 입에서 조만간 탄성이 터져 나올 거라고 내심 기대했다. 향상된 기능에 놀라고 기뻐하면서 그 자리에서 당장 구매에 나설 것이라 기대한 것이다."[15]

그러나 도매상 주인은 새 제품에 시큰둥했다. 건전지 램프는 인기가 없을뿐더러 특이한 건전지는 고객들이 교체할 때 어려움을 느낀다며 우려를 표했다.

시큰둥한 반응에 당혹스러웠지만 그는 낙담하지 않고 다른 도매상들을 찾아갔다. 실망스럽게도 가는 곳마다 도매상 주인들은 똑같이 시큰둥한 반응을 보였다. 모두들 램프가 팔리지 않을 것이라고 단정했다. 각고의 노력 끝에 신형 램프를 개발했고 기존 제품보다 훨씬 우수한데도 냉대를 받으니 참으로 미칠 노릇이었다. 마쓰시타는 크게 실망하고 분통이 터져서 앞이 캄캄할 지경이었다.[16]

오사카는 혁신적 제품을 받아들이기에는 너무 보수적일지 모른다고 생각한 마쓰시타는 국제 정세에 밝은 도쿄의 도매상들을 찾아갔다. 그의 설명을 귀담아 듣긴 했지만 도쿄 상인들도 오사카 상인들과 똑같은 반응을 보였다. 그 어떤 말로도 도쿄 상인들의 마음을 돌릴 수 없었다.[17]

절망은 눈덩이처럼 불어가고 자칫하면 재정적으로 위기가 올 수도 있다는 생각에 마쓰시타는 전혀 다른 판로를 생각하게 된다. 바로 자전거 판매점이었다. 이유는 단순했다. 전기제품 도매상보다는 자전거 판매점이 신형 램프를 제대로 평가할 수 있겠다는 생각이었다. 하지만 그가 가게 한 곳을 찾아가 제품에 대해 설명하자 주인은 우려스러운 점만 잔뜩 늘어놓았다. 두 번째로 찾아간 자전거 가게도 마찬가지였다. 건전지 방식의 램프가 워낙 시장에서 평판이 안 좋았기 때문에 자전거 판매상들도 거래하기를 꺼렸던 것이다.[18]

마쓰시타는 새로 개발한 자전거 램프의 가능성을 확신하고 있었고, 목재 케이스도 매월 최소한 2000개씩은 구매해야 하는 상황이라 주문은 없어도 제품 생산을 계속했다. 창고에는 순식간에 완제품이 1000개, 2000개, 4000개까지 쌓여갔다.[19]

그와 회사 임원들이 당시 어떤 대안들을 찾고 있었는지는 모르지만 기록상으로 나타난 결론은 이렇다. 그들은 위험을 무릅쓰고 당시로서는 참신한 방법을 선택했다. 수익 하락세를 최소화하고자 자전거 램프에 들어가는 비용을 삭감하는 대신 신상품 판매 전략에 자금을 더 많이 투자하기로 한 것이다.

마쓰시타는 영업사원 세 명을 고용해 오사카에 있는 자전거 판매상을 일일이 방문하도록 했다. 영업사원들은 각 판매상마다 무료로 견본제품을 몇 개씩 나눠주고, 램프 하나를 켜둔 채로 전시해달라고 부탁을 했다. 그리고 판매 대금은 제품이 판매되는 경우에만 받을 것이며 고객들은 틀림없이 제품에 만족할 것이라고 자전거 판매상들을 확신시켰다. 듣도 보도 못한 판매 방식이라 주인들은 의아했지만 자신들이 져야 하는 위험부담은 전혀 없는 것 같아 그러마고 동의를 했다.[20]

마쓰시타는 영업사원들이 자전거 판매상을 방문한 첫째 날과 둘째 날에 영업보고를 받았다. 보고 내용은 희망적이었지만 아무 것도 결론이 나지 않은 상태였다. 전시된 견본제품이 관심을 끈다는 것은 좋은 신호였지만 핵심은 판매 여부에 있었다. 따라서 성급하게 판단하기 전에 시간을 두고 살펴볼 필요가 있었다. 만약에 이번 판로 개척에 실패한다면 회사는 상당한 타격을 입게 될 것이었다. 회사의 사활을 걸어야 할 정도로 투자 규모가 크지는 않았지만 잘못되면 더 이상의 사세 확장은 불가능하고 상황에 따라 종업원을 해고하는 사태가 일어날 수도 있었다.[21]

4~5일이 지나자 전시해둔 자전거 램프가 50시간 이상 지속된다는 사실에 좋은 인상을 받은 대부분의 자전거 판매상들이 고객

들에게 신형 자전거 램프를 소개하기 시작했다. 그들은 먼저 받아둔 견본제품을 팔고 나서 고객들에게서 만족스럽다는 반응이 오자 마쓰시타전기 쪽에 본격적으로 주문을 넣기 시작했다. 몇 주가 지나자 신형 램프에 대한 입소문이 퍼지면서 매월 2000개를 넘어갈 정도로 판매가 급증했다.[22] 1917~1918년 겨울을 지나는 동안 대참사로 이어질 뻔했던 상황이 돌변해 수익을 창출하기 시작했다.

마쓰시타는 주문이 쇄도하자 제대로 판매 전략을 세웠다고 확신했고, 1920년대와 1930년대 이후로도 줄곧 같은 전략을 고수했다. 이런 전략이 가능했던 것은 고객의 욕구를 민감하게 파악하고, 이를 충족시킬 수 있는 신흥 기술을 활용하는 능력이 있었기 때문이다. 마쓰시타는 전략적으로 대량생산과 대량판매가 가능한 품목에 주력했다. 마쓰시타전기는 혁신제품을 새로 시장에 소개하기보다는, 기존 제품보다 품질은 향상시키되 가격은 낮춘 제품을 주로 출시했다. 이들의 제품 개발 열쇠는 고급 연구 인력이나 대규모 연구개발 프로젝트가 아니라 땀 흘리는 노력에 있었다. 제품원가는 되도록 낮추는 것이 원칙이었지만, 그렇다고 직원 복지를 등한시하지는 않았다. 협력업체와도 거리를 두거나 의례적으로 대하지 않고 보통은 가깝게 지냈다. 마케팅에 있어서는 판촉활동과 광고를 이용하는 등 혁신적 전략을 구사했다. 마쓰시타전기의 경영 프로세스는 기꺼이 위험을 감수하는 정신, 새로운 것을 실험하고 학습하는 자세 위에 구축되었다.

특히 신형 자전거 램프의 경우 이러한 전략이 잘 맞아떨어졌다. 1924년 9월 무렵 공장에서 생산하는 신형 램프는 자그마치 매월 1만 개였다.[23]

램프 매출이 점점 빠르게 늘어나자 재정, 인사, 관리 자원이 한계에 달했다. 이를 해결하고자 마쓰시타는 디자인, 제조, 마케팅 업무에 집중하고 유통 업무는 여러 대리점에 넘겼다. 하지만 유통을 여러 곳에서 맡다보니 대리점 간에 생기는 갈등이나 대리점과 본사 간에 생기는 충돌 등은 피할 수 없었다.

1925년 5월, 신규 공장이 완공되고 모든 램프 설비와 제품을 새 공장으로 옮긴 뒤 마쓰시타는 매월 1만 개를 구매한다고 제안한 야마모토상사와 독점판매권을 체결했다. 야마모토상사가 전국 판매권을 가지면서 주요 매체에 광고를 내보냈고 이에 따라 판매량은 더욱 늘어났다.[24]

마쓰시타는 1925년 기업이 성공가도를 달리자 몸 상태가 나빠졌고 이후 정치에 입문하면서 기적처럼 다시 건강을 회복한다. 정확한 진단은 내려지지 않았지만 그는 휴식이 필요한 폐질환을 10년 넘게 앓고 있었다. 몸 상태가 좋지 않았지만 지방의회 선거에 출마하며 처음으로 정치에도 발을 들여놓게 된다.

그가 점차 명성을 얻자 오비라키 지역 기업가 협회는 지방의회에 출마할 것을 권유했다. 처음에는 건강이 좋지 않고 경영에 전

넘해야 한다는 현실적인 이유를 들어 권유를 물리쳤다. 그래도 주변에서는 끊임없이 그를 칭송하며 출마를 권유했다. 마쓰시타는 마음이 약해져 제안을 수락했다. 하지만 몸이 안 좋아 교토로 가서 요양을 할 수 밖에 없었고 마쓰시타 지지자들은 계속 선거유세를 펼쳐나갔다.[25]

28명의 후보자들이 니시노다 구의회 20석을 놓고 각축을 벌였다. 막판으로 갈수록 선거 경쟁이 과열되자 지지자들은 마쓰시타에게 오사카로 돌아와 선거유세를 지휘해줄 것을 강력하게 요청했다. 자서전에 기록된 내용을 보면 당시 그의 심경이 잘 나타나 있다.

"그 소식을 듣고 나서 나는 더 이상 요양원에서 쉴 수 없다고 생각했다. 그런데 이렇게 마음을 먹자마자 이상하게도 몸이 한결 나아지기 시작했다."[26]

선거를 불과 20일 남겨두고 오사카에 돌아온 마쓰시타는 막판 유세에 전력을 다했다.[27] 남아 있는 기록을 모두 살펴봐도 그가 대중 연설에 뛰어났다는 평가는 전혀 발견할 수 없다. 하지만 사람들은 그의 열정에 전염되었고 그가 보여준 진정성에 끌렸으며, 성공한 중소기업주라는 점을 신뢰했다. 선거유세를 하는 데 있어 정치적으로 부족한 점은 열정과 마케팅 감각으로 보완했다.[28]

마쓰시타에게 감화를 받은 지지자들은 단순한 지지자가 아니었다. 그들은 마치 마쓰시타전기 직원들처럼 장시간 그를 보좌하며 선거유세에 박차를 가했다. 다른 사람들을 자신의 꿈에 동참시키는 능력이 뛰어났던 그는 선거유세에서도 그 능력을 십분 발휘했다. 제품을 선전하는 마케팅 기법도 유권자들의 표심을 얻는 데 활용했다.

선거 전날 한시도 쉬지 않고 온종일 힘을 쏟은 자원봉사자들은 선거 결과만을 기다렸다. 후보 28명 가운데 20위 안에만 들면 구의회 의석을 얻을 수 있었다. 투표함을 열어보니 마쓰시타는 2위를 차지했다. 예상보다 훨씬 좋은 성적이었다.[29]

선거에 참여했던 후보가 어떤 이들이고, 그들이 얼마나 성공적으로 선거자금을 조달했고, 또 함께 경쟁한 후보들의 당선 경력 등에 대해 기록이 남아 있지 않아 마쓰시타의 승리가 얼마나 대단한지 판단하기는 어렵다. 어쨌든 기록에 따르면 마쓰시타가 선거에 투입한 자원, 즉 그의 열정과 영리한 마케팅 기법, 사람들을 고무시키는 역량이 큰 효과를 발휘한 것만은 틀림없다.

당시 마쓰시타는 불과 서른 살이었다. 와사무라 출신의 가난한 소년이 자라 기업의 사장이 되고 오사카 니시노다 구의원이 되었다. 아직은 대단한 부자도 아니고 유명인도 아니었다. 하지만 정규교육 4년도 채 마치지 못한 서툰 견습공 신분이었던 것을 생각하면 꽤 먼 길을 걸어온 셈이었다. 이는 결코 하루아침에 이룩한 성공이 아니다. 부모와 떨어져 고다이 자전거 가게에서 일을 시작한 이후 21년 동안 힘들게 일한 결과였다.

초기 정치 이력은 짧게 끝이 났다. 마쓰시타는 이후 구의원 재선에 나가지도 않았고 다른 공직 자리 역시 얻으려고 하지 않았다. 의원으로서 얼마나 유능했는지는 모르지만 그가 의원 일을 좋아하지 않았다는 것만은 분명하다. 1963~1967년까지 마쓰시타의 비서로 일했던 도이 도모미는 고토 세이이치에게 그가 의회를 떠난 이유를 물어본 적이 있었다. 고토 세이이치는 마쓰시타전기 공장장이었다가 산요전기 부사장이 된 사람이다.

고토의 대답에 따르면, 마쓰시타는 자신의 이상과 실제 정치가 돌아가는 방식에서 엄청난 간극을 느꼈다고 한다. 고토의 인터뷰 자료를 살펴보면 이런 기록도 있다.

"마쓰시타 씨 댁에서 식사를 함께한 날이었어요. 식사를 마치고 이야기를 나누는데 자신은 정치가 적성에 맞지 않는다며 정치를 그만둔다고 하더군요."[30]

아마도 가장 큰 문제는 구의원이라는 역할 때문에 기업 경영에 전념하지 못하게 된 것이 아닐까 싶다. 마쓰시타전기는 한창 성장 중이었으므로 사실 전력을 쏟아야 할 형편이었다. 적어도 그 당시 그에게 정치와 기업 중에 하나를 선택하라고 한다면 주저 없이 기업을 선택했을 것이다.

미국이 20세기에 경제적으로 번영을 누리는 동안 마쓰시타전기도 사세를 계속 확장했다. 1926년에는 라디오 부품을 제조하기

시작하면서 마쓰시타전기에서 생산하는 품목도 다양해졌다.[31]

사람들은 이 정도로 성공하면 사고가 굳어져 자만하기 쉽고 자신을 돌아보며 더 개선할 여지를 찾으려하지 않는다. 마쓰시타는 오히려 자신을 돌아보고 개선할 여지를 찾아 나섰다. 그는 이 시기를 이렇게 회고한다.

"나는 공장을 경영하면서 사업가로서 큰 자신감을 얻었다. 기업가로서 지녀야 할 가치관과 이상이 형성되었고 이에 따라 내 경영방식을 하나하나 검토하기 시작했다. 살펴보니 여전히 개선이 필요한 부분이 많았다. 직원 교육뿐 아니라 신제품 개발을 책임지는 리더로서 내가 맡은 역할, 대리점과의 협상 문제, 또 제품 가격 결정 부문에 더 많이 관심을 쏟고 보완할 필요가 있었다."[32]

기존 정책들을 재고하면서 자전거 램프 판매를 대행하는 야마모토상사와의 갈등이 깊어졌다. 마쓰시타가 야마모토상사와 처음 독점권 계약을 맺을 때만 해도 램프 제품이 몇 년 팔리다 말 것으로 두 사람은 생각했다. 하지만 1926년경 마쓰시타는 생각이 바뀌었다. 시장의 뜨거운 반응을 본 그는 몇 년이 아니라 10~20년까지도 수익을 창출하리라는 전망을 갖게 되었다. 지속적으로 제품을 개량한다면 얼마든지 장수할 수 있다는 생각이 들었다. 마쓰시타는 전략적으로 투자하여 제품을 개선하고 가격을 낮추면 꾸준히 매출을 유지할 것으로 내다봤다. 하지만 야마모토상사는 이런 전망에 동의하지 않았다.

오랜 협상 끝에 마쓰시타는 유통사인 야마모토상사에 1만 엔이라는 거액을 지급하고 향후 판매될 신형 램프와 관련한 계약을 파기하기로 결정했다. 야마모토상사는 첫 번째 자전거 램프 모델은 계속 판매할 수 있지만 새로 나올 램프는 마쓰시타전기에서 모두 유통을 책임지기로 했다.[33] 이 결정으로 마쓰시타전기는 자체 유통망을 개발하기 시작했고, 이런 조치는 당시 일본 소비재 산업에서 보기 드문 사례로 유통 쪽에 장기적으로 크나큰 영향을 미쳤다.

20년 후 소니도 이와 유사한 유통 방식을 채택했다. 모리타 아키오는 자서전에서 이렇게 회상한다.

"전통적으로 일본의 소비재 유통 체계에서 제조사와 소비자 사이에는 상당한 거리가 있었다. 제품이 소매상에 들어가기까지 1차, 2차 심지어는 3차까지 중간 도매상을 거치는 구조였다. 유통구조상 서너 번째에 있는 업체들은 당연히 이익도 적었고 우리 제품에 대한 흥미도 떨어졌다. 따라서 우리는 본사에서 직접 관리하는 판매점을 세워 독자적으로 시장에 제품을 유통시키기로 했다."[34]

마쓰시타전기 디자인 팀에서는 이미 다음 모델을 계획하고 있었다. 당시 일본 가정에서는 조명 기구로 등유 램프를 많이 썼다. 그런데 마쓰시타전기의 자전거 램프가 휴대성이 좋고 가격이 저렴했기 때문에 등유 램프 대신 자전거 램프를 이용하는 이들이 생겨났다. 이를 파악한 디자이너들은 본격적으로 가정용 건전지 램프를 만들었다. 이들이 생산한 건전지 램프는 네모난 모양에 가볍고 휴대하기 용이하며 가격이 저렴했다. 1927년 4월에 출시된 이 램프에 마쓰시타는 '나쇼날National'이라는 이름을 붙였고, 향후 나쇼날 브랜드는 제너럴일렉트릭이나 코카콜라처럼 세계 곳곳에 퍼져나갔다.

마쓰시타는 신제품 샘플 1만 개를 도매상과 소매상에 무상으로 제공하는 방식으로 시장에 제품을 출시했다. 마쓰시타는 오카다 데이조에게 12개월 내에 20만 개의 오카다 건전지를 구매한다는 조건으로 샘플에 들어갈 건전지 1만 개를 무료로 확보했다. 이로써 판촉 활동에 들어갈 초기 비용을 대폭 줄일 수 있었다.[35]

당시로서는 흔하지 않은 전략이었다. 대다수 기업은 이처럼 다량으로 무료 샘플을 제공하는 일이 없었다. 주요 판촉활동을 협력업체와 함께 펼치는 기업도 찾기 힘들었다. 브랜드 이름을 짓는 경우도 별로 없었고, 브랜드 이름이 있다 해도 공격적으로 광고하는 경우는 드물었다. 기업들은 대개 기존 시장의 규모가 작으면 대량생산에 뛰어들지도 않았다. 마쓰시타전기는 이 모든 관행을 깼다. 특히 브랜드 광고 부문에서는 신기원을 개척한 셈이었다. 롤런드 굴드Rowland Gould는 『마쓰시타 현상The Matsushita Phenomenon』에서 이렇게 평가한다.

"마쓰시타는 성공적인 광고 캠페인을 통해 '나쇼날'이라는 브랜드를 사람들 입에 오르내리게 만들었다. 독점권으로 특혜를 누리던 기존의 경영 관행에서는 브랜드 이름을 불필요한 마케팅 도구로 인식하던 때였다."[36]

가정용 램프 제품 출시 전략은 무척 성공적이었다. 마쓰시타전기와 계약한 오카다는 깜짝 놀랐다. 애초 계약했던 20만 개가 아니라 한 해 동안 무려 47만 개의 건전지를 구매했기 때문이다. 1928년 말에는 매월 나쇼날 램프 3만 개를 생산하고 건전지 사용량은 10만 개에 달했다.[37]

1926년 말과 1927년 초에 나쇼날 램프를 개발하고 출시하면서 마쓰시타전기는 동시에 전기다리미 시장도 탐색했다. 당시 소량으로나마 전기다리미를 생산하는 기업은 모두 100여 곳 정도 있었다.[38] 이 중 품질이 가장 좋은 다리미는 일반적으로 가정에서 쓰는 소형가전 제품에 비해 무척 높은 가격에 유통되었다. 당시 교육대학을 졸업한 교사 연봉은 324엔이었고 다리미 한 대 가격은 4~5엔이었다.[39] 오늘날로 치면 교사 연봉이 3500만 원 정도에 다리미 한 대 가격이 45만 원인 셈이다.

마쓰시타는 예전 미곡판매 견습공이었던 나카오 데쓰지로에게 다리미 프로젝트를 전담토록 했다. 나카오는 두 개의 철판 사이에 전열장치를 집어넣는 방식으로 전기다리미를 설계했다. 매월 1만 개 정도의 생산량이라면 기존 모델보다 30~50퍼센트 저렴한 가격에 판매할 수 있다고 나카오는 예상했다.[40] 일본 전역에서 판매되는 전기다리미 개수가 매월 1만 개를 넘지 않는 상황이었으므로 전통적인 비즈니스 관점에서 보면 이 프로젝트는 대단히 위험한 도박으로 보였다. 아니 그저 멍청한 짓일지도 몰랐다. 그럼에도 마쓰시타전기는 다리미 생산을 단행했다. 나중에 마쓰시타는 이렇게 말했다.

"다리미 소비가 교착 상태에 있는 이유는 다른 생산업체들이 가격을 낮추고 수요를 늘릴 정도로 대량생산을 하지 않았기 때문이라고 확신했다."[41]

위험을 무릅쓴 보람은 있었지만 즉시 결실을 보지는 못했다. 신형 다리미는 시장에서 잘 팔렸지만 초기에는 오히려 손해를 보았다.[42] 마쓰시타전기에서는 사업 손실이 발생했을 때 이를 그냥 넘기는 경우가 드물었다. 결국 1927년 11월 다리미 사업부를 맡았던 나카오와 다케히사 이츠로를 직위해제하고 마쓰시타가 다리미 사업부를 맡았다. 그는 나카오에게 노동력이 덜 요구되는 제조 공정을 고안하도록 주문했고, 이는 더 이상의 손실을 막는 데 일조했다.[43]

마쓰시타가 내린 결정은 20세기 대기업의 일반적 관행과는 대조적이다. 일본은 물론 세계 어느 곳에서도 애초에 나카오 같은 사람에게 신형 다리미 개발 사업부를 맡기는 일은 드물기 때문이다. 사업부를 책임지는 경영진이라면 충분히 검증된 사람을 앉히는 것이 일반적이다. 또 기존 시장이 그처럼 작을 경우, 아무리 우수한 제품이라 해도 함부로 대량생산에 돌입하는 일은 없다. 리스크가 너무 크기 때문이다. 만약 그럼에도 불구하고 시장을 확장하고 높은 점유율을 차지하는 데 성공했다면, 초기 발생한 적자 때문에 경영진을 바로 교체하지는 않을 것이다. 마쓰시타는 당시의 관행과는 달리 과감하게 성장 모멘텀을 창출하고 인사등용이나 인사관리에 있어서도 주저하는 법이 없었다.

당시 소기업들은 자기보다 덩치가 큰 기업들의 관행을 모방하는 경우가 많았다. 하지만 새로운 것을 기꺼이 실험하고 배우는 정신과 열린 마음, 위험을 감수하는 자세가 동반되지 않는다면 마쓰시타전기의 신형 램프나 전기다리미 프로젝트 같은 성공은 기대하기 어렵다.

마쓰시타는 사업 초기 기존 관행을 벗어나는 전략을 많이 구사했다. 이는 지금의 경영 관점에서 보아도 놀라운 수준이며 그 가운데 다수는 오늘날 존경받는 경영 이론가들이 지지하는 내용이다. 변화와 경쟁이 가속화되는 세계 경제 환경에서 20세기에 표준으로 자리 잡았던 대기업 경영 이론은 갈수록 시대에 뒤처지고 있지만, 1920년대에 오사카에 살았던 마쓰시타의 공격적 전략은 현대의 경영 이론마저 앞서 나간 듯 보인다.

마쓰시타전기에서 채택한 전략은 연줄이 든든한 대기업이 지배하는 사업 환경에서 자원이 부족한 중소기업이 성장하는 원동력이 되었다. 1922년 직원 수 50명이던 마쓰시타전기는 1928년 말 300명이 넘는 직원을 보유한 기업으로 성장했다.[44]

1920년 마쓰시타 부부는 첫아이를 보았다. 딸이었다. 이름을 사치코라 지은 부부는 연이어 아이를 더 가지려고 했지만 둘째 아이는 6년 뒤에야 생겼다. 둘째는 아들이었고 이름은 고이치였다. 19세기에 태어난 사람들에게 아들은 매우 중요한 존재였다. 마쓰시타 역시 아들을 얻자 눈에 띄게 기뻐했다. 그는 자서전에서 "세상에서 내가 가장 운이 좋은 사내라는 생각이 들었다"라고 당시 심정을 이야기했다.[45]

1927년 1월 20일 고이치가 아직 돌도 넘기지 못했을 때였다. 마쓰시타는 도쿄에서 용무를 마치고 저녁 기차를 타고 오사카로 돌아오는 중이었다. 회사는 순항 중이라 마쓰시타는 아무런 걱정 없이 편안한 시간을 보내고 있었다. 기분 좋게 단잠을 취하던 그를 승무원이 흔들어 깨웠다. 그리고 전보 한 장을 건네주었다. 거기에는 짤막하게 '고이치 입원'이라고 적혀 있었다.[46]

흔한 병이라면 전보까지 치진 않았을 것이기에 마쓰시타는 남은 시간 동안 끔찍한 가능성을 떠올리며 마음을 졸였다. 기차가 오사카 역에 도착하자 처남 도시오가 역에서 기다리고 있었다. 고바 의사가 아들을 치료 중이라는 소식을 전해 들었다. 마쓰시타가 무슨 병인지 묻자 도시오는 근심이 가득한 얼굴로 아직 알지 못한다고 대답했다.[47]

두 사람은 곧장 병원으로 향했고 거기서 넋을 잃고 기다리는 무메노를 만났다. 고이치는 혼수상태였다. 의사는 여러 가지 치료

수단을 써보았지만 병의 근본 원인이 무엇인지 알 수 없었다.

이후 두 주간은 악몽 같은 시간이었다. 갓난 아들의 상태는 호전되지 않았다. 약물치료는 별 효과가 없는 듯했다. 그리고 2월 4일 도저히 있을 수 없는 일이 일어났다. 고이치가 끝내 숨을 거두고 말았다.[48]

아이의 죽음은 마쓰시타 고노스케 집안에 발생한 열 번째 죽음이었다. 첫 번째 죽음은 1900년에 있었던 형 하치로의 죽음이다. 두 번째는 1901년에 죽은 누이 후사이였고, 세 번째는 1901년에 죽은 형 이사부로였다. 그리고 1906년에 두 누이와 아버지가 저 세상으로 갔다. 1913년에는 어머니가 돌아가셨다. 1919년에 아이 누이가 사망했고, 1921년에 하나 남은 이와 누이마저 저 세상으로 갔다. 그리고 1927년 자신의 외아들인 고이치가 눈을 감았다.

마쓰시타가 이 모든 비극에 대해 자세히 이야기한 적은 한 번도 없지만 식구들의 죽음이 그에게 큰 영향을 미쳤음은 분명했다. 마지막 외아들의 죽음은 더더욱 그랬다. 아들을 잃고 이후 후사를 얻지 못하면서 아내와의 관계도 나빠졌다.

마쓰시타는 1899년 아버지가 가산을 탕진하는 바람에 졸지에 자기 세상이 무너지는 경험을 했다. 두 번 다시는 그런 일을 당하지 않으리란 결심으로 열심히 살았고, 지난 10여 년 동안 승승장구하면서 더 이상은 그런 타격을 입지 않으리라 내심 안도했다. 부자가 되고 유명인이 된다는 것은 강력한 방어막을 가진다는 뜻이었다. 어떠한 공격도 막을 수 있게 성 주위에 해자(垓字)를 두르는 것과 같았다. 마쓰시타는 해자를 넓고 깊게 두르면 그 어떤 재앙으로부터도 안전하리라 믿었다.

그러나 부유한 사업가가 되면 그 무엇도 자신을 건드릴 수 없는 난공불락의 존재가 되리라 생각했던 행복한 믿음은 1927년 2월 무너지고 말았다. 과거에 수없이 고민했던 문제들이 별안간 다시 떠올라 머릿속을 헤집었다.

대체 이게 다 무슨 소용인가? 권력과 부를 얻는 것이 해답이 아니라면 그럼 무엇이란 말인가?

6장

대공황

매출이 꾸준히 상승하며 다시 한 번 시설을 확장할 때가 왔다. 마쓰시타는 1928년 총 420여 평에 달하는 공장 및 본사 설계도를 완성하고 5만 5000엔에 공장 부지를 구입했다. 건설비용과 생산설비 및 사무용 집기 구입에 15만 엔이 추가로 더 필요했다. 자본금만으로는 감당이 안 돼 마쓰시타는 스미토모 은행에서 이에 필요한 금액을 대출받았다.[1]

이 무렵 일본 경제는 국민총생산(GNP) 성장률이 연간 1~2퍼센트에 불과할 정도로 불경기였다. 경제가 불확실한 만큼 대다수 기업가들은 회사 확장에 신중을 기하고 있었지만 그는 정면 돌파를 선택했다.

1928년 11월 첫 삽을 뜨고 1929년 5월에 공장이 완공되었다.[2] 이후 경제는 나아질 기미는커녕 더욱 최악으로 치닫게 된다. 1929년 7월에 수립된 하마구치 오사치 내각이 긴축재정을 실시하면서 일본 경제는 심각한 경기침체의 늪에 빠져들었다.

1929년 10월 29일 미국의 주식시장이 붕괴되었다. 경제는 무참하게 추락했고 제너럴모터스는 9만 2829명을 해고했다. 무려 절반에 가까운 인원을 정리해고 한 것이다.[3] 규모가 크건 작건 직원을 무더기로 해고하는 기업이 속출하고 수천여 곳의 기업이 문을 닫았다.

일본 경제는 1920년대 후반에 이미 취약해진 상태였다. 거기다 대공황으로 세계 금융 시장이 패닉 상태에 빠지자 사업 환경은 급속도로 무너졌다.[4] 수요가 곤두박질치면서 제품 가격이 떨어지고 실업률이 치솟았다. 생산 속도를 늦추거나 잠정적으로 휴업을 하거나 아예 문을 닫는 기업이 늘어났다.

경기침체기에는 전기제품 제조업체가 먼저 큰 타격을 입는다. 경제 상황에 놀란 소비자들이 필수소비재 외에는 도무지 지갑을 열지 않기 때문이다. 전기제품 유통업자들도 거래량이 추락하는 것을 보고 신규 구매량을 줄이거나 아예 중단하는 식으로 대처해나갔다. 그 여파로 마쓰시타전기도 휘청거렸다. 1929년 12월 1일부로 매출이 절반 이하로 떨어졌다.[5] 창고에는 팔리지 않은 제품이 넘쳐나기 시작했다. 회사 내에는 이러다 진짜로 파산할 수도 있겠다는 위기감이 감돌았다.

오사카 서쪽 근교에 위치한 니시노미야의 자택에서 요양하던 마쓰시타는 이번에도 위기 앞에서 기운을 끌어모은다. 1929년 12월 20일 이우에 도시오와 다케히사 이츠로는 난국을 타개할 방안을 논의하고자 그를 찾았다. 마쓰시타가 요양을 하면 도시오나 다른 직원들이 그를 찾아 정기적으로 사업 결과를 보고하고 현안을 논의하며 조언을 구했다. 그가 부재할 경우 권한대행 1순위는 보통 처남인 도시오에게 돌아갔다.[6]

마쓰시타전기 경영진 중에는 이번 위기를 타개하려면 대규모 인원감축만이 유일한 해결책이라고 보는 이들이 많았다. 어쩌면 절반 정도를 쳐내야 할지도 모른다고 점치는 분위기였다.[7] 도시오와 다케히사는 대규모 구조조정이 기업을 살릴 수도 있지만 죽일 수도 있다고 생각했다. 인원감축을 단행한다면 12년간 이어져 온 추진력은 사라지고 끈끈한 노사관계는 산산이 부서질 것이었다. 사업을 확장하려던 계획 역시 무기한 연기할 수밖에 없었다. 뿐만 아니라 일본 경제가 악화일로에 있는 만큼 해고된 직원들이 다른 곳에서 일자리를 찾을 가능성도 희박했다. 수많은 직원들이 궁핍한 삶으로 내몰릴 것은 불 보듯 뻔한 일이었다. 도시오와 다케히사는 두렵고 침통한 마음으로 상황을 보고한 후 마쓰시타에게 대

책을 물었다.⁸

벽에 등을 기대고 침대에 앉아 있던 마쓰시타는 위기 때 늘 그랬듯이 이번에도 오히려 몸 상태가 좋아진다면서 이렇게 말했다.

"마지막 수단을 강구할 단계라고 하니 이상하게도 기운이 솟아나는군."⁹

달콤한 성공을 누릴 때면 몸이 나빠지고 어려움이 닥쳐오면 기운을 회복했던 것을 보면 마쓰시타는 자신의 성공을 죄스러워하는 마음이 있었던 모양이다. 그에게는 형제자매가 모두 죽고 부모와 아들까지 목숨을 잃은 사나운 시간 속에서 유일하게 살아남은 자의 죄책감 같은 것이 배어 있었고 나쁜 일이 터지면 자신이 속죄할 기회라 여겼다.

마쓰시타가 그날 도시오와 다케히사에게 내린 명령은 상상을 초월했던 대공황만큼이나 이례적이고 충격적이었다. 그는 이렇게 말했다.

"지금부터 생산량을 절반으로 줄이되 직원은 단 한 사람도 해고하지 말게. 직원들을 자르지 말고 전 직원들이 반일 근무만 하면서 생산량을 줄이도록 하세. 임금은 한 푼도 깎지 말고 종전과 똑같이 지급하도록 하게. 대신 휴일을 반납하고 전 직원들이 재고품을 판매하는 데 최선을 다하도록 요청해주게."¹⁰

유교 전통과 봉건적 전통이 남은 일본의 노사관계에서는 온정주의가 강조되는 편이었지만 그 점을 감안하더라도 마쓰시타의 대처 방안은 참신했다. 일본의 주요 기업에서 고용안정 정책을 실시한 것은 이로부터 한참 뒤인 제2차 세계대전 이후의 일이고,[11] 더욱이 중소기업에서 이를 실시하는 경우는 없었다. 생산직 노동자에게 판매를 맡겨 경제 불황을 타개하는 전략을 쓴 기업가도 그가 최초였다.

도시오와 다케히사는 아무 군말 없이 그 제안을 받들었다. 두 사람은 회사로 돌아와 직원회의를 소집하고 마쓰시타가 제시한 대처 방안을 발표했다. 직원들은 모두 환호성으로 응답했다.[12]

수백 명의 생산직 노동자에게 판매 업무를 맡긴다는 생각은 전문분야를 엄격하게 구분하는 데 익숙한 현대인들에게는 넋 나간 소리로 들릴 것이다. 하지만 마쓰시타전기 직원들은 하등 이상할 것이 없다고 여겼던 것으로 보인다. 모든 생산직 노동자들은 종전 생산량의 절반만 생산하고 매주 재고품을 판매하는 데 많은 시간을 투자했다. 그 결과 넘쳐났던 재고는 빠르게 소진되었고 2월에는 정상 업무로 복귀했다.[13]

경제가 뒷걸음질 치자 1930년대 초반 수천여 곳의 일본 기업은 생산을 축소하고 인원을 삭감했다. 신상품을 개발하는 기업도 거의 없었다. 마쓰시타전기 경영진은 이와 정반대로 대처했다. 이들은 라디오 사업부를 신설하고 재고품을 일소한 후에는 램프와 건전지 생산량을 늘렸다. 또 채용 기준을 강화함으로써 조직을 개선하는 데 힘썼다. 특히 매년 중고등학교에서 지원자를 모집하고 견습공 제도를 본 딴 직원양성을 실시하는 등 교육을 강조했다.[14] 어린 지원자들은 공장 기숙사에서 지냈다. 마쓰시타의 아내인 무메노가 먹을거리를 관리 감독했는데, 여러 기록에 따르면 마치 자기 속으로 낳은 자식들을 대하듯 어린 학생들을 먹였다고 한다.[15] 직원양성교육은 덩치만 다를 뿐 기본적으로는 그가 견습공 시절에 경험했던 과정과 비슷했다.

마쓰시타전기가 그저 평범한 기업이었다면 이런 대처 방식이 성공할 리 만무하다. 그렇지만 1920년대에 줄곧 기존 전통을 벗어나는 전략을 구사해왔던 마쓰시타전기는 평범함과는 거리가 멀었다. 이들보다 더 고객지향적이고, 저렴한 생산비용을 유지한다거나 돈독한 노사관계를 창출하고 영리한 마케팅 전략을 구사하는 기업은 일본 내에서 찾아보기 힘들었다. 경쟁기업들이 열등했다는 소리가 아니다. 당시 일본 기업들은 1950년대 이후에야 경영학계에서 주목하는 선진 경영기법을 이미 구사하고 있었다. 다만 마쓰시타의 경쟁업체들은 눈에 보이는 위험을 기꺼이 무릅쓰거나 새로운 것을 실험하는 정신이 부족했다. 그들은 대량생산을 단행해 제품 가격을 떨어뜨리고 시장을 확대한다는 전략은 생각지도 못했고, 마쓰시타의 성공사례를 보면서도 그것을 배우려는 자세가 부족했다.

그가 라디오 사업부를 어떻게 세웠는지를 살펴보면 마쓰시타라는 사람과 그 기업에 대해 많은 것을 알 수 있다.

일본에서 라디오 방송이 처음 시작된 해는 1925년이다. 그 후 많은 기업들이 라디오 제조업에 뛰어들어 불과 5년도 지나지 않아 연간 20만 대씩 라디오가 생산되기에 이른다.[16] 1929년 5월 마쓰시타는 이들 라디오 제조업체에 부품을 공급하는 한 협력업체가 재정난을 겪고 있다는 사실을 알게 된다. 하시모토전기라는 업체 쪽에서 자기네 회사에 투자하거나 아니면 통째로 매입할 의향이 있는지 물어왔던 것이다. 라디오에 눈독을 들이던 마쓰시타는 업체 상황을 충분히 검토한 후 협상에 들어가 자본금 10만 엔 규모의 합자회사를 설립하게 된다. 합자회사라고는 하지만 주식 대부분은 마쓰시타전기 소유였다.[17]

그렇지 않아도 그 무렵 마쓰시타와 거래하는 판매 대리점들도 라디오 부품보다는 아예 라디오 세트를 제조하라고 강력하게 요청하고 있었다. 의견을 검토한 회사 경영진은 몇 가지 문제점만 해결한다면 이 새로운 물건을 인기 상품으로 만들 수 있겠다는 결론에 도달했다. 라디오는 제품 수명주기로 볼 때 아직 초기 단계라 고장이 잦고 안정적이지 못했다. 배송되는 과정에서 파손되기 일쑤였고, 방송을 듣는 도중에 아무 이유 없이 고장이 나서 사람들을 짜증나게 했다. 마쓰시타 본인도 좋아하는 방송을 듣는 도중에 걸핏하면 라디오가 먹통이 되는 경험을 하고 있었다.[18]

마쓰시타전기 직원들은 업계 동향을 파악해 보고서를 작성했다. 보고서에 따르면 당시 도매업자들은 라디오가 썩 괜찮은 장사

품목은 못 된다고 여겼다. 왜냐하면 라디오는 고장이 잦아 소비자 불만이 높고 서비스 비용도 높았기 때문이다. 또 하루가 다르게 신형 제품이 쏟아지기 때문에 기존 제품은 언제라도 재고품 신세를 면하기 어렵고, 제품을 수리하려면 전문 기술이 필요했다. 당시 보고서에서 내린 결론은 이렇다.

"그럼에도 불구하고 라디오는 시대가 요구하는 제품으로서 장래에는 발전 가능성이 충분하다는 것이 도매업자들의 생각이다. 하지만 고장률을 줄이고 안정적인 제품을 만들지 않는 이상 쉽게 수익을 내기는 힘들다."[19]

다시 말해, 시장의 의견은 장기적으로 볼 때 라디오는 혁신제품의 가능성이 충분하다는 것이었다. 하지만 보수적 성향의 기업들은 이런저런 문제가 많다는 이유로 라디오 사업으로는 눈을 돌리지 않았다.

마쓰시타는 불경기임에도 불구하고 라디오 사업에 뛰어들기로 결단을 내렸다. 이때 취한 전략은 네 가지였다. 첫째, 제휴를 통해 라디오를 디자인하고 제조하는 방법을 익힌다. 둘째, 기존 제품보다 훨씬 고장이 적은 제품을 생산한다. 셋째, 시장점유율을 늘린다. 넷째, 향후 라디오 시장이 본격적으로 궤도에 오를 때를 대비해 좋은 위치를 선점한다.

마쓰시타전기에는 라디오 쪽으로 경험을 쌓은 이가 없어서 우선은 꽤 평판이 좋은 라디오를 생산하고 있는 공장을 5만 엔에 매입해[20] 제품 생산을 맡기기로 했다. 대신 라디오 유통 업무는 마쓰시타전기와 거래하는 대리점에서 맡기로 하고, 라디오 홍보를 위해 대규모로 광고를 내보냈다. 마쓰시타 측에서는 이번에 처음 내놓는 라디오가 돈을 펑펑 벌어다 주리라고 기대하지는 않았다. 그래도 그럭저럭 팔려나가 회사가 경험을 쌓게는 해주리라 예상했다.

마쓰시타전기 라디오가 첫선을 보인 것은 1930년 8월이다.[21] 그런데 판매가 시작되자마자 뜻밖에 심각한 문제들이 나타났다. 소비자들과 대리점들로부터 불만이 빗발치고 반품 요청이 무더기로 쏟아졌다. 생각지도 못한 일이었다. 너무 화가 치민 나머지 대금 지불을 거부하는 업주들까지 생겼다. 판매 대리점들은 미처 예기치 못한 사태에 당황했고 고객과의 관계에 금이 가자 마쓰시타전기에 분통을 터뜨렸다.

마쓰시타는 아연실색했다. 그는 당시의 심경을 이렇게 피력한다.

"당시 벌어진 사태를 보고 나는 뒤로 넘어갈 뻔했다. 우리 라디오 세트가 완전무결하지 않다는 것은 잘 알고 있었다. 그렇지만 결함 비율이 아주 낮은 제품을 생산하던 회사를 매입했으니 문제가 생겨도 경쟁사 제품보다는 덜 심각하리라고 예상했다. 하지만 반품되어 돌아온 라디오 세트가 산더미같이 쌓여 있는 것을 보니 말문이 턱 막혔다. 무엇보다 심각한 문제는 내가 대리점 업주들에게 제품 판매에 대해 장담을 했고 또 업주들은 내 말을 믿고 판매

에 공을 들였다는 사실이었다."²²

이런 위기는 호시절에도 다루기 어려운 법인데 하물며 계속되는 경기침체 상황에서는 두말할 나위가 없었다.

예상치 못했던 결과에 놀란 마쓰시타는 문제점을 철저하게 파악하는 게 급선무라고 판단했다. 그는 자신의 책에 따르면 "즉시 사태의 원인을 찾아 나섰고, 내외부적으로 모든 과정을 처음부터 다시 검토"했다.²³

마쓰시타는 직접 판매 대리점들을 돌아다니며 업주들과 이야기를 나누고 소비자들에게 의견을 묻고, 회사 임원들과 문제를 상의했다. 알고 보니 원인은 별 다른 게 아니었다. 유통을 맡은 마쓰시타전기 대리점들이 라디오 제품을 취급할 준비가 되어 있지 않았기 때문이었다. 라디오를 처음 취급해보는 업주들은 라디오에 대한 초보 지식도 부족해서 고객들이 들고 온 간단한 문제조차 어떻게 다룰지 몰랐다. 진공관이나 나사가 느슨하게 풀린 문제를 수리하지 못하고 다짜고짜 제품을 반품해버렸고, 이로 인해 불필요한 비용이 크게 발생했다.²⁴

라디오 사업을 계속 진행한다는 원칙하에 두 가지 방안이 고려되었다. 첫 번째 방안은 라디오 세트를 수리할 수 있는 전문 상점을 통해 라디오를 판매하는 것이다. 두 번째 방안은 곧장 제품 개선에 들어가 고장을 줄이고 마쓰시타전기의 유통망을 이용할 수 있도록 하는 것이었다. 수많은 논의를 거친 뒤 마쓰시타는 두 번째 방안을 선택했다. 하지만 제휴를 맺은 공장장에게 채택된 방안을 전달하자 강력하게 반대하고 나섰다. 라디오라는 게 고장이 있을 수밖에 없으니 다시 예전처럼 라디오 전문점을 통해 판매해야 한다는 것이 공장장의 주장이었다. 마쓰시타는 보다 양질의 제품을 고안해 생산하면 된다고 우겼지만 공장장은 들으려 하지 않았다.[25]

공장장도 틀린 말을 한 것은 아니었다. 역사적으로 보면 자동차건 컴퓨터건 어느 제품이나 초기 단계에서는 고장이 잦고 세심한 주의를 요하기 때문이다. 마쓰시타도 이 점을 모르는 바는 아니었다. 하지만 내심으로는 변화에 대한 방어기제로 이런 사실을 내세운다는 느낌도 지울 수 없었다.

양측은 의견 대립을 해소하기 위해 여러 차례 협상을 벌였지만 결국 이전 소유주와 기술진이 마쓰시타를 떠나 독립하는 것으로 결론이 났다. 마쓰시타는 금전적 손실을 모두 떠안고 공장을 넘겨받았다. 그는 자신의 연구부 책임자를 불러 더 나은 라디오를 설계하도록 지시했다.[26] 그가 했던 말을 들어보자.

"듣기로는 아마추어들도 얼마든지 라디오 세트를 조립할 수 있다고 하네. 그에 비한다면 자네들은 여기 있는 시설과 장비를 마음껏 이용할 수 있는 장점이 있지 않은가. 또 이미 시장에 참고할 만한 제품들이 많이 나와 있네. 그러니 마음을 다잡고 가능한 한 빨리 더 좋은 제품을 설계해주길 바라네. 일의 성패는 자신감과 결의에 달렸다고 나는 믿네. 전력을 다해주길 바라네."[27]

마쓰시타전기 연구부는 놀랍게도 단 석 달 만에 신형 라디오를 고안했다. 시제품을 만들고 테스트를 진행한 결과, 처음 제품보다 상당히 개선되었다는 평가가 나왔다.[28]

우연찮게도 같은 시기에 일본에서는 국내 최고의 라디오를 선발하는 대회가 치러지고 있었고, 일본방송공사에서 이를 관리감독하고 있었다. 정확히 누구인지는 알려지지 않았지만 마쓰시타전기 직원 한 명이 새로 나온 시제품을 이 대회에 출품하자고 제안했다. 최소한 회사의 이름에 먹칠을 하지 않을 정도는 된다고 판단한 것이다. 그렇지만 라디오 사업에 갓 뛰어든 마당에 내로라하는 기존 제품들을 제치리라고 감히 꿈꾸는 이는 아무도 없었다.

대회 우승자가 발표되었을 때 사람들은 모두 놀라 입이 딱 벌어졌다. 마쓰시타전기가 1위를 차지한 것이다.[29] 다른 라디오 제조업체들은 하나같이 믿지 못하겠다는 표정이었고 마쓰시타전기 연구개발팀은 환호성을 질렀다.

나중에 마쓰시타는 이 뜻밖의 달콤한 결과를 돌아보며 이렇게 이야기했다.

"처음에는 우리 회사가 수년간 라디오를 제작해온 회사들을 죄다 물리치고 우승했다는 사실이 나 스스로도 의아했다. 하지만 그동안 우리 마쓰시타전기가 어떤 자세로 과제를 수행했는지를 고려하면 그리 이상하게 볼 일도 아니었다. 모름지기 책임자라면 어떤 과제를 수행하든지 그것의 성패를 좌우하는 문제들을 늘 면밀히 살펴야 한다. 자유롭고 창의적인 사고로 문제에 접근한다면 실행 가능한 해답을 찾을 수 있다. 또한 할 수 있다는 확신을 갖고 프로젝트에 접근하는 자세가 필요하다. 미리 걱정을 하면서 정력을 낭비하는 것은 금물이다. 진짜로 능력 있는 사람들은 어려움 때문에 뒤로 물러서지 않는다. 이는 리더십을 행사하는 이들이 반드시 가슴에 새겨야 할 사항이다."[30]

마쓰시타전기가 과연 뛰어난 기업으로 성장할 수 있을지 의구심을 완전히 떨쳐내지 못했던 이들도 라디오 선발대회를 기회로 그런 의구심을 말끔히 씻어냈다. 우리는 여기서 다시 한 번 마쓰시타전기의 성공 비결은 최첨단 기술이라든가 자본이 넉넉한 연구개발부가 아니라는 사실을 확인할 수 있다.

마쓰시타전기를 비롯해 제2차 세계대전 이후 성공하게 되는 일본 기업들이 채택한 전략, 즉 자기 확신과 고객중심 경영, 새로운 아이디어를 수용하는 열린 자세와 근면한 노력은 경험이나 규모에 있어 한 수 앞서 있는 대기업들이 선뜻 이해하기 어려운 결과를 낳았다. 1950~1970년대에 일본 기업이 거둔 성공을 미국 기업들이 쉽사리 이해하지 못하듯이 1920~1930년대 일본의 전기제품 업체들은 마쓰시타전기의 성공 전략을 이해하는 데 진땀깨나 흘린 것으로 보인다.

마쓰시타는 새 라디오 제품을 경쟁 제품들 가격보다 더 높게 책정했다. 제조비용이 많이 들어가는 디자인이었기 때문이다.[31]

더 비싼 가격에도 불구하고 라디오는 인기를 끌었고 만드는 족족 팔려나갔다. 생산량은 급속도로 늘어났다. 출하량은 두 배로 뛰고 다시 또 두 배로 껑충 뛰었다.[32] 주문량을 소화할 수 있도록 생산 설비도 새로 확충했다. 규모의 경제면에서도 그렇고 생산 방식도 개선됨에 따라 제조비용이 줄어들었다. 이는 가격 인하로 이어졌고 결과적으로 점점 더 많은 사람들이 라디오를 구매할 수 있게 되었다.

라디오 사업에 뛰어든 지 10년이 지난 1942년에 마쓰시타전기는 시장점유율 30퍼센트에 월간 생산량 3만 대에 달하는 일본 최대 라디오 제조업체가 되었다.[33]

대량생산 체제를 구축해 비용을 줄이는 전략은 다른 제품라인에서도 그대로 통했다. 나쇼날 램프가 처음 나왔을 때 판매 대리점들은 개당 1.25엔을 지불했지만 주문량이 월간 1만 개를 상회한 뒤로는 개당 1엔 가격으로 떨어졌다. 이후로도 가격은 계속 떨어져 몇 년 사이에 본래 가격의 절반도 안 되는 값에 팔렸다.[34] 1930년 회계연도 결산 결과를 보면, 대공황에도 불구하고 나쇼날 램프 생산량은 월간 20만 개였고 건전지 사용량은 100만 개로 늘었다.[35]

다른 경쟁사들도 같은 전략을 채택했지만 주기적으로 한 번씩은 가격전쟁을 치르거나 아니면 높은 시장점유율을 바탕으로 독과점이나 다름없는 방식으로 수익을 뽑았다. 하지만 마쓰시타전기는 마쓰시타 고노스케가 정한 정도를 벗어나지 않았다.

1931년 건전지 사용량이 근 150만 개에 달하자 마쓰시타는 건전지를 생산하는 두 협력업체에 성능 개선과 가격 인하를 다시 한 번 요구했다. 오랫동안 협력 관계를 맺은 회사 오카다는 흔쾌히 이에 동의했다. 하지만 신규 협력업체인 고모리건전지회사는 이를 거부했다. 고모리의 사장은 '제조업자'라기보다는 '투자자'에 가깝다고 마쓰시타가 조롱하듯 묘사한 적이 있다. 고모리 경영진은 단기적으로 수익이 줄어드는 것에 난색을 표하며 마쓰시타의 제안은 '위험하다'고 평가했다. 고모리 측은 역으로 다음과 같이 제안했다.

"우리 회사를 인수하시지요. 그러면 당신이 원하는 대로 운영할 수 있습니다."[36]

1931년 9월 20일 고모리 공장 인수 계획이 마무리되었다. 마쓰시타는 수개월 동안 하루 두 시간씩 고모리 공장 관리자 및 판매 관리자와 시간을 함께했다. 그에 따르면 새로운 직원들이 '마쓰시타 경영 스타일'을 익히도록 하는 데 목적이 있었다.[37]

건전지 사업은 1930년대에 빠르게 성장해 마쓰시타전기의 중대 사업 영역이 되었다. 1932년 8월 마쓰시타는 오카다마저 인수한다. 그리고 같은 해 9월 가도마에 건전지 공장을 새로 지었다. 1936년 3월에는 아사히건전지회사를 매입해 생산시설을 증강했고 1938년에는 중국에도 공장을 세운다. 1942년 3월에는 스자키에 또 새로운 공장을 가동한다. 1943년 마쓰시타전기는 일본에서

건전지를 가장 많이 판매하는 업체로 올라섰다.[38]

1931년 말에 이르면 마쓰시타전기는 더 이상 소기업이 아니었다. 이때 마쓰시타전기는 유선 설비, 라디오, 전등 및 건전지, 전열기구(다리미 등) 이렇게 네 가지 부문에서 총 200여 가지가 넘는 상품을 제조했다.[39] 마쓰시타전기는 대공황 시기에 참으로 보기 드문 실적을 기록했다. 1929년 마쓰시타전기의 직원은 총 477명, 생산액은 월간 20만 엔, 보유한 특허권은 140개였다. 이로부터 2년 뒤 마쓰시타전기는 혹심한 경기침체에도 불구하고 비약적으로 성장해 특허는 물론 제품 라인까지 확장하며 경쟁사들의 시장점유율을 잠식했다. 그 결과 직원 수도 거의 두 배인 886명으로 늘어났다.[40]

마쓰시타는 이후 강연과 책에서 경제적으로 어려웠던 시기, 즉 불황이 기업 입장에서는 오히려 호재였다고 누차 강조했다. 그는 어린 시절부터 역경이 사람을 더 강하게 만들 수 있다는 사실을 직접 몸으로 체감한 이였다. 그는 자서전에 이렇게 썼다.

"일터에서 분별력 있고 성숙한 사람으로 인정받으려면 그전에 여러 시험과 고된 훈련을 거쳐야 한다. 회사가 재정적으로 곤경에 처한 상황은 노동자들의 열정과 능력을 제일 효과적으로 판단할 수 있는 시험대가 된다."[41]

마쓰시타전기는 처음 회사를 세우고 14년 동안 여러 차례 힘든 고비를 맞았다. 몸집도 작고 자원도 한참 부족한 상태에서 경쟁이 치열한 시장에 뛰어들었다. 마쓰시타전기가 성공할 수 있었던 이유는 기존 관행을 거부하고 다양한 경영기법을 찾아 적용하면서 경쟁력을 키웠기 때문이다. 특히 제품설계와 마케팅, 제조, 인사정책에 있어 혁신적 전략을 선보였다. 반면 기초연구 부문에서 취한 전략은 그리 혁신적이지 않았다. 마쓰시타의 전략은 새로운 범주의 제품을 발명하기보다는 신제품이 시장에 나오면 그것을 더 나은 품질로 개선해 더 저렴한 가격으로 공급하는 것이었다. 마쓰시타전기는 지속적으로 제품을 개선해 경쟁제품에 비해 품질은 더 좋고 가격은 더 저렴한 제품을 만들었다. 시장을 확장하고 시장점유율을 높일 수 있다면 위험천만한 승부도 마다하지 않았다. 마쓰시타전기가 비용을 낮추고 생산성을 높일 수 있었던 데는 열정적으로 일하는 직원들의 힘이 컸다.

또한 마쓰시타는 신뢰할 수 있는 대규모 유통망 구축에도 힘을 기울였다. 마쓰시타전기는 고객지향적인 회사였다. 따라서 늘 최종 소비자 및 판매 대리점과의 관계에 초점을 맞춰 경영활동을 펼쳐나갔다. 마쓰시타는 직원들에게 요구하는 것이 많았지만 또 그만큼 직원들을 존중하고 아꼈다. 그가 강조한 성공전략은 유연성과 신속성이었다. 제품을 생산하고 공급하기까지 시간이 오래 걸리는 사업이나 목돈이 들어가는 연구개발은 되도록 지양하고, 수익성을 강조했다. 돈벌이가 되지 않는 제품과 사업에는 손을 대지 않았다.

극도로 경쟁이 치열한 환경에서 성공하려면 대개는 이와 같은 경영 전략이 필요하다. 마쓰시타가 채택한 경영 전략 대부분은 1930~1940년대에 명성을 떨친 휴렛패커드의 빌 휴렛Bill Hewlett과 데이브 패커드Dave Packard뿐 아니라 제2차 세계대전 이후 여러 일본 기업에게도 잘 맞아떨어졌다.

마쓰시타와 그의 경영진은 어떻게 이런 전략을 만들어냈을까? 그 방법을 살펴보면 눈여겨볼 대목이 많다. 그 당시에는 경영을 전문적으로 다루는 서적이나 컨설턴트가 전무하다시피 해 그들의 도움을 받으려 해도 받을 수가 없었다. 마쓰시타는 주로 견습공과 오사카전등회사 시절의 자기 경험에서 방법을 찾아냈다. 또 경영진은 주변 여건과 전기산업 부문에서 일어나는 일들을 세심하게 살필 줄 알았다. 마쓰시타와 그 경영진은 기존 전통을 그대로 답습하는 경우가 거의 없었다. 마쓰시타전기는 급변하는 경제 환경에 적응하면서 지칠 줄 모르는 창업주의 야망에 부응할 수 있는 자신들만의 경영기법을 개발했다. 열린 사고와 기꺼이 모험을 감수하는 자세는 새롭고 효과적인 경영기법의 개발로 이어졌다. 마쓰시타전기 사람들은 모두가 기업가이자 관리자이자 경영진으로서 현재에 안주하지 않고 꾸준히 성장했다.

만약 앞으로 경제 환경이 호황이 지속되고 경쟁이 줄어든다면 마쓰시타 이야기에서 우리가 배울 점은 별로 없을 것이다. 하지만 현실은 정반대로 굴러가고 있다. 제2차 세계대전 이후처럼 손쉬운 성장을 안겨주던 꿀맛 같은 시절은 지났다. 세계화로 인해 더 많은 기회가 열린 것도 사실이지만 위험 요소 또한 그만큼 커졌다.[42] 경쟁이 약화되고 있는 산업 부문은 별로 없으며 수많은 대기업들이 과거 호황기에 채택했던 경영방식은 더 이상 통하지 않는다.

오늘날 승승장구하는 기업들을 살펴보면 1960년대의 U. S. 스틸이라든가 포드 자동차, 체이스 맨해튼Chase Manhattan과는 많이 다르다. 오히려 1930년대의 마쓰시타전기를 닮아가는 기업들이 더 많다.

3부

진화하는 목표와 신념

마쓰시타의 철학에서는 기업이 경쟁시장에서 돈을 버는 한 사회공헌과 돈벌이가 서로 척을 질 일은 없다. 이치는 단순하다. 자본주의 시장에서 고객은 '가격, 품질, 서비스'가 좋다면 기꺼이 지갑을 열 것이고, 이로써 기업은 수익을 창출한다. 가치가 클수록 고객은 더 많이 가격을 지불할 것이고 기업 입장에서 수익은 더욱 커진다. 따라서 한 제품의 수익성은 그것을 만든 기업이 사회에 얼마나 기여하는지를 알려주는 척도가 될 수 있다.[21] 경쟁이 치열한 시장에서는 착한 기업이 되는 것과 돈을 잘 버는 기업이 되는 것 사이에서 소모적인 논쟁을 할 필요가 없다는 것이다.

7장
―
기업의 마음
―

20세기 들어 셀 수 없이 많은 사람들이 조그맣게 회사를 차리거나 혹은 남의 회사를 사들여 자기 사업을 시작했다. 자기 사업을 시작한 이들은 기업가의 역량을 키워나갈 것이고, 사업에 성공한다면 중견기업으로 성장할 것이다. 일단 중견기업이 되면 신생기업 시절과는 전혀 다른 도전을 받아들일 줄 알아야 한다. 그런데 어느 정도 몸집을 키우고 나면 새로운 요구에 부응하지 못하고 과거에 해왔던 방식을 고집하며 오만에 빠지는 경우가 많다. 결국 이런 회사는 수많은 어려움에 직면하고 노동자와 주주와 고객 모두 곤란을 겪는다.

1920년대 말에서 1930년대 초반에 폭발적으로 성장하며 중견기업으로 올라선 마쓰시타전기는 어땠을까? 특히 1932년을 눈여겨볼 필요가 있다. 시기적으로 볼 때 1932년은 마쓰시타 고노스케가 사업 수완이 좋은 장사꾼 그 이상의 역량을 발휘해야 할 때였다. 자칫 잘못하면 방향 감각을 잃고 표류하기 딱 좋은 시기이기도 했다. 1932년 마쓰시타는 회사의 달라진 위상에 걸맞은 새로운 철학이 필요하다고 여겼다. 그 해답을 찾고자 치열하게 고민하던 마쓰시타는 한 종교 단체를 방문하게 되고 거기서 영감을 얻었다.

이제 마쓰시타전기의 기업 사명이 태어나는 과정을 살펴보자.

1932년 신년을 맞아 마쓰시타를 찾아와 인사를 하는 이들이 줄을 이었다. 그중에 단 몇 분만이라도 그를 만나게 해달라고 간절히 부탁한 고객이 한 명 있었다.[1] 마쓰시타는 이 사람의 청을 받아들였는데, 사실 이 사람이 그를 찾은 것은 자기가 믿는 종교를 권유하기 위해서였다.

이 사람은 우울했던 자기 과거를 털어놓았다. 끝없이 불행이 찾아들 것 같던 그때 한 친구가 찾아왔다고 한다. 그 친구는 자기를 따라 한 종교의 지부를 찾아가자고 강권했다. 처음에는 관심을 두지 않았으나 몇 번 예불에 참여한 뒤로 점차 종교의 가치를 인정하게 되었다면서 방문객은 이렇게 말했다.

"제 사고방식, 또 살아가는 방식 모두 한참 잘못되었음을 깨달았습니다. 그러고 나니 일이 잘 풀리지 않던 이유도 확실히 알겠더

군요. 신앙심이 깊어지자 한때 저를 그토록 괴롭히던 일들도 더 이상 문제가 되지 않았어요. 조바심도 떨치고 좀 더 마음을 열 수 있게 되었어요. 매일 하는 일도 신바람이 나기 시작했습니다. 신전을 자주 찾아가 기도를 드렸고 신앙을 통해 기쁨을 느꼈습니다. 얼마 지나지 않아 사업도 잘되고 모든 일이 순조롭게 돌아가기 시작했어요. 난생 처음으로 사는 것이 보람 있다고 느꼈습니다. 제가 다니는 지부에서 독실한 신자로 인정받아 교리훈련도 받았습니다. 저는 이 기쁨을 다른 사람들에게 꼭 나누고 싶습니다."[2]

마쓰시타는 특정 종교를 믿지 않았고 종교 집회를 찾은 적도 없었다. 나중에 그는 자서전에서 이 사람이 보여준 진심과 열정에 깊은 인상을 받았지만 종교 집회에 참여하라는 권유는 거절했다고 회상한다. 바쁜 일정에 쫓겨 다니는 그의 입장에서 잠깐의 만남은 곧 잊히는 것이 당연할 것이다. 그런데 그렇지가 않았다. 이 남자의 헌신적 자세와 '행복해 보이는 모습'은 마쓰시타의 생각을 계속 자극했다.[3]

이 사람은 열흘 뒤 다시 마쓰시타를 방문했고 몇 주 뒤에 또 다시 그를 찾았다. 이 사람을 따돌리고자 했다면 얼마든지 쉽게 구실을 만들 수 있었겠지만 마쓰시타는 그를 내치지 않았다. 마쓰시타는 이 사람과 계속 대화를 나눴고 마침내 종단의 본부를 방문하기로 수락했다.[4]

두 사람은 1932년 3월 이른 아침 오사카를 떠나 한 시간 뒤

덴리교天理教 본부에 도착했다. 지금은 이곳을 덴리 시로 부른다. 그들은 먼저 본당을 둘러보고 덴리교 창시자의 사원으로 갔다. 사원은 한창 공사 중이었다. 그런 다음 창시자의 영묘를 둘러보고 점심 식사 후에는 학교를 방문했다. 학생 수만 해도 5000명을 넘었다. 도서관도 있었는데 마쓰시타가 도서관을 돌아보니 도쿄나 오사카 도서관의 장서에 버금가는 수준이었다. 오후 늦게 일행은 덴리교에서 진행할 건축공사를 원활히 지원할 목적으로 운영하는 제재소를 방문했다. 하루 종일 덴리 시를 돌아본 마쓰시타는 여러 건물이며 그 규모와 건축 수준, 깨끗하고 정갈한 분위기에 감탄이 절로 나왔다.[5]

그로부터 많은 시간이 흐른 지금도 이곳을 방문하는 사람이라면 마쓰시타가 이곳을 방문했을 당시와 거의 변함없는 모습을 구경할 수 있다. 그동안 파괴되거나 무너진 곳이 없기 때문이다.[6] 덴리교 시설은 무척 인상적이다. 사원 규모가 대단히 커서 동양의 사찰이라기보다는 오히려 서양의 성처럼 느껴진다. 덴리교 사원과 학교, 도서관, 사무실, 기숙사가 차지한 총 면적은 교토 근교에 자리했던 일왕의 처소와 맞먹는 수준이다.

건물도 인상적이지만 무엇보다 마쓰시타의 관심을 사로잡은 것은 사람들이었다. 차분하고 공손한 신도들, 줄을 잇는 방문객들, 열심히 공부하는 학생들, 사원을 짓는 인부들의 열의가 눈에 띄었다. 인부들은 모두 자기 시간을 쪼개 봉사를 하고 있었다. 돈 한 푼

받지 않고 하는 일이지만 열심을 다하는 모습이었다.[7]

마쓰시타는 이날 밤 혼자 오사카로 돌아왔다. 기쁨에 넘치던 신도들의 모습, 금전적 보상이 없음에도 땀 흘리며 일하던 사람들의 모습이 뇌리에서 떠나질 않았다. 덴리교에 입문하라는 요청을 받아들일 생각은 없었다. 하지만 이후 사건들을 살펴보면 이날의 체험은 실용주의적 사업가였던 마쓰시타를 완전히 사로잡았고 평생 지워지지 않을 교훈으로 남았음이 틀림없다. 이날의 광경은 그의 마음에 큰 울림을 주었다.[8]

이날 본 사람들의 열의가 돈 때문이었다면 이해하고 말 것도 없었을 것이다. 하지만 마쓰시타가 이날 본 조직은 규모가 만만치 않은데도 그 열정이나 헌신적 태도가 마치 소규모 사업장에서나 가능한 수준이었다. 그는 이렇게 회상한다.

"그곳을 둘러보면서 느끼는 점이 많았다. 전국에서 몰려드는 신도들의 모습, 신도들이 기부한 목재들이 산더미처럼 쌓여 있는 모습, 자기 시간을 들여 사원을 건축하는 봉사자들의 열정적이고 헌신적인 태도, 신도들의 경건한 자세, 장차 이곳 종파의 교리를 다른 사람들에게 안내하고자 열심히 공부하는 학생들의 모습, 또 시계바늘이 착착 움직이듯이 모든 일이 순조롭게 진행되는 방식을 보면서 감탄했다."[9]

여기서 마쓰시타가 말하고자 하는 바는 분명하다. 만일 기업 경영도 이런 종교 활동처럼 의미 있게 만들 수 있다면 사람들은 더 행복하게 살고 더욱 생산적으로 일할 수 있다는 것이었다.

이는 노동자뿐 아니라 고용주에게도 해당되는 이야기다. 1932년 초 마쓰시타전기는 극심한 경기침체에도 불구하고 보기 드물게 승승장구하고 있었다. 그런 기업의 창업주이니 당연히 행복이 넘칠 것이라고 누구나 상상하겠지만 마쓰시타는 행복하지 않았다. 서른일곱 살이던 그는 잠 못 이루는 날이 많았고 때로는 기분이 울적했다. 그리고 원인을 정확히 알 수 없는 질병에 시달려 일을 놓고 요양하는 날도 많았다. 친구와 동료들의 증언에 따르면 마쓰시타는 돈으로는 참 만족을 얻을 수 없다고 느꼈으며[10] 성공할수록 오히려 죄책감을 느꼈다고 한다.[11] 친구들은 또 그가 보다 큰 삶의 의미를 찾아다녔다고 말했다.[12]

덴리 시 방문을 계기로 마쓰시타가 긴 성찰의 시간을 가진 것은 분명하다.[13] 그가 이날 체험한 내용을 두고 다른 사람들과 얼마나 심도 깊게 이야기를 나눴는지, 혹은 누군가에게 또 다른 조언을 받았는지는 알려져 있지 않다. 다만 두 달 뒤 그는 자사 직원들을 모아놓고 자신이 새롭게 깨달은 바를 함께 나누는 자리를 가졌다. 일반 기업에서는 보기 드물게 감수성에 호소하는 이례적인 자리였다.

1932년 5월 5일 오사카 중앙전기 클럽 강당에 168명의 마쓰시타전기 임직원이 모였다. 오전 10시가 되자 마쓰시타는 자리에

서 일어나 단상에 올랐다.[14]

그는 먼저 마쓰시타전기 임직원들이 힘을 합쳐 이룩한 업적들을 하나하나 상기시켰다.[15] 창업한 지 15년 만에 직원이 1100명으로 늘어나고, 연간 300만 엔 매출 달성, 280개 특허권 보유, 10개 지역에 새로 공장을 증축한 사실을 나열했다. 그리고 마쓰시타는 최근 덴리교를 방문한 경험을 이야기하며 이를 계기로 어떻게 마쓰시타전기의 사명을 재검토하게 되었는지를 밝혔다. 그가 세운 담대한 포부를 들어보자.

"제조회사의 사명은 가난을 극복하고, 빈곤으로 고통받는 사회 전체를 구제하여 번영케 하는 것입니다."[16]

마쓰시타는 이를 수돗물에 비유했다. 누구에게나 수돗물이 싼 값에 공급되는 것처럼 사람들에게 꼭 필요한 제품을 아주 저렴하게 생산하고 공급해 누구나 편하게 구입할 수 있어야 한다는 요지였다. 그는 이렇게 말했다.

"모든 제품을 수돗물처럼 싼 값에 풍족하게 공급하는 것, 이것이 기업가나 제조회사가 추구해야 할 목표입니다. 이것이 실현될 때 가난은 비로소 지구상에서 사라질 것입니다."[17]

이 사명을 완수하려면 참 오랜 시간, 어쩌면 몇백 년이 걸릴지도 모르지만 그렇다고 해서 이런 사명을 단념할 수는 없는 일이라고 마쓰시타는 말했다. 모든 고귀한 이상은 성취하기 어려운 법이다. 하지만 이렇게 앞을 내다볼 줄 아는 이들이 기꺼이 원대한 계획에 뛰어들 때 비로소 우리의 삶은 한 단계 더 발전한다. 마쓰시타는 직원들에게 또 이렇게 말했다.

"오늘부로 우리는 이 원대한 꿈, 이 숭고한 소명을 우리 기업의 이상과 사명으로 삼을 것입니다. 이것을 성취할 책임은 우리 모두에게 있습니다. 운명의 손길은 여러분을 마쓰시타전기로 이끌었습니다. 따라서 여러분도 우리 앞에 놓인 이 사명을 지킬 책임과 기쁨을 함께 나누리라 믿습니다. 저는 여러분이 늘 새롭게 열정을 가지고 이 사명을 수행할 수 있도록 앞에서 여러분을 인도하고 이끌어갈 것입니다. 우리 스스로 인생의 행복을 맘껏 느끼는 것이 가장 중요합니다. 하지만 동시에 우리 후손들에게 더 나은 세상을 물려주기 위해 노력해야 합니다."[18]

마쓰시타의 언변이나 연설이 특별히 뛰어나서 직원들이 감동받은 것은 아니었다. 하지만 그날 그의 연설을 지켜봤던 사람들은, 열정과 진심이 담겨 있었고 꿈같은 이야기이지만 호소력이 있었다고 평했다.[19] 연설을 마친 마쓰시타는 직원 가운데 자기 소감을 말하고 싶은 사람이 있는지 물었다. 이에 수십여 명이 단상에 올라왔고 몇몇 직원은 감격에 찬 목소리로 자기 소감을 말했다.[20]

지난 15년간 마쓰시타가 타인을 전혀 배려하지 않고 돈벌이에만 급급했다면 그의 연설에 전혀 힘이 실리지 않았을 것이다. 하지만 그의 메시지는 여태껏 회사를 운영하던 방식과 그대로 일치했다. 마쓰시타는 기업의 사명을 더 높은 차원에서 조명했다. 이익 추구라는 기업의 목표를 인간 본연의 가치와 연결시킨 것이다.

마쓰시타의 연설을 들으면서 잔뜩 의심을 품는 이들도 있었다. 가난 구제는 나라님도 못한다지 않았는가. 하물며 몇백 년 후를 내다본다니 터무니없게 들렸을 만도 하다. 마쓰시타가 돈벌이를 무시하고 사회공헌에 힘쓰는 사회주의 기업을 지향하는 것은 아니라고 강조하자 이들의 의문은 더욱 커졌다. 그가 말한 기업 사명은 인류에 꼭 필요한 제품을 대량으로 생산해 더욱 싼 값에 제공함으로써 인류에 이바지하자는 것이었다. 그러려면 신기술을 개발하고 공장을 증축해야 하므로 이에 필요한 재정을 확보하려면 당연히 기업은 이익을 내야 한다.

마쓰시타의 철학에서는 기업이 경쟁시장에서 돈을 버는 한 사회공헌과 돈벌이가 서로 척을 질 일은 없다. 이치는 단순하다. 자본주의 시장에서 고객은 '가격, 품질, 서비스'가 좋다면 기꺼이 지갑을 열 것이고, 이로써 기업은 수익을 창출한다. 가치가 클수록 고객은 더 많이 가격을 지불할 것이고 기업 입장에서 수익은 더욱 커진다. 따라서 한 제품의 수익성은 그것을 만든 기업이 사회에 얼마나 기여하는지를 알려주는 척도가 될 수 있다.[21] 경쟁이 치열한 시장에서는 착한 기업이 되는 것과 돈을 잘 버는 기업이 되는 것 사이에서 소모적인 논쟁을 할 필요가 없다는 것이다.

세월이 흐르면서 마쓰시타의 사고는 더욱 광범위해지고 분명해졌다. 그가 밝힌 기업의 목적은 주주들의 재산이나 단기 이익을 극대화하는 것이 아니었다. 시장점유율을 높이고, 특허권을 획득하고, 자기자본수익률을 두둑하게 챙기는 데 있지 않았다. 고임금의 안정된 자리를 창출하고 고용안정을 창출하는 것도 그가 말한 기업 사명은 아니었다. 수출 증대나 일본의 국력을 강화하는 것도 그가 말한 핵심은 아니었다. 수익은 창출하지 못하면서 '사회적 책임'을 다하고 자선단체에 모든 수익을 기부하는 기업이 되자는 것도 아니었다.

마쓰시타의 생각은 서구 사회에서라면 떠들썩한 논란거리가 되었을 테지만 일본에서는 표면적으로 봤을 때 여느 기업들이 주창하는 바와 크게 다르지 않았던 듯싶다.[22] 당시 일본은 '국가의 이익을 위해'라든가 '사회의 이익을 위해'라는 구호가 자연스러운 시절이었다.

그러나 세부적으로 살펴보면 그들의 주장과 마쓰시타 입장은 크게 세 가지가 다르다. 먼저 마쓰시타는 사람들 누구나 구입할 수 있는 제품을 공급함으로써 사회에 기여하는 방안을 이야기한 것이지, 기술을 개발하고 경제를 부흥시켜 서구 열강으로부터 일본을 보호하자는 뜻은 아니었다.[23] 또한 그는 기업 입장에서 수익창출이 중요하다는 사실을 명명백백하게 밝혔다. 이윤의 중요성을 대놓고 강조하는 것은 당시 일본 정서에서는 대단히 이례적이었다.[24] 그리고 마쓰시타가 명시한 기업 사명은 여느 기업들이 행사 때나 이따금 써먹는 고상한 구호와는 차원이 달랐다. 그는 자신이 정한 기업 사명을 구호로 만들어 직원들이 날마다 근무를 시작하기에 앞서 큰 소리로 복창하도록 했다.

1980년대에 전 세계 수많은 기업들은 가치 선언문이나 기업 신조를 채택해 직원들의 행동지침으로 삼았다.[25] 물론 그중에는 너도나도 가치 선언을 하니까 그저 따라 했던 기업도 적지 않을 것이다. 하지만 대개는 기업 규정과 절차와 방침 등을 지루하게 잔뜩 열거한 규정집보다는 소수의 합리적 원칙들을 상기시키는 편이 빠르게 변화하는 세상에서 더 유익하다고 판단했기 때문에 실행했던 것이다.

기업 가치 선언문의 시조를 찾아보면 미국에서는 1940년대에 활동했던 로버트 존슨Robert Johnson이 있다.[26] 존슨이 작성한 '기업 신조'는 내용이 살짝 수정되긴 했어도 오늘날 여전히 존슨앤드존슨 임원들의 사무실을 지키고 있다. 처음 읽으면 잰 체하는 느낌도 들지만, 존슨앤드존슨 경영진은 이 신조가 경영인으로서의 행동지침을 안내하는 데 도움이 된다고 거듭 강조한다.

마쓰시타 고노스케는 로버트 존슨보다 10년 앞서 자신만의 경영 원칙을 구체적으로 밝힌 기업 정신을 천명했다. 참고로 일본에서는 미쓰이 등의 몇몇 기업에서 1700년 초에 이미 기업 지침이나 원칙을 담은 선언문을 작성한 바 있다. 물론 마쓰시타도 잘 알고 있는 내용이다. 하지만 일본은 물론 세계적으로 오늘날과 같은 형태의 현대적 기업 가치 선언문을 최초로 작성한 대기업을 꼽자면 이는 마쓰시타전기가 아닐까 싶다.

마쓰시타는 1933년 7월 27일 사장의 훈시 형식으로 이를 직원들에게 알리고, 전 직원들에게 다음과 같은 기업 사명에 헌신하기를 촉구했다.[27]

산업보국産業保國**의 정신** 고품질의 제품과 서비스를 합리적인 가격으로 제공함으로써 세계 모든 사람들의 복지와 행복에 기여한다.

공명정대公明正大**의 정신** 모든 상거래와 개인행동에 있어 공정하고 정직하게 행동하고, 언제나 선입견 없이 치우치지 않게 판단한다.

화친일치和親一致**의 정신** 상호 신뢰하고 개인의 자율성을 충분히 인정하는 가운데 공동의 목표를 달성하기 위해 힘을 모으고 결의를 다진다.

역투향상力鬪向上**의 정신** 최악의 상황에서도 기업과 개인의 향상을 위해 꾸준히 노력하고, 지속적으로 평화와 번영을 이루고자 하는 기업의 사명을 성취하도록 한다.

예절겸양禮節謙讓**의 정신** 항상 성심을 다하고 겸손하게 행동하며, 타인의 권리와 욕구를 존중함으로써 주위를 풍요롭게 하고 사회질서를 유지하는 데 이바지한다.

1937년에 두 가지 항목이 추가되었다.

순응동화順應同化**의 정신** 자연의 순리를 따르되 변화하는 상황에 맞춰 생각과 행동을 순응시킨다. 이로써 매사에 점진적이고 지속적으로 발전하고 뜻을 이룬다.

감사보은感謝報恩**의 정신** 받은 은혜와 친절에 항상 감사한다. 이로써 기쁘고 힘차게 생활할 것이며 어떠한 난관도 극복하며 진정한 행복을 추구한다.

이런 종류의 신조를 접하는 사람들의 시선은 삐딱할 때가 많다. 특히 서구 사회에서는 더욱 그렇다. 도덕 교과서처럼 빤한 말만 늘어놓는 쓸데없는 선언문이라고 무시하거나 노동자들을 세뇌하려는 불순한 의도가 있지 않은지 의심을 사는 경우가 많다. 유교 전통이 있는 일본에서는 이런 식의 이상적 표현을 비교적 편하게 수용하는 편이지만, 일본이라고 이런 말에 냉소적으로 반응하는 이들이 없겠는가. 마쓰시타전기 직원들 중에도 물론 그런 이들이 있었다.

마쓰시타가 자신의 경영 원칙을 조회 때마다 전 직원이 매일 큰 소리로 복창할 것을 요구했을 때 모두가 이를 반기지는 않았다. 의식 자체에 난색을 표하거나 가식적인 의식이라고 못마땅해한 이들도 꽤 있었다. 그럼에도 그는 뜻을 굽히지 않고 직원들을 이렇게 설득했다.

"인간은 추하고 약한 본성에 때로 쉽사리 굴복합니다. 하지만 고귀한 목표를 세우고 그것에 따라 매일을 반성한다면 차츰 스스로 집중력을 키우면서 더 나은 인간, 보다 행복한 사람이 될 수 있습니다."[28]

매일 조회 시간에 기업 사명을 복창하는 의식에 대한 불만은 날이 갈수록 사그라졌다. 야마시타 도시히코의 말을 들어보자.

"저는 1937년에 마쓰시타에 입사했는데 매일 조회시간에 회사 신조를 암송하고 사가를 합창하는 게 끔찍하게 싫었습니다."

하지만 그는 시간이 지나면서 매일 신조를 암송하는 방침과 내용에 대해 생각이 바뀌었다고 이야기했다.

"고귀한 서비스 정신과 정직성, 협동에 대한 생각들을 날마다 반복하다 보니 그것이 마음에 깊이 새겨졌습니다."[29]

고귀한 이상을 추구하는 기업에서 일해본 적이 없는 이들에게는 야마시타의 이야기가 곧이들리지 않을 것이다. 그렇지만 마쓰시타전기의 경우 명백한 증거가 있다. 수많은 마쓰시타전기 직원들에게 위의 일곱 가지 원칙은 뻔한 도덕이념을 일본식으로 나열한 데 그치지 않고 결국 신성한 힘을 발휘하는 주문이 되었다. 얼핏 보면 진부하고 가식적으로 보이는 감상적 기업 사명이 그들이 살아가는 데 영감을 주는 지침이 된 것이다. 마쓰시타전기 초기에 형성된 기업 관행과 기업 사명, 가전산업에 끝까지 충실했던 마쓰시타의 고집[30]과 이 새로운 기업 신조는 모두 마쓰시타전기만의 기업행동 틀을 만들고 근로의욕을 고취하는 토대가 되었다.

마쓰시타가 기업 사명과 기업 신조를 발표한 것은 각각 1932년과 1933년이고 이후로 직원들은 보다 새롭게 각오를 다지게 된다. 하지만 마쓰시타전기 직원들은 그 이전부터도 사실 여타의 일본 기업에 비해 헌신적이고 열정적으로 일하는 편이었다. 거기에는 여러 원인이 있지만 몇 가지만 살펴보자.

첫째, 1920년부터 종업원 친목단체를 만들어 수많은 문화행사와 여가활동, 스포츠행사를 지원하는 등[31] 인사 관리에 있어 온정주의가 돋보였다. 둘째, 1927년에 사보를 창간하는 등[32] 노사 간에 활발하게 소통을 전개했다. 그리고 마쓰시타 개인의 신의와 솔선수범하는 자세 또한 무시할 수 없는 힘을 발휘했다. 기업 조직은 몸집이 크게 불어나면 시간이 흐를수록 직원들의 충성심이 떨어지기 마련이지만, 이런 연유 때문인지 마쓰시타전기는 1933년 이후 더욱 단결된 모습으로 헌신적으로 업무에 임했다. 마쓰시타전기 직원들의 이런 열정은 시장에서 경쟁우위를 얻는 데 크나큰 역할을 담당했다.

사키야 데츠오는 그의 책 『혼다 모터: 사람들, 경영, 자동차』에서 충성심에 대해 이런 분석을 한 적이 있다.

"제2차 세계대전이 끝나기 전 일본의 굵직한 기업들은 거의 모두 이른바 '재벌'기업의 지배 아래 놓여 있었다. 재벌기업에 속한 회사의 엘리트들은 강한 충성심을 보인다. 그에 반해 일반 노동자들은 임금 수준도 낮았고 기업에 대한 결속력도 아주 약했다."[33]

마쓰시타전기는 당시 재벌기업 계열사도 아니고 특별히 임금이 높은 것도 아니었지만 이곳에서 일하는 직원 대부분은 고귀하고 올바른 대의를 위해 자신들이 땀 흘리고 있다는 믿음을 가졌다. 덴리 시의 신도들과 마찬가지로 자기 일에 열과 성을 다했다. 따라서 기술자원이나 재정에 있어 경쟁사들보다 지원이 열악할 때도 늘 경쟁에서 그들을 앞질러나갔다.

기업 사명과 신조를 천명했다는 사실도 중요하지만 그보다는 거기에 담긴 내용이 더 중요하다. 마쓰시타전기 직원들은 그 내용에 깊이 공감했다. 만약 인간의 가치를 담은 진심어린 문구가 아닌 연간 15퍼센트 성장이라는 구호를 매일 아침 복창하도록 요구받았다면 그들의 반응은 전혀 딴판이었을 것이다. 숫자로 표시되는 성과목표를 복창하도록 요구하는 기업의 경영자는 아랫사람 눈에 독재적 인물로 비치거나 나쁘게 보면 돈에 걸근거리는 인물로 보일 수도 있다.

1980년대 이후 미국에서 벌어진 상황들을 보면 기업 신조가 호소력이 아주 없는 것은 아니지만 그것만으로 노동자들의 회의적 반응을 깨끗이 잠재우기는 어려웠음을 알 수 있다. 실제로 다수의 미국 기업들은 마쓰시타전기와 유사한 기업 가치 선언문을 채택했지만 직원들을 결속시키고 힘을 불어넣는 데는 실패했다. 그런 식의 기업 사명이 촌스럽고 가식적이거나 기업에 별로 어울리지 않는다고 거부하는 노동자들이 많았다.

마쓰시타가 말한 기업 신조가 도덕적 수사에 머물지 않고 진정성을 얻게 된 것은 기본적으로 그의 언변과는 상관이 없다. 모든 자료를 살펴봐도 마쓰시타가 뛰어난 웅변가였다고 이야기하는 사람은 아무도 없었다. 핵심은 그가 솔선수범하는 리더였다는 데 있다. 마쓰시타는 그 사명과 원칙들을 진심으로 믿고 있는 사람으로 보였다. 마쓰시타가 하는 행동 하나하나는 그가 세운 목표나 가치와 어긋남이 없었으며, 기업 조직과 제도 또한 기업 신조와 조화를 이루었다. 그 효과는 강력했다. 마쓰시타의 리더십과 기업 신조에 어울리는 조직과 제도는 전 직원들에게 일관된 메시지를 전달했다. 시간이 흐르면서 그의 메시지는 진정성을 얻었고 냉소적 태도로 일관하며 마음의 문을 굳게 닫은 직원들까지 감동시켰다.

물론 모든 노동자가 고귀한 이상에 공감했던 것은 아니다. 정치적으로 좌파 성향이 있는 사람들은 이를 두고 자본주의적 착취의 일환이라 여겼고, 우파 성향이 있는 사람들은 민족주의적 배려가 너무 부족하다고 우려했다. 그리고 서양인들의 눈에는 마쓰시타전기 직원들의 태도가 마치 열광적인 종교집단처럼 보여 왠지 찜찜했을 것이다. 하지만 기업 사명과 일곱 가지 신조가 마쓰시타전기가 성장하는 데 기여한 사실만은 부정할 수 없다.

미국과 유럽 대부분의 나라가 불황의 늪에 허덕일 때 마쓰시타전기는 오히려 탄력을 받아 사세를 계속 확장해나갔다. 1932년에 무역사업부가 신설되어 전기기기와 건전지를 수출하기 시작했다. 1935년에는 해외 영업소가 문을 열고 한국과 대만을 비롯해 해외로 판매망을 확장했다. 이어 1936년에는 여섯 개 국내 지부가 신설되었다.[34]

1935년 12월 마침내 마쓰시타는 회사를 주식회사로 개편한다. 주식을 발행하면서 마쓰시타는 직원들의 주인의식을 고취하고자 여러 가지 방안을 고안했다.[35] 유통망에 종사하는 사람들도 본사 직원들과 한마음을 가질 수 있도록 전국에 있는 마쓰시타전기 대리점에도 기업 사명과 신조를 기술한 팸플릿을 배포했다.[36] 늘어나는 대리점들이 시장에서 경쟁력을 확보하는 중요한 원천이라고 판단한 마쓰시타는 그들과 긴밀한 관계를 유지했다.[37] 팸플릿에 있는 내용을 조금 살펴보자.

"여러분이 마쓰시타전기를 자기 공장이라 여기고, 대리점이 곧 각각의 지부가 된다고 생각한다면 양자가 최선을 다해 서로를 도와야 하는 이유는 명백합니다. 마쓰시타전기는 우리가 지닌 모든 지식을 동원해서 대리점 경영에 필요한 조언을 해드리고자 합니다. 우리는 여러분과 긴밀한 관계를 형성하길 원합니다. 그래서 서로의 정신을 고양시키고 또한 시대에 맞는 진실한 경영의 정도를 함께 밝히고 함께 건설하고자 합니다. 우리가 번영하고 삶을 풍요롭게 만들기 위해서는 반드시 서로 협력해야 한다고 저는 믿습니다. 시간이 흐를수록 이 믿음은 더욱 커지고 있습니다. 하지만 사업의 규모를 키우다 보면 경영은 태만해지고 우리 속에는 오만한 마음이 싹트기 십상입니다. 우리는 이런 일이 발생하지 않도록 최대한 주의해야 할 것입니다."[38]

1930년대 초반 그는 성공한 기업에게 가장 독이 되는 요소로 오만함을 꼽았다. 여기서 기억할 것은 마쓰시타가 그 문제에 대해 나름의 해법을 발견했다는 사실이다. 그것은 바로 도달하기 어려운 인도주의적 목표를 세워 자신을 채찍질하는 것이었다. 이 지구상에서 가난을 추방하는 것을 목표로 삼는다면 어지간해서는 그것을 실현하고 오만방자해질 일은 없지 않겠는가.

마쓰시타의 원대한 사명은 여러 긍정적 효과를 낳았다. 첫째, 직원들의 근로의욕을 고취시켜 열성적으로 일하는 환경을 조성했다. 둘째, 성과에 도취되지 않고 차분하게 앞으로 나아갈 수 있는 분위기를 창출했다. 하지만 무엇보다 중요한 것은 그가 오래 전부터 고민했던 자기 운명에 대한 해답을 발견했다는 데 있다.

자신이 어려서 겪었던 것과 같은 가난을 세상에서 없애는 데 기여하는 기업을 세우겠다는 사명은 평생을 노력하며 좇아야 할 과제였다. 새로운 기업 사명에 눈을 뜨고 보니 과거의 고통도 현재의 삶도 마쓰시타에게 새로운 의미로 다가왔다. 그에게는 자기만이 누리는 성공에 대한 죄책감이 남아 있었다. 어쩌면 이 사명에 매진함으로써 그것에서 해방되는 것이 그의 운명이 아니었을까. 자기 사명을 깨달은 마쓰시타는 이제 긍정적으로 사고할 수 있었다.[39] 그가 발견한 기업 사명은 한 개인이자 경영자이자 리더인 자신을 일깨우는 소명이었다.

1932년 기업 사명을 선언한 이후 10년 동안 회사는 소기업에서 대기업으로 거듭났고, 그는 일개 공장장에서 기업가로 탈바꿈했다. 그 과정에서 마쓰시타는 일반적인 일본의 기업가들과는 전혀 다른 면모를 보여주었다. '집단'을 중시하는 일본 사회에서는 개인이 튀는 것을 용납하지 않는다. 임원들은 물론 한 기업의 사장이라 해도 한 개인보다는 전체의 일부로서 존재해야 한다. 마쓰시타와 여러 차례 면담을 가졌던 나와 다로는 이렇게 지적했다.

"예부터 일본에는 '모난 돌이 정에 맞는다'는 속담이 있다. 회사 사장이라도 자신의 성격이나 능력을 너무 드러내는 것은 정상으로 보지 않는다. 일본 문화에 반하는 행동이기 때문이다."[40]

그러나 마쓰시타 고노스케는 자신의 성격과 신념을 주저 없이 드러내는 인물이었다. 마쓰시타전기 내에서 가장 눈에 띄는 인물도 마쓰시타 자신이었다. 직원들 중에는 그가 성격이 이상하고 종잡을 수 없는 사람이라고 말하는 이도 있었다. 하지만 대개의 직원들은 그가 걸어온 이력과 근면함, 그의 고귀한 이상에 깊은 감명을 받아 남다른 열정과 헌신으로 그를 따랐다.

8장

롤러코스터의 꼭대기

마쓰시타전기를 설립한 초창기에는 이렇다 할 조직이랄 게 없었다. 마쓰시타와 아내 무메노를 비롯해 일하는 사람 모두가 필요한 일이면 다함께 했다. 서로의 역할이 나뉘고 전문화된 것은 나중 일이었다. 1920년대 초가 되어서야 전형적인 회사의 틀이 잡히면서 제조, 회계, 판매, 엔지니어링 등의 각 부서에 직원들이 배치되었다.¹

　1933년 5월 마쓰시타는 제품군에 따라 조직을 새롭게 개편했다. 라디오 부문을 맡은 제1사업부, 전구와 건전지 생산을 담당하는 제2사업부, 배선기기와 합성수지를 담당하는 제3사업부, 1934년에 발족한 제4사업부는 다리미와 발을 따뜻하게 해주는 족온기足溫

등의 전열기기를 담당했다. 이렇게 네 개의 사업부로 크게 나뉘어 각 사업부가 여러 공장과 판매 대리점들을 맡는 시스템이었다. 마쓰시타가 고안한 사업부제는 독립채산제로서 제품 개발부터 생산, 판매에 이르는 전 과정을 자율적으로 관리했다.[2]

사업부제로 바뀌면서 각 책임자들이 신경 써야 하는 제품군은 전보다 줄어들었지만 사업부가 수행하는 기능이나 성과 면에서는 오히려 그 범위가 확대되었다. 제1사업부 경영자는 더 이상 전구, 건전지, 유선기기, 전열기, 합성수지에 관여할 필요가 없었다. 대신 이제 그에게 라디오는 제조하고 판매하면 끝나는 단순한 상품이 아니라 하나의 사업이었다.

사업부 체제는 당시로서는 매우 이례적인 경영방식이었다. 19세기 말 현대적 기업이 태동한 후로 1920년대까지 기업체들은 대부분 마쓰시타전기가 초기에 걸었던 길과 비슷한 과정을 거쳤다. 즉 처음에는 분업이 되지 않은 상태에서 마구잡이로 일을 하다가 나중에 비슷한 기능을 수행하는 직원들을 하나로 묶어 한 부서에 배치했다. 기능별 조직 시스템을 벗어난 최초의 기업은 제너럴모터스였다. 1921년, 앨프리드 슬론Alfred Sloan Jr.은 '차종별 사업부'를 만들어 각 사업부가 자체적으로 제조, 판매, 회계, 인사 부서를 갖추도록 만들었다. 뷰익Buicks, 쉐보레Chevrolets, 올즈모빌Oldsmobiles, 캐딜락Cadillacs 등의 사업부는 생산하는 자동차도 다르고, 제품 고객군도 달랐기 때문에 저만의 고유한 특성을 드러냈다.[3]

사업부제라는 새로운 형태의 조직이 유행하게 된 것은 제2차 세계대전 이후부터였다. 일찌감치 사업부제를 채택한 것으로 알려진 제너럴일렉트릭만 해도 1952년에 사업부제로 전환했다.[4] 제너럴일렉트릭의 뒤를 이어 1960년대에 수백여 개의 주요 기업들이 비슷한 경영방식을 채택했다. 그중에는 컨설팅기업인 맥킨지의 자문을 받은 곳도 많았다. 하지만 이 시기에도 1930년대에 마쓰시타가 한 것처럼 거대한 조직을 쪼개 자율경영권을 주고 독립채산제 방식으로 사업부제를 실행한 기업은 거의 없었다.

역사 기록이라는 것이 완전치 않기 때문에 장담하지는 못하겠지만 본격적인 사업부제를 최초로 채택한 기업은 마쓰시타전기가 아닌가 싶다.[5] 사업부제에 있어서만큼은 마쓰시타의 리더십이 가장 돋보인다. 왜냐하면 제너럴모터스라든가 여타 주요 기업을 따라 한 것이 아니기 때문이다. 마쓰시타는 그저 당시 자신이 세운 기업 사명과 경영 원칙을 실행하기에 합리적으로 보이는 방식을 스스로 고안했고, 그것이 바로 사업부제였다.[6]

사업부제라는 아이디어가 처음 싹튼 것은 전열기를 제조하기 시작한 1927년의 일이었다. 마쓰시타는 이때 처음 전열기 사업을 시작하면서 총책임을 전문가 한 사람에게 위임하기로 한다. 그렇게 함으로써 본사는 규모의 경제면에서 손실을 입는 등 몇몇 단점도 있었지만 그에 따른 장점이 더 많았다. 예컨대 사업부 책임자는 자율적으로 사업을 관리하면서 일개 직원이 아니라 한몫을 단단히 하는 사실상의 경영자로 성장해갔다. 자율적으로 사업부를 운영한다는 사실은 책임자의 창의력을 진작시켰으며 팀원들과도 보다 열정적으로 관계를 맺게 했다. 전열기 사업부는 독립된 조직으로서 몸집은 작고 목표는 명확했다. 그래서인지 전열기 사업부 직원들은 하나같이 자기 일을 단순한 직무로 여기지 않고 경영자 마인드로 대했다.[7]

    1927년에 전열기 사업부가 생기긴 했지만 나머지 조직은 계속 부서별로 운영되고 있었다. 각 부서는 회사가 성장하면서 점점 몸집이 불어났고 그에 따라 직원들의 업무는 더욱 세분화되었다. 1930년대 초반쯤 마쓰시타의 눈에 문제점이 들어오기 시작했다. 직원들이 눈앞에 닥친 자기 업무에만 열중하고 고객만족이나 수익 창출이라는 관점에서 업무를 파악하지 못하고 있었다. 당장의 것만 바라보고 멀리 있는 큰 그림을 보지 못했던 것이다. 예컨대 제품에 절연체를 삽입하는 사람은 하루 종일 그것만 하게 되고, 현금을 관리하는 사람은 회계장부만 들여다보고, 입사지원자를 심사하는 사람은 그것만 신경 썼다. 기업 경영 전반에 걸쳐 활동을 살피고 건전성을 염려하고 책임감을 느끼는 이들은 마쓰시타와 도시오를 비롯한 몇몇 사람뿐이었다. 마쓰시타는 이런 분위기를 뒤집고 싶었다. 소수가 이끌어가는 회사가 아니라 직원들 모두가 영업이익과 시장점유율을 따져보면서 일을 하고, 말단직원들까지 제품에 대한 책임감을 느끼는 회사로 만들고 싶었다.

회사가 비대해지면서 마쓰시타와 임원들은 시장 상황보다는 오히려 경영관리 능력을 키우지 못해 미래 수익이 한계에 부딪힐 수 있다는 점을 우려했다. 그들은 조직을 사업부제로 개편해 직원들에게 더 많은 권한을 위임하고, 경영자로 성장할 수 있는 기회를 제공함으로써 '관리능력을 키울 수 있으리라' 내다봤다.[8]

1933년 마쓰시타는 사업부제를 선언하면서 두 가지 목표를 강조했다. 첫째, 사업성과에 책임지는 인력을 늘린다. 둘째, 관리자를 양성한다.[9] 이는 대기업보다는 중소기업으로서 발휘할 수 있는 여러 장점을 계속 유지하려는 데 그 목적이 있었다. 다수의 소규모 기업으로 구성된 대기업을 만드는 것이 마쓰시타의 비전이었다.

마쓰시타는 이렇게 강조했다.

"사업부제에서는 생산 제품의 범주가 줄고 생산에서 판매까지 직접 처리하기 때문에 세심한 관리를 통해 시장 트렌드에 즉각 대처할 수 있는 유연한 생산 활동이 가능하다. 이는 소규모 조직의 최대 장점이다."[10]

사업부제를 채택함으로써 마쓰시타전기는 직원 수 1400명의 거대 기업 하나가 아니라 직원 수 400명 이하의 소규모 회사 네 개를 거느리게 되었다.

1934년 초에 마쓰시타가 직원들에게 사업부제를 설명한 대목이 있으니 한번 살펴보자.

"성실하게 일하는 것만으로는 부족합니다. 무슨 일을 하든지 자신이 회사 사장이라는 마음가짐으로 자기 업무를 전적으로 책임져야 합니다. 그런 자세로 업무에 임한다면 위기에 닥쳤을 때 적절한 방책을 마련할 수 있고, 새로운 아이디어를 생산할 수 있습니다. 또한 자기 자신을 계발하는 데도 크게 도움이 될 것입니다."[11]

마쓰시타는 각 사업부를 독립된 회사처럼 운영하기 위해 처음부터 서로 간에 자금을 융통할 수 없도록 만들었다. 각 사업부는 본사로부터 어떤 지원도 받지 않고 자체적으로 자금 문제를 해결해야 했다.[12] 이런 조치를 취해놓으니 사업부 간에 경쟁심이 발동했다. 이전에는 없던 일이라 직원들 사이에 논란도 있었지만 그 효과는 매우 강력했다.

초반에 마쓰시타가 사업부를 어떻게 운영했는지 자세히 기록해놓은 자료는 없다. 대신 1970년대의 자료 중에 다른 사업부에 비해 운영 기간이 길고 소규모로 운영되었던 두 사업부에 대한 기록이 남아 있다. 내용을 살펴보면 1930년대 중반에 마쓰시타가 염두에 둔 내용들을 어느 정도 짐작할 수 있다.

먼저 전기다리미 사업부를 살펴보면, 생산직 노동자들을 12개 팀으로 나눠 각 제조 공정 단계를 맡겼다. 한 팀의 규모는 5명에서 15명 정도였다. 각 팀은 다른 팀이 생산한 결과물을 넘겨받아 거기에 부가가치를 더한 후 다음 공정으로 넘겼다. 각 팀에는 성과물을 책임지는 팀장을 두었고, 이들은 부품 가격과 결과물에 대한 수요, 임금률 등을 관리했다. 팀장들은 매월 자기 팀의 성과에 대한 회계 정보를 제공받았고, 업무를 조정해 사업부가 수익을 창출하고 성장할 수 있도록 도왔다.[13] 참고로 마쓰시타전기는 중견기업 이상 기업 중에서는 최초로 임원 외의 직원들에게 매달 재무정보를 제공하는 제도를 만든 것으로 보인다.

건전지 사업부는 정규 직원수가 서른 명으로 작은 공장을 두 개 운영했다. 각 공장에서는 생산 라인을 하나씩만 돌렸다. 경제 규모가 작고 고급 장비가 부족한 대신 두 공장 모두 초저비용으로 운영되었다. 규슈 공장은 40명이던 인력을 32명으로 줄였음에도 생산성은 30퍼센트가 증가했다. 나고야 공장은 조립라인을 곡선으로 만들어 노동자들이 두 작업을 동시에 수행할 수 있도록 조정함으로써 생산성을 향상시켰다. 건전지 사업부에서는 각 공장, 팀, 노동자별로 생산 목표를 설정하고 관리했다.[14]

전기다리미 사업부와 건전지 사업부에서는 사업부장이나 공장장뿐 아니라 말단 직원까지 업무에 대한 권한을 부여받았다. 모든 직원이 주도적으로 업무를 추진할 수 있는 환경을 조성했다. 사업부 말단에 있는 소그룹에게도 상당한 재량권이 주어졌다. 그들이 지닌 열정과 '집단 지성'을 활용하기 위해서였다. 자유와 권리를 대폭 제공한 만큼 그들의 책임과 의무도 막중했다. 만일 사업부 지출이 지나치게 높고 영업실적이 저조할 경우 해고는 당하지 않더라도 그에 상응하는 책임을 져야 한다는 것을 직원들은 잘 알고 있었다. 나고야 공장 임직원과 노동자들은 영업실적이 부진할 경우 공장이 폐쇄되고 그렇게 되면 수백 킬로미터 떨어진 다른 공장으로 근무처를 옮겨야 할지도 모른다는 점을 인식하고 있었다.[15]

마쓰시타는 직접 돌아다니며 모든 사업부를 점검했다. 그는 사업부장들을 만나 질문을 던지고 그들의 의견을 경청하고 또 그들에게 필요한 자문을 제공했다. 마쓰시타는 주로 그간 어떻게 지냈는지, 별 문제는 없는지, 이런 아이디어를 검토하면 어떨지 등을 물었다. 그는 사업부를 방문하면 재무자료를 세밀하게 검토하며 취약한 점을 살폈다. 모자란 점을 발견하면 임원들이 필요한 조치를 취하도록 도왔다. 만약 크게 잘못한 사항이 있거나, 관리자들이 신속하게 문제점을 처리하지 않고 뭉그적거리면 호되게 야단을 치곤했다. 만일 사업부장의 실책이 확실하게 드러나면 대개는 그 사람의 자존심을 크게 다치지 않게 하는 선에서 다른 데로 전보발령을 내렸다. 이처럼 마쓰시타의 경영 스타일은 엄격하면서도 너그러웠다.[16]

대규모 조직을 구성하지 않고 소수 인력으로 사업부를 구성했기 때문에 마쓰시타전기의 경우, 제너럴모터스라든가 이와 유사한 방식을 채택한 다른 기업들에 비해 재량권의 폭이 훨씬 컸다. 어떤 이들은 마쓰시타전기의 사업부제가 특히 '신뢰'라는 가치에서 서구의 기업들보다 훨씬 나은 수준을 보인다고 평가한다. 유이 츠네히코 교수의 분석을 살펴보자.

"마쓰시타의 사업부제는 사람들에 대한 신뢰를 전제한다. 따라서 직원들을 지속적으로 감시할 필요가 없다. 이는 전형적인 미국의 사업부제와는 사뭇 다르다."[17]

표면상으로 보면 20세기 중반의 거대 복합기업과 마쓰시타전기에서 실행한 사업부제의 자율성 정도가 비슷해 보이지만 이는 착각이다. 복합기업들은 대개 본사에서 자금을 지원하고 재무를 관리하면서 계열사에는 의사결정권을 거의 주지 않았다. 마쓰시타전기는 본사에서 기업 사명과 경영 원칙만 부여할 뿐 재무관리는 하지 않았다. 또 하나 다른 점은 모든 사업부가 전자제품 사업부로만 구성되어 있어 재무정보 외의 사업부 경영 활동에 대해서도 본사에서 충분히 파악할 수 있었다는 것이다. 따라서 시의에 맞게 의문을 제기하고 필요에 따라 관련 지식을 제공하며 개입할 능력이 있었다.

당시 일본에서 독립채산제 방식으로 기업을 분사하는 것은 매우 이례적인 일이었다. 1930년대 초 일본 기업은 기능별로 나뉘는 부서 체제를 채택하고 대규모 인력을 보유하는 경우가 많았다. 더욱이 일본에서는 집단을 중시하기 때문에 특정 개인이 책임을 도맡는 일은 없었다. 마쓰시타전기에서도 팀워크가 중요하긴 했지만 자료를 보면 전기다리미 사업부장에게는 상당한 재량권이 주어졌으며 그 결과에 책임을 지도록 했다. 건전지 사업부 제2공장의 제4생산부 팀장도 마찬가지였다. 마쓰시타전기의 사업부 내에서는

'집단'이라는 보호막 뒤에 개인이 숨는 것을 용납하지 않았다.[18]

사업부에 권한과 책임을 위임함으로써 마쓰시타전기는 몸집이 불어난 기업들이 흔히 겪는 문제를 피해갈 수 있었다. 사람들에게 영감을 주는 리더로 마쓰시타가 우뚝 서고 그가 표명한 기업 사명과 경영 원칙이 강력한 힘을 발휘하는 상황에서 자칫하면 직원들은 그 리더를 맹목적으로 추종하며 나약해질 수 있었다. 하지만 마쓰시타는 사업부제를 도입함으로써 그런 가능성을 차단해버렸다. 직원들에게 업무에 대한 권한과 책임을 나눠주고 그 또한 새로운 역할에 적응해야 할 체제로 바꾼 것이다. 마쓰시타전기 임원진 가운데 이후에 가장 훌륭한 경영자로 성장한 사람은 아마도 처남 도시오가 아닌가 싶다. 종교집단과 맞먹는 리더십을 행사하는 리더 곁에서 제2인자 역할을 하던 이들이 둥지를 박차고 나오는 경우는 좀처럼 없다. 만에 하나 그들이 독립한다 해도 자신들이 모시던 리더를 능가하는 업적을 세우는 경우도 거의 없다. 하지만 제2차 세계대전 이후 도시오는 마쓰시타전기를 떠나 산요전기를 세웠다. 다카하시 아라타로 역시 강력한 리더십을 연마해 향후 마쓰시타전기 회장으로 선임되었다.[19]

사업부제와 일곱 가지 기업 신조는 마쓰시타전기의 상징물이 되었다. 기록을 종합해볼 때 이 두 가지는 대단히 성공적인 전략이었다. 보통 직원 수가 1000명을 넘어가면 성장세가 둔화되기 마련이다. 하지만 남다른 기업 사명과 사업부 체제로 무장한 마쓰시타전기는 이후에도 비약적으로 성장했다.

1932년 2월 마쓰시타는 무역부를 설립했다. 일본 전기제품 업체로서는 최초였을 것이다. 1933년께가 되면 제조 품목이 300여 종을 넘었다. 마쓰시타전기는 1935년 12월 아홉 개 사업부와 네 개의 관계사를 지닌 마쓰시타전기 주식회사로 공식 출범했다. 1936년에는 전등, 선풍기, 축음기, 확성기, 전등 스탠드, 시계 등으로 품목을 확장했다. 이에 더해 1937년에는 축전지, 레코드플레이어, 앰프, 마이크, 스피커, 전기 헤어드라이어를 생산할 공장이 신설되었다. 이 기간에 인력 규모는 계속 증가해서 1932년에 1102명이었다가 1579명 (1933년), 2183명(1934년), 2874명(1935년), 4007명(1937년), 6672명(1939년), 9346명(1941년)으로 늘었다.[20]

제너럴모터스와 마쓰시타전기의 사업부제가 성공했음에도 1960년대 이전에는 이런 식으로 조직을 혁신하는 기업이 거의 없었다. 거기에는 여러 이유가 있다. 단일 제품 생산에 주력하기 때문에 제품별 부서제로 전환하기가 불가능한 기업들도 있었다. 하지만 부서장급 인사들이 자신들의 권한이 축소될까 염려해 변화를 거부하는 경우가 다수였다. 그밖에 중간 관리자들에 대한 신뢰 부족과 경영능력 부족 혹은 사업부제를 유지할 수 있는 여건이 불충분한 탓에 사업부제를 채택하지 않은 경우도 있었다.

마쓰시타전기의 경우는 사업부제로 전환하는 데 심각한 장애물은 별로 없었다. 제조 품목이 여러 가지라서 제품별로 분사하기 알맞은 상황이었다. 강력한 영향력을 발휘하면서 편협하게 구는 부서장급 인사들도 없었다. 더욱이 최고경영자인 마쓰시타는 아랫사람들을 신뢰할 줄 아는 사람이었다. 그리고 각 팀들이 한 곳을 목표로 단합할 수 있는 기업 문화가 비교적 강하게 뿌리내리고 있었다.

사업부제에서는 부서별 조직에 비해 당연히 더 많은 재량권을 얻는다. 장기적으로 볼 때 기업 전체가 성공을 거두려면 재량권을 지닌 사업부가 자기 사업부만 챙기기보다는 전체의 이익을 보며 조직을 운영해야 한다. 하지만 실제로 사업부 간에 끈끈한 공조를 이루기는 쉽지 않은 일이다. 마쓰시타전기는 '공동선'을 강조하는 기업 문화를 키움으로써 이 문제를 극복할 수 있었다. 만일 이런 기업 문화가 없었다면 1933년 이후 사업부 체제의 마쓰시타전기가 과연 그만한 성공을 거둘 수 있었을지는 의문이다.[21]

사업부제를 가로막는 두터운 장벽이 없었다는 것만으로는 대기업인 마쓰시타전기가 전 세계 최초로 사업부제를 채택한 기업이 될 수 있었던 이유를 쉬이 납득하기 어렵다. 마쓰시타가 다른 기업들보다 일찌감치 사업부제를 채택하게 된 이유는 무엇일까? 마쓰시타를 개인적으로 알고 지냈던 사람들은 하나같이 그가 건강이 나빴기 때문이라고 대답한다.[22]

건강상 문제는 1913년께 처음 드러나 1920년대와 1930년대 초까지 좋아지고 나빠지고를 반복했다. 그는 책을 많이 썼는데 자신의 병세를 자세하게 밝힌 적은 없다. 폐결핵이나 폐질환이라고 언급한 대목도 있지만 그저 몸이 아팠다고 이야기하는 경우가 많다. 마쓰시타는 주기적으로 요양을 떠났기 때문에 다른 사람들을 의지할 수밖에 없었다. 많은 이들은 아마 이런 형편 때문에 자연스럽게 사업부제가 도출되었을 것이라고 추측한다.

다음과 같은 배경도 무시하기 어렵다. 마쓰시타는 새로운 아이디어에 열린 사람이고 또 자립심이 강했기 때문에 다른 기업들이 죄다 시행하는 경영방식을 그대로 모방하려 하지 않았다. 소규모 기업을 20년 동안 꾸린 경력도 무시할 수 없다. 이는 그가 작은 기업이 지닌 장점들을 잘 알고 있었음을 뜻한다. 그가 헌신한 기업 사명도 한몫했을 것이다. 부서 중심의 거대한 조직에서 최고경영자로서 누리는 권한 따위는 그리 매력적으로 보이지 않았다. 마쓰시타는 그런 권한보다는 사업부 체제가 가져올 결과물에 더 관심이 쏠렸다. 사업부제로 전환한다는 것은 권한을 아래로 내려보내는 것을 의미한다. 그래서 막강한 권한을 누리던 최고경영자와 부서장들은 이런 변화에 저항해왔다. 그토록 많은 기업이 그렇게 오랜 세월 사업부제에 저항했다는 사실은 20세기 경영진들이 부끄럽게 여겨야 할 과거다.

여러 원인이 있겠지만 마쓰시타가 사업부제라는 강력한 조직을 꾸릴 수 있었던 가장 큰 원동력은 뭐니 뭐니 해도 그의 원대한 야망이 아닐까 싶다.

세계 굴지의 기업 수백여 곳이 제2차 세계대전 이후 부서 중심의 조직을 유지한 것은 특출하지 않아도 그 안에서 경영진이 만족할 만한 결과를 창출했기 때문이다. 특히 변화 속도가 느리고 독과점적인 시장 환경에서는 중앙집권적이고 관료적인 경영방식으로도 좋은 성과를 올릴 때가 많았다. 1960년대나 1970년대에 사업부제로 전환한 기업이 많지만, 그중에도 시장 경쟁이 치열하지 않고 기업목표가 낮은 경우에는 명목만 유지할 뿐 실질적으로는 과거의 중앙집권적이고 관료적 방식을 고수하는 경우도 꽤 있었다.

마쓰시타는 1917년 처음 사업을 시작하면서 성과목표를 높게 설정했다. 1933년에 이르러는 그 기준이 훨씬 더 높고 광범위해졌고 이를 달성하려는 의지도 더욱 강렬해졌다.

사업부제로 기업성장에 날개를 달면서 마쓰시타전기는 지속적으로 자원의 한계를 느꼈다. 특히 인적 자원이 부족했다. 마쓰시타는 1934년 4월 직원양성의 일환으로 판매연수원을 설립하고, 1936년 5월에는 공장노동자들을 위한 직업훈련원을 설립했다.[23]

마쓰시타가 오랫동안 염원하던 인재 프로젝트였다. 그의 이야기를 들어보자.

"나는 젊은이들을 교육하고 준비시켜 기업의 핵심 인재로 키울 수 있는 직원양성소를 오래전부터 마음에 그려왔다. 전국에서 우수한 성적으로 초등학교를 졸업한 학생들을 모집해 중고등 3년 교과과정으로, 상업학교 교과목과 전기공학 과목을 교육시키는 것이 내 바람이다. 학생들은 이론공부 4시간과 실습 4시간을 합쳐 하루 8시간씩 교육을 받게 되고 일요일 하루만 휴일로 정한다. 이렇게 하면 중고등 정규교육 5년 과정에 맞먹는 과정을 3년 만에 마칠 수 있고, 일반 중학생들보다 2년 먼저 직원 자격을 갖추게 된다."[24]

판매연수원에서는 기술뿐만 아니라 마음가짐과 몸가짐도 가르쳤다. 주요 수업 내용을 잠깐 살펴보자.

"여러분은 마쓰시타전기를 위해 일하는 것이 아니라 여러분 자신과 대중을 위해 일하고 있습니다. 여러분이 만나는 사람들은 모두 여러분의 고객임을 잊지 말아야 합니다. 영업은 중요하고 고귀한 직업입니다."

영업직을 높게 쳐주지 않는 것이 당시 기업풍토였지만 마쓰시타전기는 영업사원을 각별하게 여겼다.[25]

비즈니스와 기술 지식은 두 훈련원 교과 과정 중 일부에 지나지 않는다. 마쓰시타와 임원진은 직원들이 마쓰시타전기의 기업 사명과 기업 신조, 조직방식과 기업 문화를 이곳에서 익히기를 바랐다. 초창기 직원들은 마쓰시타 고노스케에게 매일 직접 일을 배우면서 그의 정신을 익힐 기회가 있었다. 1935년까지 임원진들은 월례 모임이라든가 연간 집회를 통해 주기적으로 그와 대면하는 시간을 가졌다. 마쓰시타전기는 이런 모임을 통해 친목을 도모했는데, 회사가 성장하면서 모임 규모도 점차 커져 1960년대 후반에는 월례 모임 참석 인원이 200명, 연례 모임의 참석 인원은 7000명에 달했다.[26] 하지만 임원진들도 창업자를 대면할 기회가 그리 많진 않았다. 하물며 신입사원들이야 오죽 하겠는가. 그런 점에서 직원양성소는 마쓰시타의 기본 사상을 전수하는 데 그 기본 목적이 있었다.[27]

1935년에 마쓰시타는 직원양성소에서 교재로 쓸 지침서를 발간했다. 그중 열다섯 번째 항목을 살펴보면 사업부제에 담긴 마쓰시타의 정신을 엿볼 수 있다. 내용은 이렇다.

"마쓰시타전기가 장차 아무리 큰 기업이 되더라도 겸손한 상인의 자세를 잊지 말아야 한다. 자신을 작은 점포에 고용된 종업원으로 여기고 단순, 절약, 겸양의 정신으로 업무에 임해야 한다."[28]

기업 사명이나 기업 신조와 마찬가지로 '단순, 절약, 겸양'의 정신이란 것도 어찌 보면 흔해 빠지고 쓸데없는 구호로 들릴 수 있다. 하지만 경쟁이 치열한 환경에서 복잡하고, 낭비가 심하고, 오만한 기업은 무너지기 십상이다.

1938년에 이르면 마쓰시타의 아내 무메노는 완전히 경영에서 손을 떼고 물러난다.[29] 그와 더불어 마쓰시타 개인의 삶에서도 그녀가 차지하는 자리가 점차 줄어든다.

두 사람은 70년이 넘도록 결혼생활을 유지했고 겉으로 보면 별 문제 없는 부부였다. 공개적으로 무메노는 성실한 아내였고 마쓰시타도 보통의 남편이었다. 함께 있어야 할 자리에는 늘 같이 모습을 드러냈다. 자서전에서도 그는 아내와 결혼생활에 대해 흐뭇한 이야기만 언급한다. 하지만 감성이 충만하고 열정적인 마쓰시타가 언제부터인가 아내에게 더 이상 애정을 쏟지 않았던 것으로 보인다. 말년에는 아내와 함께 모습을 드러내는 일도 거의 없었다.[30] 마쓰시타의 자서전에는 총 마흔네 장의 사진이 있지만 아내가 찍힌 사진은 두 장뿐이고 그나마 그녀의 독사진은 단 한 장도 없다.

말년에 그가 한 인터뷰 중에 아내에 대해 자연스럽게 나온 발언을 종합해보면 무메노의 성격이라든가 두 사람의 관계가 어떻게 변했는지 짐작할 수 있다. 마쓰시타는 아내가 정신력이 강하고 승부욕이 있어 좀처럼 포기하지 않는 성격이라고 말했다. 하지만 어떤 사정이 있어서인지 몰라도 평소와 달리 솔직하게 심정을 털어놓은 적이 있는데 이때는 이야기가 달랐다. 마쓰시타는 아내가 성마른 성격에 지나치게 말이 많고 여성스러운 데가 없고 남성적이라고 말했다. 또 역사와 문학, 연극에 도무지 관심이 없었다고도 평가했다. 또 한번은 사업 초창기, 그러니까 두 사람이 밤낮없이 함께 일하던 시절에 부부싸움을 지독하게 많이 했음을 짐작케 하는 말도 흘린 적이 있다.[31]

그가 인터뷰에서 한 말을 그대로 인용하면, 두 사람은 "중매결혼이었고, 당시에는 연애결혼이란 것이 없었다."[32] 한동안은 사이좋은 부부로 지낸 것처럼 보이기도 한다. 하지만 두 사람이 열렬하게 서로를 사랑했음을 보여주는 기록은 별로 없다. 그의 부친 마사쿠스의 영향도 없지 않을 것이다. 어찌 보면 말년에 수십 년 동안 아내와 떨어져 살았던 자신의 아버지를 그대로 닮아간 것처럼 보인다. 하지만 그보다는 메이지 시대 대다수 부유층 남자들의 방식을 그대로 따라 한 것이 아닌가 싶다. 즉 본처와 이혼하기보다는 마음에 드는 정부를 따로 두고 로맨스를 즐기는 풍토였다. 은밀하게 관계를 유지하는 한 이런 불륜은 당시 일본에서는 용납되는 분위기였다. 사실 상류층에서는 흔한 일이었다.

일본인 기업가 쓰쓰미 야스지로와 그의 자녀들에 대한 전기를 집필한 레슬리 다우너Lesley Downer는 이렇게 지적했다.

"전통적인 일본 사회에서 야스지로의 아내가 할 일은 살림을 꾸리고 아이들을 키우는 것이었다. 남편의 불륜에 대해서는 입을 열 수 없었다. 일본에서는 최근까지도 남편에게 정절을 요구하기는커녕 기대하지도 않는 아내들이 대다수였다. 결혼 생활 밖에서 남편이 끊임없이 성적으로 방종한 행위를 하는 것을 눈감아주는 대가로 아내들은 자기 둥지를 지키고 재정적으로 안락한 삶을 보장받았다."[33]

결혼하고 처음 십 년 동안은 마쓰시타의 삶에서 아내의 비중이 컸을 것으로 생각된다. 자녀를 둘이나 낳았고 그와 함께 자주 모습을 드러냈다. 그녀의 강인한 정신력과 승부욕도 마쓰시타가 사업을 하는 데 큰 자산이 되었다. 하지만 마쓰시타가 써 내려가는 드라마에서 점점 그녀의 비중은 줄어들었다.

1930년대 말까지 마쓰시타는 한 편의 드라마 같은 성장기를 쓰고 있었고 그의 회사는 어느 모로 보나 대단히 성공한 기업이었다. 채용한 직원 수만 해도 6500명이 넘었다.[34] 마쓰시타전기가 생산하는 수백 여 제품을 수백 만 소비자들이 구매했으며 이는 막대한 수익을 창출했다.

이 드라마의 중심에 있는 또 하나의 인물은 마쓰시타의 딸 사치코였다. 사치코의 약혼은 마쓰시타와 아내 무메노에게는 결혼 생활의 정점이나 다름없었다. 사위가 될 사람은 히라타 마사하루였다. 도쿄제국대학(현재 도쿄대학) 출신으로 법학과를 졸업했으며 일본 명문가의 자제였다. 마사하루의 부친은 유럽의 백작에 해당하는 귀족이었다. 두 사람은 1940년 4월에 결혼식을 치렀고 피로연은 도쿄와 오사카 두 군데서 열렸다. 신부의 아버지 마쓰시타는 이날 참으로 행복했다.[35]

미쓰이 은행에 다녔던 마사하루는 1940년 5월 다니던 은행을 그만두고 마쓰시타전기에서 일을 시작한다. 당시 일본 사회에서는 흔한 일이었다. 히데마사 모리가와가 설명한 바에 따르면, "모리무라, 오쿠라, 후지타, 야스다, 아사노, 후루가와, 미쓰비시 등의 창업주들은 대학졸업자와 딸을 결혼시키면 사위를 고위급 인사로 발령냈다."[36] 또 마사하루는 집안의 장남이 아니고 마쓰시타 고노스케

에게 아들이 없었던 연유로 일본 전통에 따라 마쓰시타로 성을 개명했다.[37]

마쓰시타는 딸을 결혼시키면서 지난 20년 동안 자신이 얼마나 먼 길을 걸어왔는지 스스로도 믿기 어려운 감회에 젖어들었다. 가문의 명예를 회복했을 뿐 아니라 경제적으로나 사회적으로 과거 마쓰시타 가문이 누렸던 것을 훌쩍 뛰어넘는 영화를 누리게 되었다. 그가 쌓은 부는 그의 아버지나 할아버지가 쌓았던 부에 비할 바가 아니었다. 역사적으로 명망 있는 가문과 사돈을 맺음으로써 새롭게 획득한 사회적 지위 역시 그의 조상들은 꿈도 꾸지 못했던 자리였다. 딸이 행복한 혼례를 치렀으니 앞으로 손자들도 태어날 것이고, 자신의 성으로 개명한 사위를 얻었으니 기업도 물려줄 수 있었다.

그의 삶은 마치 한 편의 동화가 현실로 펼쳐진 것처럼 느껴진다. 그러나 사실은 꼭대기에 올라 있는 롤러코스터처럼 막 아래로 떨어지려는 상황이었다.

9장

선택

마쓰시타가 태어난 시기는 서구 열강들이 아시아에서 위력을 떨치던 때였고 그 영향력은 25년이 넘도록 지속되었다. 1930년대 초 영국은 인도, 말레이시아, 호주, 일부 중국 지역에 식민지를 세웠고 베트남, 캄보디아, 라오스는 프랑스의 지배를 받았다. 미국은 필리핀을 점령했고, 북유럽 지역은 대개 소련의 식민지나 다름없었다. 서구의 지배를 받지 않는 지역은 전 세계 영토의 절반에도 미치지 않았다.

    수십 년 동안 일본에서는 서구 열강의 아시아 지배를 종식시키고 전세를 역전시켜야 한다는 논조가 형성되고 있었다. 각자 속셈과 전략은 달랐지만 제1차 세계대전 이후 이 논조를 지지하는 세력이 생겨나기 시작했다. 이런 연대의 중심에 군부가 있었고 1930년대 초 그들이 내놓은 해결책은 당연히 전쟁이었다.[1]

    1930년대에 일본 군부는 정치적으로 그 어느 때보다 강력한 세력을 구축하며 주변 국가를 넘보기 시작했다. 1931년 일본 군부는 만주를 침범했다. 미국의 항의가 있었지만 일본군은 줄곧 만주에 주둔했다. 1937년에는 중일전쟁을 일으켰고 그해 7월에는 베이징을 점령했다. 1937년부터 1941년까지 여섯 차례나 개각이 있었지만 일본 내각의 군국주의는 갈수록 거세졌다. 일본은 선전포고도 없이 여러 나라를 쳐들어가 영토를 확장시켜나갔다. 일본군은 중국 본토를 거의 손아귀에 넣은 다음 1940년 말에 인도차이나 반도로 쳐들어갔다.[2]

    1941년 12월 7일 진주만을 기습 공격함으로써 일본은 미국과 전쟁을 시작한다. 그 후 잠깐 사이에 일본군은 여러 차례 효율적인 승리를 거둔다. 1942년 2월 15일에는 영국으로부터 싱가포르를 빼앗았고 같은 해 4월 9일에는 필리핀 바탄 반도에 있는 미군을 섬멸했다. 미군과 필리핀 군대는 5월 6일 마닐라 만의 코레기도 섬에서 마침내 일본에 백기를 들었다.[3]

    승승장구하던 일본의 기세가 꺾인 것은 1942년 6월 미드웨이 해전에 참패한 후부터였다. 미드웨이 해전을 기점으로 전세는 연합군 쪽으로 유리하게 흘러갔다. 미국은 원자폭탄 두 개로 일본에 최후의 일격을 날렸다. 하나는 1945년 8월 6일 히로시마를 초토화시켰고 또 다른 하나는 8월 9일 나가사키를 괴멸시켰다. 그 후 곧 전쟁은 종결되고 일본 경제는 대대적인 혼란에 빠진다.[4]

전쟁이 끝날 무렵 마쓰시타전기는 창립 28주년을 맞는다. 아버지 마사쿠스가 가산을 탕진한 뒤로 가난에 고통받던 마쓰시타가 자기 꿈을 하나씩 성취하며 살아온 지 40년 세월이 흘렀다. 달콤한 성공의 열매를 마음껏 맛봐도 좋을 오십이라는 나이에 마쓰시타는 또 다시 빈곤에 빠진 조국과 군수품을 조달하느라 되레 망가진 자기 기업을 바라보게 된다.

다시 이야기를 앞으로 돌려보자.

1938년 국가자원동원령이 통과되고 일본 경제는 군국화의 길을 걷게 된다. 1939년 3월 고용한도제가 모든 민간 기업에 적용되고 10월에는 제품에 대한 가격통제가 시작되었다. 군수품을 생산하는 기업들이 늘어나기 시작했다.

당시 전쟁 물자 생산은 군부 및 정부와 밀접한 관계를 유지하면서 수많은 산업을 장악한 재벌들이 주도했다. 1937년 자료를 보면 3대 거대 재벌이 거의 생산량을 지배하는 형국이다. 석유생산의 91.1퍼센트, 철강생산의 97.8퍼센트, 알루미늄 91.8퍼센트, 조선 67.5퍼센트, 자동차 100퍼센트, 볼베어링 100퍼센트, 황산 60.7퍼센트, 판유리 100퍼센트, 종이 83.1퍼센트, 밀가루 71.7퍼센트, 타르 99.4퍼센트, 그리고 영화필름에서는 77.7퍼센트에 달했다.[5] 당시 4대 재벌로 손꼽히는 기업은 미쓰이, 미쓰비시, 스미토모, 야스다였다. 그 외에 후루카와, 오쿠라, 아사노, 그리고 신흥재벌인 닛산과 나카지마도 위세를 떨쳤다.

마쓰시타전기도 군수품을 제조했지만 1938년 초에는 그 양이 많지 않았다. 하지만 전쟁이 확대되면서 마쓰시타전기를 비롯해 수많은 기업들은 일본 군부의 명령을 받는 전략적 도구로 전락했다. 혼다는 해군과 나카지마 비행기에 부품을 조달하고, 항공기 프로펠러를 제조하라는 요청을 받는다.[6] 마쓰시타전기는 전기제품 외에 총검, 목재 프로펠러, 목재선박, 비행기 등을 납품했다. 전쟁 중이라 자재가 부족한 상황이었기 때문에 군의 요구를 만족시키려면 자재를 아껴야 했다. 마쓰시타전기는 어쩔 수 없이 전열기와 선풍기 생산을 중단했고 민수용 라디오와 건전지, 전등도 감산에 돌입했다.[7]

전황이 악화되자 일본은 절박해졌다. 일본은 전세를 역전시키고자 필사적으로 몸부림을 쳤고 그 와중에 일본 군부는 급기야 마쓰시타전기 측에 배를 만들어내라고 주문한다. 1943년 4월 자본금 1000만 엔으로 마쓰시타 조선소가 설립된다. 마쓰시타 본인도 여러 차례 언급했듯이 마쓰시타전기는 조선업 부문에 아무런 경험도 전문지식도 없었다. 그는 책에서 이렇게 회고한다.

"우리에게는 선박 제조 시설이 없었다. 그런 공장을 지을 부지도, 인력도, 기술도 없었으며 그런 모험을 감행할 자본도 있지 않았다. 그런데 다짜고짜 목재 선박을 제조하라는 요구를 받은 것이다. 그야말로 마술을 부리라는 요구나 마찬가지였다."[8]

이우에 도시오가 조선 사업부 사장을 맡아 프로젝트를 진행했다. 당시 마쓰시타는 회장이었다. 그들은 오사카 사카이와 아키타 노시로에 조선소를 설립했다.[9] 뭐 하나 쉬운 것이 없었다. 공장부지까지 도로조차 제대로 나 있지 않아서 공업용수를 트럭으로 날라야 했다. 인력은 턱없이 부족했고 조선술에 대해 아는 바가 전혀 없었다. 기계 설비를 구하기도 예삿일이 아니었다.[10]

그럼에도 불구하고 1943년 12월 18일 그들은 처음으로 배를 만들고 진수식을 가졌다. 점차 경험이 쌓이고 휴일도 없이 근무한 결과 나중에는 6일에 한 척 꼴로 선박을 제조할 수 있었다. 여러 악조건을 고려하면 굉장한 성과였다.[11]

목재 비행기 사업은 이보다 한 술 더 떴다. 마쓰시타는 해군의 명령을 받고 은행으로부터 3000만 엔을 빌려 오사카 스미노도에 12만 3000여 평의 부지를 샀다. 여기에 공장을 짓고 제작한 비행기는 패전까지 고작 세 대에 불과하지만 이 방면에 문외한인 회사가 비행기를 성공적으로 띄웠다는 사실은 경이적이다.[12]

전쟁 기간 동안 마쓰시타전기는 성장과 변화를 거듭했다. 사업부제는 공장과 생산에 중점을 두는 형태로 바뀌었다.[13] 일본이 승리를 챙길 때 마쓰시타전기도 해외 사업망을 확장했다. 1941년에는 서울에 전구 및 건전지 공장을 건설했다. 1942년에는 베이

징에 무역회사를 세우고, 서울과 대만에 각각 전신회사를 설립했으며, 자카르타에 건전지회사를 세웠다. 항공기 사업을 시작했던 1943년에는 마닐라에 전구공장이 문을 열었고, 목재회사를 매입했고, 산업연구소를 개설했다. 1944년에는 세타, 시조, 이마이치와 호조에 추가로 공장이 들어섰다.[14]

직원 수도 점차 늘었다. 1930년대에 35퍼센트씩 늘던 연간 수익률이 25퍼센트로 떨어지긴 했지만 전반적으로 회사는 성장 일로에 있었다. 전쟁이 끝날 무렵 마쓰시타전기의 직원 수는 2만 6000명에 달했다.[15] 만약 일본이 전쟁에 승리했더라면 마쓰시타전기는 아시아를 호령하는 대기업으로 자리매김했을 것이다.

전쟁을 치르는 동안 근로 환경은 점점 더 악화되었다. 자재도 없고 기술이나 자금도 부족하고 시간도 없는 상태에서 비행기와 선박을 대량으로 생산하라는 군부의 요구를 만족시켜야 했다. 또 전쟁이 막바지에 이르면 소비재와 식량이 모자란 가운데 끊임없는 폭격의 위협에 시달리며 목숨을 부지해야 했다.

1945년 8월 일본이 항복을 선언했을 때 마쓰시타전기는 전쟁 전과는 전혀 다른 기업으로 변해 있었다. 공장이 무려 67개였으니 이전보다 규모는 훨씬 커졌다. 하지만 중요한 사실은 더 이상 가전제품회사로 불릴 수 없었다는 것이다. 기업 전체가 그런 것은 아니지만 군수품 공장 노릇을 했으며, 1939년 이후로는 관리 방식도 중앙집권적으로 바뀌어 있었다. 마케팅 기술은 빛이 바래고 은행 곳곳에 빚을 지고 있었으며 노동자들은 지쳐 있었다.

마쓰시타는 전쟁을 열렬히 지지한 사람도 아니고 군국주의자도 아니었다. 그러나 일본 국민들이 대개 그랬듯이 1930년대 말과 1940년대 초까지 벌어진 사건들에 대해 별 저항을 하지 않은 것도 사실이다. 서구열강의 식민지로 전락한 아시아를 '해방시키는' 것이 가치 있는 일이라고 수긍한 면도 있을 것이다. 게다가 일왕의 명령이면 목숨도 내던져야 하는 문화 속에서 자란 사람이었다. 신의 후손이며 국가수반인 일왕의 명령에는 군말 없이 그저 복종하는 것이 철칙이었다. 일왕이 전쟁을 옳다고 승인했으면 그걸로 끝이었다. 거기에 대해 토를 달 수 있는 문화적 토양이 일본에는 존재하지 않았다.

마쓰시타는 자서전에서 이렇게 썼다.

"당시 일본인이라면 누구나 조국을 위해 자기 생명을 초개처럼 던질 각오가 되어 있었다. 군에서 명령을 내리면 기업은 비행기든 선박이든 그 무엇이든 요청하는 대로 생산할 뿐이었다. 군의 요청을 받은 나 역시 마음 한편으로는 국가에 대한 충성심을 보여주어야 한다는 생각뿐이었다."[16]

하지만 전쟁이 끝난 후 마쓰시타는 그동안 입 밖에 내지 않았던 말을 털어놓은 적이 있다. "그때 해군의 주문을 거절했어야 했다"고 이야기한 것이다.[17] 하지만 1940년대 초에는 군에 반항할 의

사가 거의 없었다.

이 전쟁은 마쓰시타에게 까다로운 문제를 던져주었다. 진주만 공격 직후에도 마쓰시타전기 직원들은 날마다 기업 신조를 복창했다. 그렇다면 전쟁에 동원되어 군수물자를 납품하는 기업이 인류에 봉사하고 가난을 퇴치하고 있다는 말인가? 정부의 검열로 일본군의 잔학성에 대한 보도가 완전히 차단되었다지만, 군인들이 민간인들을 학살했다는 사실을 모르는 사람은 없었다. 전쟁으로 인한 폭력과 살인이 어떻게 마쓰시타전기의 인도주의적 경영철학과 조화를 이룰 수 있단 말인가?

현실적으로 군이 전쟁을 그만둘 리는 만무했지만 원칙적으로 따져보자면 언제나 저항할 수 있는 여지가 있었다. 마쓰시타가 전쟁에 대해 언급하거나 기록한 내용은 많지 않지만 자료를 종합해보면, 당시 군에 협력하지 않고 저항했다면 일본군과 국민, 직원들이 그것을 반역행위로 여긴다고 느꼈던 것 같다. 어쩌면 그 자신도 반역행위로 느꼈을지 모르겠다.

1940년대 초에 마쓰시타는 자신이 그토록 충성을 다하고 있는 대상이 무엇인지 의문이 들었다. 내 자신일까? 아니면 내 가족? 국가? 회사? 아니면 내가 선언한 기업 신조와 이념? 당시 같은 시대를 살았던 일본인들이 대개 그렇듯이 전쟁이 끝난 뒤 마쓰시타는 전쟁 기간에 대해 거의 입을 열지 않았다. 따라서 그가 이런 물음들을 어떤 식으로 해결했는지 확실하게 알 수는 없다. 다만 그가 보여준 행동들을 보면 기업을 가장 우선시했다는 것 하나는 짐작할 수 있다. 끔찍한 전쟁 통에서 그는 회사를 보호하고 성장시키고자 온갖 노력을 기울였다. 언제부터인가 기업 신조를 큰소리로 복창하던 의식도 그만두었다. 그런 원대한 이념들과 동떨어진 현실에서 갈등하던 그는 인도주의적 기업 사명을 잠시 내려놓았다.

마쓰시타는 현실적으로 뾰쪽한 수가 없다고 생각했던 것 같다. 군부가 마음만 먹으면 하루아침에 그를 무너뜨릴 수도 있기 때문이었다. 아니면 1920~1930년대에 거둔 엄청난 성공 때문에 쉽게 결단이 서지 않았을지도 모르겠다. 어쨌든 그는 당시 이름난 부자에 인맥도 쟁쟁한 인사였다. 마쓰시타는 아마도 여기서 멈추지 않고 더욱 부유해지고 유명해지는 것이 자신의 운명이라고 생각했을지 모르겠다. 그리고 군에 대항한다면 그 운명을 실현시키지 못할 거라고 예상했던 것은 아닐까.

기업 신조와 인도주의적 목표를 잠시 저버리고 현실에 맞는 계산과 명성을 선택한 결과가 전쟁이 끝난 후에 심각한 문제로 이어졌다는 사실은 참 아이러니하다.

마쓰시타와 임원진들은 전쟁 중 계속 악화되는 생산 환경에 대처하느라 애를 먹었다. 인적 자원이든 물적 자원이든 군의 요구에 따라 전쟁 지원에 투입하는 양은 점점 늘어났고 소비자들은 갈수록 돈이 떨어져 가전제품 소비는 위축되어만 갔다. 마쓰시타전기는 더 이상 늘지 않고 줄어드는 시장점유율을 방어하고자 해외 판매망을 넓히고 새로운 제품에 뛰어들었다. 1930년대에 했던 것처럼 계속해서 신제품을 출시하고, 원가를 줄이고, 공장을 신축했다. 전등과 건전지와 라디오 부문은 전쟁 중에도 생산 활동을 계속했다. 하지만 자재는 부족했고 군수품 주문량 때문에 업무 배분이 복잡해졌다. 더욱이 시장 상황만 살펴도 부족한 판에 군과 정부 관료들의 비위를 맞춰야 하는 상황이 답답하기 그지없었다.

전쟁 상황을 견디지 못한 몇몇 기업들이 도산하는 가운데 마쓰시타는 위기를 맞아 다시 한 번 기운을 끌어모은 것으로 보인다.[18] 1940년 이전에는 자주 아팠지만 전쟁이 시작된 이후 그는 오히려 살도 찌고 요양도 가지 않았다.[19]

어떤 면에서 마쓰시타는 전쟁을 겪으며 더 강인해졌다. 그는 위기와 곤란한 상황을 몇 번이나 넘기고 여러 갈등을 헤치며 살아남았다. 규모가 훌쩍 커진 기업을 운영하는 법도 배웠다. 가전제품 영역과는 전혀 동떨어진 사업도 맡아보았다. 1945년에 전쟁이 종식되기까지 마쓰시타가 전쟁에 대해 어떤 심오한 윤리적 사유를 전개했는지 말해주는 자료는 없다. 하지만 적어도 한 가지는 확실하다. 전쟁은 그의 마음에 깊게 각인되었고 그 경험은 그가 인간의 문제들을 붙잡고 유난히 적극적으로 씨름했던 원인이 되었다는 것이다.

이제와 돌이켜 생각해보면, 참혹했던 세계전쟁은 일본이나 마쓰시타전기, 마쓰시타 개인에게 유익하게 작용한 것으로 보인다. 결과적으로 전쟁 이후에 마쓰시타 개인이나 회사나 더욱 강인해졌으며 그 강인함을 밑거름으로 글로벌 경제에서 탁월한 성적을 거두기 때문이다. 물론 이는 어디까지나 결과론적인 해석일 뿐 1945년 가을로 돌아가보면, 그때는 오직 패전의 기운만 가득했다. 일본이 항복을 선언하면서 미래는 암울하게만 보였고 이후 2년 동안 상황은 악화일로로 치달았다.

1945년 9월 2일 마쓰시타전기는 연합군 최고사령부로부터 모든 생산을 중단하라는 통보를 받는다. 모든 회사 자원을 파악해 연합군 최고사령부에 보고하라는 명령도 함께였다. 그리고 최고사령부의 허락 없이는 그 어떤 자원도 사용할 수 없었다. 곧이어 점령군은 일본의 군사력 해제를 목적으로 모든 기구들을 개혁하고 경제를 근본적으로 재편한다는 계획을 천명했다. 일대 변혁이 일어났고 마쓰시타전기는 이로 인해 해체 위기에 직면했다.[20]

1945년 11월 미쓰이, 미쓰비시, 야스다, 스미토모가 소유하던 기업들은 독점방지법에 위배되는 재벌그룹으로 분류되어 해체를 명령받는다. 미쓰이, 이와사키, 스미토모, 야스다 가문 역시 재벌 가문으로 분류되어 새로운 법률에 의해 제한조치를 받게 되었다. 1946년 3월에는 닛산, 고노이케, 리켄, 후루카와, 마쓰시타전기를 비롯해 10개 기업이 추가되었다. 6월에는 마쓰시타 가문도 후루가와, 가와사키, 노무라 등과 함께 재벌가문으로 분류되었다. 같은 해 11월에 연합군 최고사령부는 재벌기업에 포함된 회사의 모든 경영진을 회사에서 추방한다는 포고령을 내렸다. 이 포고령을 통해 3600명이 넘는 중역들이 축출당했고 새로운 사상에 개방적인 젊은 세대가 들어와 1950~1960년대를 이끌어가게 된다. 이들은 곳곳에서 현대적 업무방식을 채택함으로써 일본이 경제대국으로 성장하는 데 일조한다.[21]

최고사령부가 내린 일련의 조치들은 마쓰시타에게 치명적이었다. 그는 회사의 경영권을 박탈당했으며 막대한 부채를 개인적으로 떠안게 되었다. 마쓰시타전기도 갈기갈기 찢어졌다. 해외에 설립된 서른아홉 개의 공장은 해당 국가에서 몰수했다. 국내의 17개 자회사는 점령군에 의해 각각 독립된 회사로 쪼개졌다. 전쟁이 끝났을 때 2만 7000명이던 직원 수는 1947년 7926명으로 줄어들었다.[22]

1947년 당시 마쓰시타와 마쓰시타전기의 미래는 암울하기 그지없었다. 마쓰시타의 인생을 가까이서 지켜본 사람들만 조심스레 그의 재기 가능성을 점칠 뿐이었다. 그가 어떠한 역경을 딛고 일어서 여기까지 왔는지를 목격한 사람들만이 그의 복귀를 기대했던 것이다.

그리고 마쓰시타는 그들의 기대를 저버리지 않고 보란 듯이 재기에 성공한다.

4부

평범한 경영자에서
위대한 리더로

그는 마쓰시타전기를 국제적 기업으로 만들고 싶었다. 조국의 경제 발전에 일조하고 싶었다. 자신이 굳이 개입하지 않아도 번영할 수 있는 기업 조직을 구축하고 싶었고 그 일을 함께할 수 있도록 자기 사람들을 깨우치고 싶었다. 그는 자신의 회사와 조국이 가치 있는 목표를 향해 나아가도록 앞장서고 싶었다. 마쓰시타가 이즈음 앞으로 해야겠다고 설정한 과제는 거대했다. 그의 삶을 돌아보면 이런 뜻깊은 목표야말로 그를 유쾌하게 하고 들뜨게 만들던 힘이었다.

10장

잿더미 속에서

전쟁으로 일본은 수백만 명이 죽고 국가 자산도 사분의 일이나 축이 났다. 한 통계자료에 따르면 전쟁으로 파괴된 건물이 무려 225만 2000채에 이른다.[1] 외국과 치른 굵직굵직한 전쟁에서 한 번도 패한 적이 없었던 일본인들은 패전의 의미가 무엇인지 갈피를 잡지 못한 채 정신을 가누려고 애를 썼다. 먹을거리가 모자라고 배를 곯는 일도 다반사였다. 핵폭탄 두 개가 만들어낸 결과는 상상을 초월할 정도로 끔찍했다. 국가 경제는 도탄에 빠졌다. 소니의 창업자 모리타 아키오는 자서전에서 이때를 이렇게 회상한다.

"도쿄 전차 중 불과 10퍼센트만 제대로 운행되었다. 운행하는 버스라야 60대가 전부였고 그밖에 자동차와 트럭이 간간이 몇 대씩 지나다닐 뿐이었다. 차들은 대부분 기름이 동나면 숯이나 나무를 대신 이용할 수 있도록 개조되었다. 질병이 도처에 만연하고 결핵 발생률은 22퍼센트에 달했다. 병원에서는 붕대와 솜, 소독약을 비롯해 모든 것이 부족했다. 백화점의 진열대는 텅 비어 있거나 아니면 바이올린 활이라든가 줄이 풀어진 테니스 라켓처럼 팔리지도 않는 물건만 잔뜩 쌓여 있었다."[2]

일본과 마쓰시타전기의 앞날이 가시밭길이라는 것은 누구라도 짐작할 수 있었다. 나라 사정도 나빴지만 특히 마쓰시타전기는 가혹한 상황에 놓여 있었다. 하지만 구체적으로 그 위기가 어느 정도일지는 아무도 예측할 수 없었다. 마쓰시타나 경영진 모두에게 종전 이후 5년 동안은 전쟁 기간보다 훨씬 더 끔찍한 시간이었다.

1945년 8월 15일 라디오에서 일왕이 전쟁이 끝났음을 알리던 날, 일본 국민들은 난생 처음으로 그의 목소리를 들었다. 1944년 중반부터 일본의 패전을 짐작했던 마쓰시타였지만 막상 무조건 항복을 발표하는 일왕의 육성을 귀로 들으니까 정신이 아득했다.[3]

그날 밤 마쓰시타는 뜬눈으로 밤을 지새웠다. 8월 16일 수백만 일본인들은 넋이 나가 꼼짝도 하지 않았지만 그는 조국과 회사에 닥친 상황을 논의하기 위해 아침 일찍 일어나 간부들을 소집했다. 일왕의 항복 선언 바로 다음 날 열린 회의에서 마쓰시타는 간부 직원들에게 그 어느 때보다 우리 기업이 해야 할 일에 대해 열의가 솟구친다고 이야기했다. 그의 메시지는 추상적이긴 해도 재건에 대한 확고한 결의가 담겨 있었다. 그의 말을 잠깐 들어보자.

"우리는 이 나라를 재건하는 일에 헌신해야 합니다. 이는 모든 국민이 최우선으로 삼아야 할 의무입니다. 마쓰시타전기 역시 가능한 한 신속하게 공장을 재건하고 가전제품 생산량을 늘려야 합니다. 이는 우리 기업의 사명이자 우리의 책무입니다."[4]

마쓰시타는 힘든 상황에서도 자기 통제력이 대단히 강하고 속내를 잘 드러내지 않는 사람이라 그날 어떤 생각을 하고 있었는지는 알기 어렵다. 그는 살면서 비극이 닥칠 때마다 자기를 돌아보면서 인생의 목표를 재고했다. 1930년대에 마쓰시타를 지탱해왔던 인생 목표는 분명 인도주의적 비전이었다. 그리고 전세가 위급하게 흘러가던 1944년경부터는 일본이 패할 경우 자신이 무엇을 해야 할지를 생각해왔을 것이다. 그가 살아온 이력을 볼 때 이 질문에 답을 내는 것은 그리 어려운 결정이 아니었다.

패전 이후 마쓰시타가 직원들에게 표명한 목표는 이미 1932년부터 지향했던 목표를 조금 수정하는 정도였고 큰 틀은 그대로였다. 전쟁 기간 동안 잠시 외면했던 인도주의적 사명으로의 복귀였던 셈이다. 1945년 8월 15일 이후에 전개되는 암울한 분위기에서 이런 인도주의적 사명으로 직원들을 고취시킨다는 것은 결코 쉬운 일이 아니었다. 하지만 마쓰시타는 긍정의 힘이 필요할 때 자기 자신은 물론 다른 사람들에게 그것을 불어넣는 고도의 기술을 오랜 세월에 걸쳐 습득한 사람이었다.

연설이 있고 이후 몇 주간 구체적으로 어떤 일들이 진행되었는지 알려주는 자료는 없지만 마쓰시타와 간부 직원들이 전쟁 전의 회사 상태를 회복하고자 엄청난 노력을 쏟은 것은 확실하다. 그러나 재건의 계기를 만들고자 했던 이들의 노력은 이내 무산되고 말았다. 9월 2일 연합군 최고사령부로부터 조업을 정지하라는 공문을 받았기 때문이다. 군수품을 조달했던 모든 공장이 똑같은 명령을 전달받았다. 연합군 최고사령부의 승인 없이는 어떤 제품도 일체 생산할 수 없었다.[5]

회사는 가전제품만은 제조하도록 허락해달라는 청원서를 제출했다. 답변을 기다리면서 마쓰시타전기 경영진은 군수품 생산라인을 정리하고 민수품 생산 체제로 복귀를 준비했다.[6] 생산 재개를 허락하는 답변이 떨어지기까지 기다린 시간은 6주 남짓이었지만 모든 것이 불투명한 시기인지라 마쓰시타로서는 기다리는 하루하루가 끔찍했다.

11월 3일 마쓰시타는 앞으로 해야 할 일을 놓고 직원들을 결속시켰다.

"종전 이후 물자 부족 사태가 심각합니다. 당초 예상보다 훨씬 심각한 수준입니다. 일본이 경제를 회복하려면 하루빨리 설비를 증설하고 생산량을 급속히 늘리는 길뿐입니다. 하지만 지금과 같은 상황에서는 결코 쉬운 일이 아닙니다. 생산량 증가의 기반이자동력이 되는 국민들의 생활여건이 극도로 궁핍한 상태입니다. 물가는 폭등하고 있으며, 언제까지고 식량배급에만 의존할 수는 없습니다. 지금 우리 경제는 위기상황으로 치닫고 있습니다. 상황이 이대로 간다면 일본 경제는 대재앙을 맞이하게 될 겁니다. 그러므로 우리가 처한 상황이 아무리 어렵다 해도 생산을 재개하기 위해 불굴의 의지로 노력해야 합니다. 이를 악물고 업무에 전념해주시기를 부탁드립니다. 여러분의 인내는 반드시 보상받을 겁니다. 이 역경 때문에 포기하거나 좌절하지 맙시다. 제조업에 종사하는 사람으로서 우리의 사명을 다시 확인하고 증산에 최선을 다해야 할 때입니다. 여러분의 협조와 진실한 노력을 부탁드리는 바입니다."[7]

연합군 최고사령부가 1945년 12월 노조 결성을 장려하는 법안을 통과시키자 대기업 노동자들은 일제히 노조를 결성했다. 마쓰시타전기의 노동자들도 예외는 아니었다. 마이클 요시노 하버드대학 교수는 "인플레이션이 만연한 상황에서 일자리를 지키고 최소한의 생계를 유지하고자 필사적이었던 대다수의 노동자에게 조직화된 노조운동은 유일한 해결책으로 보였다"면서 그 결과 "1947년까지 전체 월급생활자의 절반에 해당하는 400만 명 이상의 노동자들이 조합을 결성했다"고 말했다.[8]

당시 새로 결성된 노동조합들은 대부분 사회주의자와 공산주의자들의 영향을 받아 반反기업 정서가 거셌다.[9] 기업 간부들이 노조 창립식에 참석하면 여지없이 규탄을 당하거나 공개재판을 받았다.¹⁰ 노동자들의 정서를 파악한 기업주들은 당연히 노조원들과 거리를 두었다. 하지만 그들과 전혀 다른 행보를 보였던 최고경영자가 한 사람 있었는데 그가 바로 마쓰시타였다. 이런 사실은 그 시대상황, 즉 종전 후 '일본식 경영'이 어떠했는지 짐작케 하는 사례이며 동시에 마쓰시타가 얼마나 남다른 자질을 지녔는지 알 수 있는 대목이다.

마쓰시타전기 노조는 1946년 1월말 나카노시마 중앙공회당에서 결성대회를 가졌다. 4000명 이상의 노동자들이 모인 자리에 마쓰시타도 함께 있었다. 초대를 받지 않은 자리여서 단상에는 마쓰시타의 자리가 없었다. 그는 수천 명의 노동자들 틈에 섞여 앉았다. 대회가 진행되는 도중에 마쓰시타는 짧게 축사를 할 기회를 달라고 요청했다. 대회를 주최한 노조간부들은 처음에는 거절했지만 차츰 마음이 누그러져 시간을 허락했다.

이와 같은 제안은 급진적인 반자본주의적 노조를 오히려 자극할 수 있는 대담한 행동이었다. 그러나 인도주의적 비전에 헌신했으며 노동자들에게 온정을 베풀었던 마쓰시타는 자기 진심을 전했고 이것이 먹혔는지 운 좋게도 노조원들의 박수를 이끌어냈다.

기록에 따르면 그가 말한 시간은 고작 3분을 넘지 않는다. 그는 직원들이 노조를 결성하려는 의도를 불순하게 여기지 않는다면서 새로 결성된 노조와 경영진이 상생할 것을 믿어 의심치 않는다고 말했다.¹¹ 강경파 노조원들은 그의 연설을 싫어했지만, 그 자리에 있었던 한 노조원이 증언한 바에 따르면 그의 축사가 끝나자 우레와 같은 박수가 터져 나왔다고 한다.[12]

이날의 화합은 경영 환경이 가혹한 시기에 일구어낸 작지만 값진 승리였다.

새로 결성된 모든 노조가 그렇듯이 마쓰시타전기의 노조도 회사에 이런저런 요구를 했고 이 때문에 생산 재개에 차질을 빚기도 했다. 하지만 여타 기업들과 달리 마쓰시타전기에서는 노조원들의 요구가 파업으로 발전하는 경우는 거의 없었다. 반기업적인 주장은 직원들에게 호응을 얻지 못했으며 공산주의의 선전구호에 동조하는 사람들도 거의 없었다.

1946년 2월 마쓰시타와 노동자들은 회사 재건을 위해 눈물겨운 노력을 펼치고 있었다. 그런데 3월에 연합군 최고사령부가 마쓰시타전기를 재벌로 지정하면서 회사 재건에 사활을 걸어야 할 처지가 된다.[13]

재벌기업이란 대개 특권계층에 속한 가문이 지배하고 정부가 적극적으로 육성한 기업이었다. 한 통계자료에 따르면, 당시 일본의 총 납입자본의 3분의 1을 10대 재벌기업들이 보유했다고 한다.[14] 연합군 측은 거대한 재벌기업들이 유해한 군수산업체의 핵심이라고 보았다. 정책입안자들은 대개 끔찍한 전쟁 후 폐허가 된 일본을 복구하는 데 관심을 두었지만 처벌을 원하는 목소리도 만만치 않았다. 일본 내에서 산업화를 해체해야 한다는 의견도 있었고, 제1차 세계대전 후 독일에 요구했던 수준으로 배상금을 요구하자는 의견도 있었다. 재벌을 규제하는 법령을 비롯해 기본적으로 전쟁 협력자를 처벌하는 성격의 법안이 연이어 발의됐다.

마쓰시타전기가 재벌 명단에 오르면서 어쩔 수 없이 군수품을 제조하느라 발생한 막대한 채무를 탕감받을 길이 없어졌다. 또 여러 가지 제한조치 때문에 의사결정이 지연되고 경영의 자주성이 심각하게 침해받았다. 하지만 이 같은 규제도 1946년 중반 이후 내려질 조치에 비하면 아무것도 아니다.[15]

마쓰시타전기가 1946년 3월에 재벌기업 명단에 포함되자 마쓰시타는 머리를 세게 얻어맞은 듯 정신이 멍했다. 마쓰시타전기는 그 혼자 사업을 일으켜 30여 년이라는 시간 동안 키워왔으니 역사가 짧은 편이다. 하지만 보통 재벌기업이라 하면 메이지 시대부터 재계를 호령하며 일본 정부와 끈끈하게 유착관계를 맺고 있는 거대기업을 가리킨다.[16]

마쓰시타가 1946년 3월에 발표된 여러 제한조치에 맞서느라 분투하는 와중에 6월에는 이보다 더 큰 철퇴를 맞았다. 마쓰시타 가문이 재벌가문으로 지정된 것이다. 그 결과 모든 자산이 동결되고 마쓰시타의 생활비는 일반 공무원 임금에 준하는 수준으로 제한되었다. 소액 수표를 사용하는 것조차 연합군 최고사령부로부터 허가를 받아야만 했다.[17]

사태는 갈수록 태산이었다. 7월에는 마쓰시타전기 공장 다섯 군데가 '전쟁배상금' 명목으로 몰수되었다. 하룻밤 사이에 자산이 사라져버리고 부채만 장부에 남았다. 8월에는 특별감사 대상으로 지정되어 각종 재정 규제를 받는 바람에 회사 재건은 더욱 어려워졌다.[18] 회사를 살려야 하는데 이도저도 못하는 상황에 놓이자 마쓰시타는 분통이 터졌다.

고조되던 위기는 11월에 정점을 찍었다. 전범에 대한 '공직추방령'의 일환으로 마쓰시타전기에서 일정 지위 이상의 간부들은 모두 회사에서 추방당한다는 통보를 받았다. 마쓰시타도 추방 대상이었다. 자신이 설립해 29년을 경영해왔던 회사에서 쫓겨날 처지에 놓인 것이다.[19]

마쓰시타는 추방령이 터무니없고 도무지 사리에 맞지 않다고 주장했으나 그것을 뒤바꿀 힘이 없었다. 속이 상할 대로 상한 그는 어쩌다 이지경이 되었는지 모르겠다는 탄식이 절로 나왔다. 게다가 마쓰시타의 손발이나 다름없는 두 사람이 회사를 떠나야 할 상황까지 오자 참으로 막막했다. 이 두 사람은 처남 이우에 도시오와 조카인 가메야마 다케오였다. 당시 도시오는 이사로서 회사에서는 2인자였고, 가메야마도 1942년부터 이사로 재직했다.[20] 쓰라린 상처에 소금을 뿌리는 격으로 1946년 12월에는 마쓰시타 산하의 17개 자회사가 강제로 분리 독립하게 된다.[21]

마쓰시타는 오사카와 도쿄를 50번 이상 오가며 연합군 최고사령부에 자신의 억울함을 탄원했다. 마쓰시타전기 간부인 다카하시 아라타로와 칼 스크리바도 100번 이상 도쿄를 방문했다.[22] 이들은 재벌 딱지는 가당치 않다면서 마쓰시타전기는 평판이 좋은 신흥 가전제품 회사에 불과하다고 말했다. 그리고 군 당국이 강제로 전쟁에 동원해 어쩔 수 없이 군수품을 생산했다고 설명하고, 국가와 회사를 재건하는 데 이바지할 수 있도록 선처해달라고 부탁했다.[23]

마쓰시타는 이 모든 상황이 수치스럽고 두려웠으며 그 부당함에 울분이 치솟았다. 이때 느꼈던 분노는 이후 기록에서도 여실히 드러난다.

"재건 활동은 고사하고 최고사령부에 제출할 기업운영 자료를 정리하느라 시간을 다 허비했다. 이때 정리한 보고서와 자료가 무려 5000쪽이고 게다가 모두 영어로 번역해야 했다."[24]

1946년에서 1947년 겨울, 전망이 암담한 가운데 몇몇 도움의 손길이 나타났다. 자사 창업주가 쫓겨날 상황이라는 소식을 접한 노조원들이 팔을 걷어붙였다. 그들은 조합원과 그 가족들로부터 총 1만 5000개 이상의 서명을 받아 연합군 최고사령부에 마쓰시타가 회장직을 계속 수행할 수 있게 해달라는 진정서를 제출했다. 오카모토 야스오가 쓴 책을 보면 서명을 부탁받은 노조원의 93퍼센트가 진정서에 서명했다고 한다.[25]

당시 도쿄 상공부에는 하루가 멀다 하고 자신들의 경영자를

'축출해'달라는 노조원들의 진정서가 날아들었다. 이런 상황에 마쓰시타전기 노조의 진정서를 받아든 호시지마 지로 상공대신은 깜짝 놀랐다. 몇몇 사람들은 그가 껄껄 웃었다고 증언하기도 했다. 마쓰시타전기 노조는 일본 상공대신의 지원을 받아 연합군 최고사령관인 맥아더 장군에게도 직접 자신들의 뜻을 전달했다.[26] 마쓰시타전기 대리점들도 가세해 마쓰시타가 회장직을 계속 맡을 수 있도록 해달라는 서명운동을 벌여 당국에 전달했다. 판매 대리점과 노조가 취한 행동이 결정적 영향을 미쳤다고 장담하기는 어렵지만, 이들의 탄원 내용이 이색적이어서 연합군 최고사령부와 일본 정부가 관심을 보였던 것은 분명하다.[27]

1947년 2월 처음으로 변화의 조짐이 일기 시작한다. 마쓰시타전기에 내려진 추방지정을 'A항'에서 'B항'으로 하향 조정한 것이다. 최고사령부는 4월까지 마쓰시타전기 중역들이 자리를 그대로 유지해도 되는지 재심사를 진행했다. 여러 사실들을 재검토한 당국자들은 추방지정에 오류가 있거나 부당한 면이 있다고 인정했다. 정부당국은 5월, 마쓰시타를 비롯해 모든 간부들이 계속 회사에 남아 근무해도 좋다고 발표했다.[28] 꼬박 1년이나 계속되던 불운 끝에 5월의 발표는 뜻하지 않은 경사였다.

공직추방령은 해제되었지만 다른 족쇄들은 1947년 후반과 이듬해까지 회사를 괴롭혔다. 1948년 2월에는 '과도경제력 집중 배제법Law of Excessive Concentration'에 적용을 받았다. 실제로 1948년 후반에 재벌기업 명단에서 제외되지 않았다면 마쓰시타전기 본사 역시 완전히 분해되었을 것이다. 다카하시 아라타로는 당시 회사가 여섯 개로 쪼개질 지경이었다고 말했다.[29]

마쓰시타전기가 경영권을 되찾기까지는 4년이 넘게 걸렸다. 1950년이 되어서야 여러 규제로부터 벗어나 다시 자유롭게 영업할 수 있었다. 경영권 회복을 위한 투쟁 기간은 일본이 전쟁을 치르던 시간만큼이나 길었다. 일본은 패했지만 마쓰시타전기는 승리했다.

마쓰시타가 경영권을 확보하고자 사투를 벌이는 와중에 재정적으로는 가는 곳마다 암초에 부딪혔다.

인플레이션이 격심했고, 1946년 중반부터 1948년 중반까지 마쓰시타전기의 급여인상은 무려 7.5배에 달했다.[30] 인플레이션을 저지하고자 1946년 3월부터 시작한 물가 통제는 암시장을 양산해 사실상 법을 위반하지 않고서는 돈을 벌 수 없는 상황이 발생했다.[31] 물가 통제정책 덕분에 마쓰시타전기가 생산하는 전구의 공정가격은 개당 4.2엔에 지나지 않았지만 암시장에서 소비자들은 100엔을 주어야 살 수 있었다. 당시에는 암시장이 아니면 물건을 구하기 힘들었다. 살기가 너무 팍팍한 데다 암시장에서 돈을 벌 수 있음을 감지한 마쓰시타전기 노조는 급여의 일부를 현금이 아닌 전구로 대신 받겠다고 요구했다. 한 번은 직원들에게 급료

일부를 제품으로 지급한 적도 있었다. 하지만 마쓰시타는 그 관행 자체를 금지시켰다.[32] 임금을 현금이 아닌 제품으로 지불하면 그로서도 기업의 재정난을 덜 수 있었지만 이는 은연중에 암시장 거래를 조장하는 '부정한' 행위라고 판단한 것이다.[33] 또 만에 하나 연합군 최고사령부의 눈에 띈다면 곱게 비칠 리가 없었다.

1948년 중반 즈음에는 자금이 바닥나 마쓰시타는 스미토모 은행으로부터 2억 엔을 대출받아야 했다. 하지만 자금을 투입했음에도 10월이 되자 직원들에게 임금을 지불할 돈이 없었다. 회사 창립 후 처음 있는 일이었다.[34]

1949년 정부가 지출을 줄이고 국가예산의 균형을 맞추려는 닷지플랜Dodge Plan을 발표해 신규 차입이 어려워지자 경제 사정은 더욱 악화되었다. 인플레이션은 수그러들었지만 디플레이션의 소용돌이에 빠져든 것이다. 수많은 기업들이 도산했으며 특히 라디오를 제조하던 마쓰시타전기의 경쟁사들이 줄줄이 파산했다.[35]

마쓰시타도 언제 파산할지 모르는 상황이었기 때문에 정부에 내야 할 세금을 천천히 지불했다. 그러다 보니 '체납왕'이라는 불명예까지 안게 된다. 1949년 4월 마쓰시타전기가 10억 엔이 넘는 부채와 함께 막대한 세금을 체납하고 있다고 여러 신문에서 대서특필했기 때문이다.[36] 디플레이션이 심화되자 7월에는 조업시간을 하루 반나절로 단축시켰다. 1950년 3월에는 창립 32년 역사상 처음으로 직원들을 일부 정리했다. 4438명 중 567명, 즉 13퍼센트에

해당하는 인력이 해고되었다.³⁷

마쓰시타는 회사가 재정적으로 아무리 어려워도 정리해고는 최후의 수단이라고 강조했지만 어쩔 도리가 없었다. 당시 그는 이렇게 말했다.

"마쓰시타전기를 창립한 이래 돈을 아끼려고 직원을 해고한 적은 단 한 번도 없었습니다. 경제 대공황 시절인 1930년에도 우리 회사는 단 한 명도 해고하지 않았습니다. 그러나 패전 이후 현재 상황에서는 선택의 여지가 없습니다."³⁸

회사뿐 아니라 마쓰시타 개인 자금 사정도 엉망이었다. 전쟁 막바지에 군에서 요구하는 공장들을 짓느라 개인적으로 막대한 금액을 은행에서 빌린 터라 갚아야 할 이자가 많았다. 그가 대출받은 금액은 총 700만 엔이었다.³⁹ 자산을 매각해 빚을 갚고 싶어도 그의 자산이 모두 회사에 묶여 있기 때문에 그것도 어려웠다. 따라서 생활을 하려면 돈을 빌리지 않을 수 없었는데 다행히 친구들이 수십만 엔을 융통해줘서 근근이 생활을 이어갔다.⁴⁰

경제 위기는 1950년이 되어서야 서서히 회복 기미를 보인다. 회사는 조금씩 수익을 내기 시작하고 1951년에는 고용이 늘기 시작했다.⁴¹ 마쓰시타 개인의 재정 상태가 구체적으로 공개된 적은 한 번도 없기 때문에 이후 사정이 어떻게 변화했는지는 알기 어렵다. 1950년 7월 정부방침이 바뀌어 동결 자산이 해제된 후로는 아마도 대출금을 상환할 여력이 있었을 것이다. 하지만 빚을 모두 갚기까지는 시간이 더 많이 걸렸을 가능성도 있다.

　경영권 문제나 재정 문제가 심각했을 당시 마쓰시타 개인의 고민은 더욱 깊었다.

　여러 가지 질문이 떠올라 머릿속을 떠나지 않았다. 40년이나 피땀 흘려 일했는데 어째서 이렇게 다시 고통을 당하는 것일까? 군에 협조하지 않고 사업을 해나갈 수 있는 방법이 있었을까? 군수품을 생산하게 된 것은 회사를 보호하고 성장시키고 싶었던 열망 때문이었을까? 판단을 잘못해서 회사가 파멸에 이르게 된 것일까?

　안팎에서 막무가내로 그를 압박해 들어오자 끔찍하고 절망적이던 그 유년 시절의 나락으로 다시 떨어질지도 모른다는 두려움이 커졌다. 패전 이후 마쓰시타는 여러 해 동안 심각한 불면증에 시달렸다. 술도 입에 대기 시작했다. 술을 마시고 수면제를 먹어야만 잠에 들 수 있었다.[42]

　1930년대 초반에 그랬듯이 그는 다시 인간의 문제에 천착했다. 그는 이렇게 회상한다.

　"나는 일본이 어쩌다 이지경이 되었는지, 또 인간의 본질은 무엇인지 탐구하기 시작했다. 나는 스스로 질문을 던졌다. 인류는 왜 이렇게 딱한 처지에 놓였을까? 우리는 인류의 번영과 평화를 바라면서도 우리 손으로 번영을 파괴하고 평화를 깨트린다. 과연 이것이 인간의 본성일까? 어째서 인간은 참혹한 전쟁에 뛰어들어 비극을 자초하고 스스로 불행을 불러들이는가? 이리저리 날아다니는 참새도 배불리 먹고 나면 삶을 즐길 줄 안다. 하지만 인간은 전쟁에 휘말리고 기아에 허덕인다. 이것이 인간 본연의 모습이란 말인가? 더 나은 길을 선택하는 것은 불가능한 일인가?"[43]

여기에 답하고자 하는 그의 탐구정신은 일상적인 만남에서도 그대로 드러났다. 제2차 세계대전 이후 고베 경영대학을 갓 졸업한 학생을 만난 마쓰시타가 그에게 던진 질문은 이랬다. "자네, '경영'이 무엇이라고 생각하는지 말해줄 수 있는가?" 젊은 친구는 한동안 두서없이 이야기를 하다가 끝내 질문에 답하지 못했다. 나중에 그 청년은 "대학에서 경영을 공부했지만 그 학문의 본질을 제대로 이해하지 못했음을 처음으로 자각했습니다. 경영의 핵심을 보지 못했습니다"라고 이야기했다.[44]

마쓰시타는 스스로 성찰하고 사람들에게 질문을 던지면서 경영의 핵심을 이해하기 시작했다. 사실 그는 전쟁이 발발하기 전부터 남다른 경영자였다. 당시 회사 사장들은 일반적으로 우수한 관리자 유형에 속했지만 마쓰시타는 그것을 뛰어넘어 리더로 성장했다. 집요하게 탐구하는 정신, 현재에 안주하지 않고 도전하는 자세, 웅대한 비전, 직원들을 독려하는 능력 등은 1930~1940년대를 살았던 여느 기업 경영자들보다 월등히 뛰어났다. 더욱이 제2차 세계대전의 비극을 겪으며 그의 역량은 더욱 강화되었다.

1950년 패전의 잿더미 속에서 다시 일어선 마쓰시타전기는

1940년과 비교해볼 때 여러모로 한참 허약해진 상태였다. 규모도 훨씬 작아졌고 자산 대비 부채 규모도 컸다. 하지만 기업을 이끄는 마쓰시타만은 더 강해졌다. 또다시 쓰라린 역경을 통과한 마쓰시타는 깊은 성찰을 통해 담력을 얻고 대담해졌다.

일본 국민으로서 전쟁을 맞이했던 마쓰시타는 전쟁을 거치면서 세계 시민으로서 사고를 확장하게 되었다. 자신의 기업을 성장시키고 그것으로 사회에 봉사하고자 했던 마쓰시타는 이제 인류의 생활여건을 개선하는 것 자체에 무게를 두기 시작했다. 기업 중심의 비전을 버리고 보다 원대한 사회적 목표를 설정한 것이다. 오만함과 자만심이 깎여나간 마쓰시타는 단순히 성공한 비즈니스 리더가 아니었다.

1950년대에 마쓰시타는 다음과 같은 기업상을 꿈꾸기 시작했다. 그것은 바로 올바른 가치를 지닌 기업, 급속도로 변하는 세계 경제 속에서 적응하며 번창하는 기업, 회사와 국가를 파멸시킬 뻔했던 자기 파괴적 욕망을 품지 않는 기업이었다.[45]

이는 거대한 과제였다. 하지만 이런 기업이야말로 마쓰시타가 필요로 하고 또 원하던 조직이었다.

11장

도약

때는 1950년. 북한은 6월 25일 남한을 침공했다. 핵무기 시대에 치러진 최초의 대규모 전쟁이었다. 푸에르토리코의 민족주의자들은 미국의 트루먼 대통령을 암살하려고 시도했으나 실패했다. 보스턴에서는 미 역사상 최대 규모의 현금 절도사건이 일어났다. 강도들이 브링크스 보안트럭을 대담하게 공격해 300만 달러를 탈취해 달아난 것이다. 유럽은 마셜 플랜 등의 원조사업에 지원을 받아 제2차 세계대전의 상처로부터 회복하고 있었다.

일본 경제는 다시 활기를 띠었다. 실질 GNP가 12퍼센트 이상 성장했다. 하지만 물가상승률을 고려한 통화가치로 비교해보면 1939년도 수준의 4분의 3에 불과하다.[1]

마쓰시타와 경영진은 여러 규제조치에서 풀려나 본격적으로 기업 재건 활동을 펼쳤다. 사업 초창기 직원들의 힘을 결속시켰던 인도주의적 비전, 그러나 전쟁 통에 외면했던 인도주의적 기업 사명과 경영방식을 다시 강조했다. 마쓰시타는 기술 진보에 힘쓰면서, 장기적 관점에서 전 세계를 시장으로 보고 공격적으로 사세 확장에 나섰다.

1933년에 도입된 사업부 체제는 생산 라인들이 세분화된 시장에 효율적으로 대응함으로써 기업 성장을 촉진하는 것이 목표였다. 그러나 시장의 다양한 욕구라는 것이 전쟁 통에 무의미해짐에 따라 규모의 경제를 고려해 중앙집권적인 생산 방식으로 회귀했었다. 마쓰시타는 1950년에 경영권을 되찾으면서 다시 사업부제를 구축했다.[2]

제품별로 크게 세 가지 사업부가 탄생했다. 하나는 마쓰시타가 직접 운영했고, 다른 하나는 사위인 마사하루, 나머지는 다카하시 아라타로가 운영했다. 제1사업부는 라디오, 방송기기, 전구, 진공관을 맡았다. 제2사업부는 건전지와 전기히터 관련 장비를 만들고, 제3사업부는 축전지와 변압기를 판매했다.[3]

새로운 조직의 방향을 안내하고 경영진을 독려하고자 마쓰시타는 1950년 7월 17일에 격려차 간부들을 소집했다. 그는 희망찬 목소리로 내일을 이야기했다.

"전후 5년 동안 마쓰시타전기는 연이어 시련을 겪었습니다. 그러나 온갖 역경 속에서도 있는 힘껏 우리가 마땅히 해야 할 일을 해왔습니다. 우리는 칠흑 같은 터널을 지나 마침내 빛이 보이는 지점에 도달했습니다. 지금 우리 앞에는 전혀 새로운 사명이 놓여 있습니다. 일본의 재건을 생각할 때마다 저는 지금까지 우리에게 힘을 불어넣던 그 희망을 온몸으로 느낍니다."[4]

새롭게 구성한 두 개의 사업부는 이익을 냈지만 다카하시가 운영하는 사업부는 사정이 그렇지 못했다. 다카하시는 생산성, 품질, 기술, 노동자들의 숙련도 등을 조사해 미흡한 점을 찾아냈다. 하지만 수십 년 동안 마쓰시타와 함께 일해온 다카하시가 보기에는 그 어느 것도 결정적 요인으로 보이지는 않았다. 다카하시가 실적 부진의 원인으로 꼽은 것은 결국 전쟁 이전에 기업 성공에 큰 밑바탕이 되었던 핵심 정책과 전략의 실종이었다.[5]

다카하시의 사업부는 이전처럼 조회시간에 일곱 가지 기업 신조를 복창하지 않고 있었다. 다카하시가 경영진 중 한 사람에게 그 이유를 묻자 노조의 반대 때문이라고 답했다. 하지만 노조 간부들과 이야기해보니 말이 또 달랐다. 이전 경영진에 의해 중단된 상태일 뿐, 노조원들은 일곱 가지 신조라든가 날마다 그것을 복창하는 관행에 별 불만이 없다는 것이었다.[6]

다카하시는 임직원들을 모두 불러서 그동안 여러 관점에서 수익성이 떨어지는 이유를 조사했다고 설명하고 창업주인 마쓰시타처럼 그들의 영감을 고취시키고자 했다.

"우리 사업부가 안고 있는 문제의 근본 원인은 우리가 더 이상 창업주의 기업 사명을 따르지 않는다는 데 있습니다. 하지만 우리가 그 신조들을 따르고 그 신조에 비춰 우리의 행동을 점검한다면 성공할 것입니다. 만약에 품질이 나빠서 제품이 잘 팔리지 않는다면 당연히 생산을 중단하고 제품을 개선해야 합니다. 품질이 떨어지는 제품을 만든다는 것은 사회에 기여하지 못한다는 뜻이고 이는 마쓰시타전기의 기업 신조에도 어긋납니다."[7]

다카하시는 아침마다 마쓰시타전기의 신조를 제창하는 관행을 부활시켰고 경영진으로 하여금 그 원칙들에 입각해 사업을 다시 검토하도록 했다. 그 결과 10여 가지 이상 업무방식에 변화가 생겼다. 먼저 전쟁 중에 그냥 내다 버렸던 고철을 모아서 판매하기로 했다. 매일 아침 공장을 검사해 먼지 한 점 없이 깨끗하게 정리한 후에야 생산에 들어갔다. 소비자 관점에서 제품의 품질을 검토하고 개선해나갔다.[8]

다른 두 사업부의 업무 관행에 대해서는 자세히 알지 못하지만 전반적으로 이와 크게 다르지 않았을 것으로 보인다. 각 사업부 임원진은 1920년대와 1930년대의 기업 사명과 조직체계를 재건하고 그때의 기업 문화를 다시 부흥시키고자 애썼다. 변화의 속도나 그 과정에서 겪는 어려움은 공장마다 또 사무실마다 조금씩 차이가 있었다. 1940년대에 불운이 겹쳐 이리저리 흔들리는 시간을 보내기는 했지만 기업의 근간까지 파괴되지는 않았기에 다시 정상화하는 데 그리 오래 걸리지는 않았다. 세 사업부는 전쟁 이전의 기업 사명으로 돌아가는 재건 활동을 통해 공히 품질 및 생산성 향상을 일구었다. 또 고객을 중시하는 기조가 다시 자리 잡고 직원들의 사기도 올라갔다.

1951년 초, 마쓰시타전기는 다시 한 번 도약의 계기를 마련한다.

제2차 세계대전을 겪은 일본 사업가들은 우물 안 개구리를 벗어나 전 세계를 한층 가깝게 인식하게 된다. 마쓰시타는 전쟁 중에 군 당국의 부추김으로 아시아 전역에 수십 개의 공장을 건설했다가 1945년에 몽땅 몰수당한 적이 있다. 보수적 성향의 경영자라면 해외 사업 확장은 위험성이 크다고 결론 내렸을 테지만, 마쓰시타를 비롯해 몇몇 선견지명이 있는 경영자들은 다른 결론을 끌어냈다. 일본이 발전했다고는 하나 전쟁을 겪어보니 여전히 미국과 유럽 기술에 한참 딸린다는 사실을 실감한 것이다. 그들은 일본 기업이 번창하려면 이들 강대국으로부터 기술을 배워야 한다고 생각했다. 선진기술을 배우려면 해외로 여행을 다니고 해외에서 영업을 할 필요가 있다. 물론 이것은 위험한 모험일 수 있다. 하지만 반대로 눈과 귀를 막고 국내 시장에만 집중하는 전략도 장기적 관점에서 보면 더 위험할 수 있다고 판단했다.

사람은 나이가 들수록 새로운 모험을 두려워하기 마련이지만 마쓰시타는 달랐다. 쉰여섯 살이던 1951년, 그는 난생 처음으로 해외여행을 떠나기로 결정한다. 일본 곳곳을 누비던 그였지만 미국 가는 길은 장장 10배가 더 걸렸다. 마쓰시타는 사람들에게 이렇게 말했다.

"우리는 용기 있게 해외 시장에 뛰어들어야 합니다. 세계적으로 기업을 확장하는 데 우리가 지닌 장점을 활용해야 합니다. 겸손은 용맹함의 최고 표현입니다. 따라서 저는 몸을 낮추고 먼저 해외로 나가 세상에서 가장 진보한 경영철학과 업무방식을 배우기로 결심했습니다."[9]

그는 1951년 1월 18일 미국으로 떠났다. 애초 계획으로는 주로 뉴욕에 머물면서 한 달 동안 머물 예정이었으나, 일주일도 되지 않아 마쓰시타는 여행 기간을 연장했다. 한 달이 두 달이 되고 결국 석 달 가까이 미국에 있다가 일본으로 돌아왔다.[10]

당시 뉴욕은 오사카와는 완전 딴판이었다. 문화도 이질적이지만 경제적으로 무척 격차가 컸다. 그때 일본은 전국적으로 전기가 부족했고 도쿄에서는 매일 저녁 7시부터 8시까지 전기가 끊겼다. 하지만 뉴욕 타임스퀘어에 들어온 불은 하루 24시간 환하게 불을 밝혔다. 일본은 라디오 한 대 값이 공장 노동자가 받는 한 달 보름치 임금에 해당했지만, 미국은 단 이틀 치 벌이로 구할 수 있었다.[11]

마쓰시타는 최소 여섯 군데 회사 간부들과 만나 상담을 하고 공장에 필요한 최신설비를 구입했다. 무엇보다 거의 하루도 빼놓지 않고 뉴욕 시내를 돌아다녔다. 여행 기간을 계속 연장했던 것도 뉴욕이라는 도시에 완전히 매료되었기 때문이다. 영어를 알아듣지는 못하지만 시간이 나면 영화도 자주 보러 갔다. 미국 방방곡곡의 모습과 미국인의 생활을 볼 수 있었기 때문이다. 뉴욕에 오니 까까머리 헤어스타일도 그렇게 촌스러울 수가 없었다. 마쓰시타는 머리털 나고 처음으로 머리를 기르기 시작했다.[12]

이후 벌어진 일들을 보면 3개월의 미국 방문이 마쓰시타에게 강력한 영향을 미쳤음을 알 수 있다.[13] 뉴욕에서 흥미로운 가능성을 목격한 그는 상상력의 나래를 펼쳤다. 당시 미국을 방문한 일본인들은 하늘과 땅만큼 차이 나는 생활수준에 주눅이 드는 경우가 많았지만, 마쓰시타는 거대한 도전을 받고 오히려 활력을 얻었다.

1951년 4월 7일 마쓰시타는 번영하는 민주주의 공동체에 대한 비전을 안고 고국으로 돌아왔다.

마쓰시타전기는 소니와는 달리 과감하게 기술혁신을 일으키는 기업은 아니었다. 오사카에 기반을 둔 마쓰시타전기가 기초연구소를 설립해 서구기업을 뛰어넘기에는 역사적으로나 문화적으로도, 더욱이 패전 이후로는 처지가 매우 불리했다. 하지만 뉴욕을 방문한 이후 마쓰시타는 하루 빨리 기술 역량을 키워야 한다고 다짐했다.

1951년 10월 그는 다시 미국 비행기에 올랐다. 두 번째 여행에서 마쓰시타는 유럽도 방문했다. 이번 여행의 주된 목적은 선진 기술을 얻을 수 있는 원천을 찾는 것이었다.[14] 이후 15년 동안 수많은 기업이 마쓰시타와 동일한 길을 걷는다. 일본 기업들은 1950년~1966년까지 총 8561건의 기술도입계약을 서구 회사와 체결한다.[15]

마쓰시타전기 경영진은 합작투자 파트너 후보로 여러 회사를 검토한 끝에 최종적으로 필립스에 집중하기로 결정했다. 이 네덜란드 회사는 전자제품 부문에서 세계 5위를 자랑하는 대기업이었다.[16] 전쟁 전에 필립스와 거래한 경험도 있고 1948년에는 필립스 측에서 다시 거래를 트자고 연락을 해오기도 했다. 네덜란드나 일본이나 국토가 작고 자원이 부족한 편이라 서로 처지가 비슷하니까[17] 두 기업의 문화도 잘 어울릴 것이라고 마쓰시타는 내다봤다.

1952년 7월 13일에 다카하시 아라타로가 필립스와 기술제휴를 맺기 위해 네덜란드에 파견되었다. 이미 사전작업이 충분히 이뤄졌으므로 별 어려움 없이 신속하게 계약이 체결되리라고 생각했다.[18] 하지만 그들은 녹록한 상대가 아니었다.

두 회사가 일본에 합작회사를 세우고 필립스는 지분 30퍼센트에 기술을 제공하고, 마쓰시타전기는 지분 70퍼센트에 합작회사를 경영한다는 것이 기본 구상이었다. 그런데 필립스는 다카하시와의 협상에서 55만 달러의 선불금과 기술지도료 7퍼센트를 요구했다.

다카하시는 필립스가 마쓰시타전기에 경영지도료를 지불한다면 몇 가지 조건을 수정해 그 조건을 수락하겠다고 이야기했다. 필립스 측은 난색을 보였고 협상은 교착상태에 빠졌다.[19]

협상이 타결되지 않은 배경에는 두 기업의 경영철학이나 기업문화와도 분명 연관이 있었다. 이는 사소하지만 중요한 차이였다. 필립스는 엔지니어들이 경영하는 회사였다. 반면 마쓰시타전기의 경영진 구성은 그보다 다양했고, 기술에 대해서는 사실상 아무런 언급도 없는 기업 사명을 표방하고 있었다. 또한 마쓰시타는 그 이면에 다윗과 골리앗의 힘겨루기가 적용되고 있음을 보았다.

그는 자서전에서 이렇게 썼다.

"50년대 초 일본은 아직 가난하고 약한 나라였기 때문에 유럽인들은 자신들이 주도권을 휘두를 수 있다고 생각하는 경향이 있었다. 협상은 한동안 교착상태에 빠졌고, 필립스 측은 아무런 진전이 없으니 협상을 그만두자고 제안했다. 그러나 다카하시는 절대 물러서지 않고 계속해서 우리 주장의 타당성을 설득시키려 애썼다."[20]

미국인이라면 아마 대다수가 이런 조건에 격분해서 그대로 협상을 깨고 돌아가버렸을 것이다. 하지만 다카하시는 실망한 마음을 억누르고 네덜란드에 머무르며 마쓰시타 측 제안의 가치를 알려주고자 노력했다. 협상 주도권은 그에게 없었지만 다카하시는 끈질기게 마쓰시타전기가 필립스에 기여할 수 있는 역량을 거듭 강조했다. 필립스 같은 대기업이 일본 최고의 전자제품 업체와 손을 잡고 싶지 않다는 말인가? 마쓰시타 경영진은 실력이 뛰어나서 그 정도 소액의 경영지도료는 받을 가치가 있다. 필립스는 거대한 일본 시장에 진입할 수 있는 좋은 기회를 원치 않는 것인가? 필립스는 네덜란드처럼 국토가 작고 자원이 부족한 나라를 도와야 한다는 의무감을 느끼지 않는가?

결국 다카하시는 필립스 측의 마음을 움직였다. 자서전에서 마쓰시타는 이렇게 썼다.

"필립스로서는 그렇게 완강하게 버티는 경우는 금시초문이었을 것이다. 그들은 우리가 끈기 있게 대응하자 관심을 가졌고 그 끈기 때문에 신뢰감을 느꼈던 것 같다."[21]

필립스가 마쓰시타 측 조건을 수용한 이유를 명시한 기록은 없다. 짐작컨대, 극도로 방어적인 일본 시장에 진입하는 통로로 마쓰시타전기보다 더 나은 대안은 없다고 여기지 않았을까 싶다. 혹은 마쓰시타전기의 진면목을 발견했는지도 모른다. 이유야 어찌 되었든 마쓰시타전기는 필립스에 연간 매출액의 4.5퍼센트를 기술지도료로 지불하고, 필립스는 마쓰시타전기에 3퍼센트의 경영지도료를 지불하기로 최종 합의했다.[22] 그러니까 애초에 기술지도료 명목으로 7퍼센트 로열티를 요구하던 필립스가 최종적으로 받아든 것은 1.5퍼센트인 셈이다.

1952년 12월에 합작회사가 설립되었다. 필립스 같은 대기업에게는 그리 큰 사업이 아닐 수도 있지만 마쓰시타로서는 엄청난 부담이 있는 사업이었다. 당시 공식적으로 마쓰시타전기의 자본금 규모는 5억 엔이었고 신규 합작회사의 자본금은 6억 6000만 엔이었다.[23]

1954년 오사카에 들어선 필립스·마쓰시타 공장은 텔레비전 브라운관, 진공관, 형광등을 비롯해 다양한 전자제품과 부품을 생산했다. 이곳에서 생산한 물건들은 대부분 다른 마쓰시타 사업부에서 구매한 뒤 완제품을 만들어 일본 시장에 팔았다. 뛰어난 비즈니스 리더가 있고, 높은 생산성을 자랑하는 고객중심의 마쓰시타전기가 이제는 세계 수준의 기술까지 무장한 것이다. 이러한 조합은 강력한 효과를 냈으며 제품은 불티나게 팔렸다.[24]

돌이켜보면 필립스와 합작회사를 설립한 전략은 마쓰시타전기에 엄청난 성공을 안겨주었다.[25] 이로써 마쓰시타전기는 선진기술에 접근할 수 있었고 굴지의 유럽 기업들에게 이름을 알릴 수 있었다. 또 마쓰시타 경영진과 기술자들은 정기적으로 네덜란드를 방문했으며 이를 계기로 세계적 시각을 키울 수 있었다.

기술제휴 계약이 1967년에 만료되자 두 회사는 다시 10년간 계약을 연장했다. 이번에는 기술지도료 2.5퍼센트에 경영지도료가 2.5퍼센트였다.[26]

1951년 초 미국에 처음 건너갔을 때 마쓰시타는 최신식 건전지 제조설비를 들여왔다. 그리고 1952년 가을 건전지 공장을 시찰하던 마쓰시타는 그때 구입한 기계들이 그 공장에서 쓰는 설비 중에 제일 구형이라는 사실을 발견한다. 마쓰시타는 이때 확실한 교훈 하나를 얻었다. 그의 이야기를 들어보자.

"시장에서 구입 가능한 설비는 사실 대개가 평범한 수준임을 깨달았다. 알고 보니 선두를 달리는 제조업체일수록 하나같이 자체 개발한 장비를 이용했고, 그 장비와 제작 기술에 대해 철저하게 보안을 유지했다. 자립할 수 있는 기본 역량 없이 타사의 기술전수에 의존하는 것은 우리 회사에 보탬이 되지 않는다는 사실을 확신했다."[27]

세계 표준을 따라 잡으려면 해외기술 도입도 필요했다. 그러나 세계 시장에서 함께 경쟁을 하는 상황에서 장기간 타사에 의존하는 것은 불리한 점이 많았다.

마쓰시타는 1953년에 오사카 근교에 중앙연구소를 설립한다. 이를 필두로 향후 40년에 걸쳐 각 사업부의 기술 개발을 지원하는 연구소들을 세워 텔레비전, 믹서, 전자레인지, 레코딩 헤드recording head, 냉장고, 전기밥솥, 세탁기 등의 제품 생산을 뒷받침했다. 이들 연구소의 기본 방향은 마쓰시타전기의 과거 전략과 동일하다. 전혀 새로운 범주의 제품을 창조하기보다는 기존 제품들을 개선하고 대량생산에 필요한 자동화 설비를 개발하는 데 주력했다.[28]

제품 기술이 정교해지면서 마쓰시타전기는 일본에서도 비약적으로 성장을 했지만 해외에서도 인기를 끌었다. 1954년에 5억 엔에 지나지 않던 수출 규모는 1958년에 32억 엔으로 늘었다. 4년 새에 600퍼센트가 넘게 늘어난 것이다. 1959년에는 미국에 판매회사를 설립하고 파나소닉Panasonic이란 브랜드로 제품을 판매했다. 1961년경에는 전체 수출규모가 130억 엔으로 껑충 뛰었다.[29]

마쓰시타는 사업을 해외로 확장하고자 해외에 판매회사를 세웠고 그에 따라 해외에서 수요가 점차 증가하자 해외생산에 돌입하게 된다. 해외에서 시장을 확대해나가던 마쓰시타는 쉽진 않겠지만 타국에서도 자신이 추구하는 경영철학을 실행할 수 있다는 생각이 들었다. 인간 본성은 어딜 가나 비슷했다. 하지만 일부 국가, 특히 유럽 경영진들은 마쓰시타가 표방하는 기업 사명과 신조들을 처음에 무척 '낯설게' 여긴 듯하다. 이런저런 시행착오를 거친 끝에 마쓰시타는 본사 직원들을 해외로 파견함으로써 보다 수월하게 자사의 기업 문화를 이식할 수 있었다.[30]

1960년대와 70년대에 마쓰시타전기 제품은 세계 곳곳에서 팔리기 시작한다. 나쇼날과 파나소닉이라는 브랜드 아래 수백만 대의 VCR, 라디오, 면도기, 텔레비전 등이 수십 개국에 판매되었다. 오늘날에도 수억 명에 달하는 소비자들은 마쓰시타 고노스케라는 이름은 몰라도 이 두 브랜드만큼은 잘 알고 있다.

1950년대 초 마쓰시타전기가 성장한 배경에는 세계경제의 팽

창과 한국전쟁이 있었다. 마쓰시타는 이때 연이은 신제품 출시로 성장의 발판을 마련한다. 1949년에는 유선방송 장비와 자동차 부품을 만들고, 1950년에는 직선형 형광등과 FM무선장비를 제조했다. 1951년에는 세탁기와 인터폰 장비를 제조하기 시작했다. 시장 상황도 좋았지만 그와 더불어 마쓰시타전기의 기업 사명과 문화, 해외에서 도입한 신기술, 거대 유통망 등을 갖춘 덕분에 신제품은 내놓는 족족 시장에서 성공을 거뒀다.[31]

회사가 다시 한 번 고속성장을 구가하자 마쓰시타전기 경영진은 회사의 성공에 부쩍 자부심이 높아졌다. 이러한 자부심이 넘쳐 오만함이 보이기 시작하자 마쓰시타는 즉각 이를 지적했다. 그는 한 회의석상에서 이렇게 말했다.

"별 잘못 없이 회사를 잘 운영하고 있다고 생각하는 분들이 있습니다만, 스스로 그런 판단을 내리는 것은 금물입니다. 미국과 네덜란드의 경영방식을 살펴보세요. 또 독일의 국가 재건 역사를 공부해보세요. 아직도 배워야 할 것이 한참 많습니다. 현재에 안주하고 자만한다면 결코 일본을 재건할 수 없습니다. 이렇게 나가다가는 회사를 발전시키지도 못하고, 노동자들에게 복지혜택을 제공하지도 못할 것입니다."[32]

마쓰시타가 보기에 세계 시장에서 경쟁하려면 더 많은 무기를 갖출 필요가 있었다.

제2차 세계대전에서 배운 교훈 하나는 오만함이 초래하는 위험이었다. 마쓰시타는 참혹했던 1940년대를 반성하며 근시안적인 시각과 편협한 생각이 심각한 위험을 초래한다는 사실을 확신했다. 어쩌면 1899년의 비극적 사건과 부친의 오만했던 태도를 연결시켰을지도 모른다. 20세기 들어 그가 본 최고의 상인들은 새로운 사고에 열려 있었고 언제나 고객 앞에서 겸손했다. 그리고 20세기 중반에 그가 경험했던 군과 정부의 리더들은 융통성이 없고 독단적인 사람이 많았다.

마쓰시타에 따르면 미래 성공의 최대 적은 시장이 아니다. 지구상에 시장은 무궁무진하다. 기술도 결정적 문제가 아니다. 그들은 필립스로부터 최고의 기술을 배우고 있으며 직접 더 나은 아이디어를 개발하기도 했다. 인구가 수십억인 세계에서 노동력이 부족할 일도 없을 것이다. 돈은 문제가 될 수 있지만 수익과 관련한 경영방침을 벗어나지 않는다면 문제가 되지 않는다. 참고로 마쓰시타전기는 은행에 많이 의존하지 않는 것이 원칙이었으며 높은 수익 덕분에 여타 일본 기업과는 달리 사업 확장 자금을 자체적으로 조달할 수 있었다. 마쓰시타가 볼 때 가장 큰 문제는 기업 경영진, 특히 그들의 자세에 있었다. 따라서 그는 회사의 핵심 원칙을 굳게 지키면서도 새로운 사상을 수용하고 융통성 있게 행동하는 인력을 키우는 것을 중요한 과업으로 삼았다. 그는 한 인터뷰에서 이런 말도 했다.

"가장 중요한 것은 열린 사고입니다. 자기 지식만 믿고 행동해서는 안 됩니다. '타산지석'이라고 하지 않습니까? 그 사람이 누구이건 겸손한 태도로 경청하면 뜻밖에 지식을 얻게 됩니다."[33]

1950년대 초에 해외 시장에 진입한 마쓰시타전기는 훨씬 규모도 크고 자본도 탄탄하고 기술도 앞서 있는 업체들과 함께 경쟁을 벌였다. 이런 난관을 극복하는 데 기여한 요인들을 살펴보자. 국내 시장에서는 외국 기업과 외국 제품에 대한 일본 정부의 규제 덕분에 시장에서 우위를 다지는 데 유리한 위치에 있었다. 그리고 고객중심의 저가 전략, 충성도가 높고 근면한 종업원, 혁신적 마케팅과 탄탄한 유통망, 적극적인 제품 개선 및 신제품 개발, 시장에 빠르게 적응할 수 있는 역량, 명확한 기업 사명, 권한과 책임을 하급 직원에까지 부여하는 사업부 체제, 경영을 책임진 마쓰시타의 뛰어난 리더십 등은 국내는 물론 해외 시장에서도 경쟁력 있는 무기가 되었다.

하지만 일련의 사건들을 살펴볼 때 가장 결정적인 성공 요소는 개방적 사고와 겸손한 태도가 아니었나 생각된다. 1950년대 초에 마쓰시타와 경영진이 신기술을 대거 흡수할 수 있었던 것도 바로 이런 자질 덕분이었다. 이는 또한 직원들이 자발적으로 유용한 아이디어와 업무방식을 제안하고 도입할 수 있는 토대가 되었다.

마쓰시타전기는 해외 시장에서 변신을 거듭하며 더 탄탄해진 실력으로 시장을 파고들었고 세계 시장에서 무시할 수 없는 기업으로 입지를 굳히기 시작했다.

당시 마쓰시타전기의 폭발적 성장세는 국내외를 비롯해 견줄 만한 기업이 거의 없었다. 비교할 만한 대상이 있다면 혼다와 소니뿐이었다.

혼다보다는 소니와 마쓰시타전기를 비교하는 것이 흥미롭다. 두 회사의 제품군이 겹치기 때문이다.[34] 두 회사 간에 보이는 유사점들은 그들의 괄목할 만한 성장과도 무관하지 않다. 먼저 두 기업이 집중한 사업은 공히 당시 호황을 이루던 가전제품 분야였다. 두 곳 모두 발군의 역량을 발휘한 두 사람이 사업 초기에 한 몸같이 회사를 경영했다. 마쓰시타전기에 마쓰시타 고노스케와 이우에 도시오가 있다면, 소니에는 모리타 아키오와 이부카 마사루가 있었다. 두 곳 모두 일본 내 어떤 기업보다 도전과 개척정신이 돋보이는 기업이었다. 그들은 기꺼이 위험에 맞섰고, 기존 관습에 의문을 제기하며 과감한 전략을 펼쳤고, 신속하게 대응했다. 또 두 곳 모두 파나소닉, 나쇼날, 소니 등의 강력한 브랜드를 구축하려고 애썼고 그 방편으로 광고를 혁신적으로 활용했다. 두 곳 모두 국내의 성가신 유통 시스템을 피해 자체 유통망을 구축했다. 그리고 여느 일본 기업보다 빠른 속도로 해외 시장에서 자리를 잡았다. 이런 점에서 두 기업은 여느 일본 기업이나 글로벌 기업보다는 서로를 더 많이 닮았다.

마쓰시타전기와 소니는 두 곳 모두 꿈을 좇고 실현하는 비전형 리더가 회사를 이끌었다. 하지만 두 회사의 비전에는 중요한 차이가 있었다. 사람으로 치자면 도쿄에 본사가 있는 소니는 교양 있고 도회적이며 세련된 느낌이 풍기는 반면, 오사카에 본사가 있는 마쓰시타전기는 아무래도 촌사람 느낌이 강했다. 소니는 첨단기술 회사로서 전혀 새로운 기기나 범주의 제품을 세상에 선보였다. 마쓰시타전기는 기존 제품을 보다 개선된 형태로 만들어 대중이 부담 없이 구매할 수 있는 저렴한 가격에 판매했다. 마쓰시타전기를 비판하는 사람들은 소니를 '첨단기업'으로 보고 마쓰시타전기를 '따라쟁이'라고 불렀다.

기업의 비전과 문화의 성격은 그 기업의 역사 및 핵심 인물들과 직결되어 있다. 마쓰시타 고노스케는 가난하게 자라면서 정식 교육을 거의 받지 못했고, 자전거 상점에서 견습공으로 일을 시작했다. 반면 모리타 아키오와 이부카 마사루는 둘 다 유복한 환경에서 자라 대학에서 과학을 전공했으며 제2차 세계대전 기간에 기술을 개발했다. 이부카는 보수적인 신사이자 뛰어난 과학자이며 윤리의식이 강한 사람이었다. 모리타는 세일즈맨이자 광고전문가로서 수완이 뛰어났고 남다른 국제적 안목의 소유자였다. 마쓰시타와 달리 영어도 유창하게 구사하고 세계적으로 이름난 부호라든가 유명인사들과 교류했다.

어떤 점에서는 네 사람(이부카, 모리타, 마쓰시타, 도시오) 모두 비슷하다. 그들은 일벌레였고 웅대한 야망을 품었으며 보통 사람들보다 훨씬 담대하게 관습에 도전할 줄 알았다. 그들은 모두 힘든 시대를 살았으며 웅대한 이상과 목표를 지닌 선구자들이었다. 네 사람은 모두 새로운 기술 개발에 인생을 바쳤다. 이 가운데 가장 극단에 서 있는 사람은 마쓰시타였다. 다른 세 사람도 고통스런 시간을 보냈지만 마쓰시타가 경험한 것만큼 혹독하지는 않았다. 그들이 품은 목표와 꿈도 컸지만 마쓰시타는 그 차원이 달랐다. 다른 세 사람 역시 성년이 되어서도 성장을 멈추지 않았지만 60대, 70대, 80대에도 매번 완전히 새로운 이력을 쌓은 이는 마쓰시타뿐이다.

마쓰시타는 겉으로 보면 가장 작고 초라해 보이는 사람이다. 그는 와사무라 촌구석 출신으로 병약하고 신경이 예민한 사람이었다. 하지만 이 뛰어난 사람들 중에서도 마쓰시타는 장차 단연 돋보이는 업적을 성취하게 된다. 이부카, 모리타, 도시오는 진정 뛰어난 비즈니스 리더였다. 하지만 마쓰시타는 그 이상의 존재로 발돋움하게 된다.

1950년대 초 이전에 찍은 사진들을 보면 마쓰시타가 웃는 모습을 찾아보기 어렵다. 그런데 뉴욕에 있을 때라든가 그 이후로 찍힌 사진들을 보면 표정이 달라졌다. 사진 찍는 풍속이 바뀌기도 했지만 이는 그의 내면에 어떤 변화가 일어났음을 반영한다.

숨넘어가던 회사가 다시 기운을 차리고 성장의 기미를 보이자 마쓰시타는 새 인생을 덤으로 얻은 사람처럼 열정적으로 살았다. 홀로 살아남은 자의 죄책감이 있어서 성공을 누리면 시름시름

앓던 사람이 그 증상에서 자유로워졌다. 그 죄책감이 뿌리 뽑힌 건 아닐 것이다. 하지만 성공에 성공을 거듭하는 상황에서도 적어도 몸져눕는 일은 벌어지지 않았다. 조금도 쉴 틈이 없다고 단단히 각오를 한 듯이 보였다. 수면제를 복용하고 잠을 청해도 끊임없이 아이디어가 떠올라 잠에 들지 못했다. 그 이야기를 하고 싶어 새벽 2시에 동료들에게 전화를 거는 날도 있었다.

그는 마쓰시타전기를 국제적 기업으로 만들고 싶었다. 조국의 경제 발전에 일조하고 싶었다. 자신이 굳이 개입하지 않아도 번영할 수 있는 기업 조직을 구축하고 싶었고 그 일을 함께할 수 있도록 자기 사람들을 깨우치고 싶었다. 그는 자신의 회사와 조국이 가치 있는 목표를 향해 나아가도록 앞장서고 싶었다.

마쓰시타가 이즈음 앞으로 해야겠다고 설정한 과제는 거대했다. 그의 삶을 돌아보면 이런 뜻깊은 목표야말로 그를 유쾌하게 하고 들뜨게 만들던 힘이었다.

12장

과감한 움직임

1950년대와 60년대의 일본 기업들은 마치 중력의 법칙을 거스르 듯이 고도성장을 구가했다. 그 선두그룹에서 특히 마쓰시타전기는 기업 경영의 본보기로서 많은 기업에 영향을 미쳤다.[1]

이 시기 마쓰시타전기의 수익이 폭발적으로 늘어난 데에는 필립스와의 합작투자, 자체 제품 개발, 냉장고 제조업체와 레코드플레이어 제조업체를 인수한 영향이 컸다. 전자는 3억 엔 규모의 나카가와전기였고, 후자는 1927년 미국의 빅터토킹머신Victor Talking Machine Co.에서 설립했다가 거의 파산 지경에 이른 빅터컴퍼니Victor Company of Japan였다.[2]

마쓰시타가 두 곳을 합병한 방식을 살펴보면 눈여겨볼 대목이 많다. 나카가와전기와는 합병 이전에 판매 계약을 먼저 맺은 사이였다. 처음 나카가와 야스하루가 자기 회사에서 생산한 냉장고를 마쓰시타전기를 통해 판매하고 싶다고 제안했을 때, 두 사람이 계약서에 도장을 찍기까지 걸린 시간은 불과 13분이었다.[3] 나중에 마쓰시타가 나카가와전기를 자기 사업부로 인수했을 때에도 그는 나카가와에게 그대로 자리에 남아 사업운영을 맡아달라고 요청했다. 기업을 매각한 쪽의 창업주가 인수기업에 남을 경우 분위기도 낯설고 상당히 껄끄럽기 때문에 그대로 남는 경우는 별로 없다. 그러나 나카가와는 한때 자신의 회사였던 곳에 그대로 남아 사업부를 운영했고 나중에는 마쓰시타전기 본사의 수석부사장 자리까지 올랐다.[4]

빅터컴퍼니 인수 건에는 레코드플레이어회사 쪽으로는 전혀 경험이 없는 외부인이지만 마쓰시타가 평소 존경하던 리더를 인수 책임자로 기용했다. 바로 1930년대에 일본 외무장관을 지낸 노무라 기치사부로다. 주미대사로서 전쟁을 막으려 애쓴 노력을 마쓰시타는 특히 높이 평가했다.[5] 마쓰시타전기도 빅터컴퍼니에 못지않은 레코드플레이어를 판매하고 있었던 터라 얼마든지 생산라인을 통합할 수도 있었지만 최고경영진은 그렇게 하지 않았다. 합병 후에도 빅터컴퍼니가 독립적으로 경영할 수 있게 허용한 것이다. 그런 조치로 규모의 경제 측면에서 손실을 볼 수도 있지만 이는 사업부 간 경쟁에 의해 촉진되는 혁신활동과 근면한 노동으로 얼마든지 극복할 수 있다고 마쓰시타는 사람들에게 이야기했다.[6] 오랫동안 부하직원으로 지냈던 사람의 말을 들어보자.

"그분은 경쟁을 좋아했고, 몇몇 경주에서 지더라도 큰 게임에서 이기는 것이 중요하다고 강조했습니다. 경쟁으로 진보를 이룩할 수 있다고 확신했습니다."[7]

새 사업부가 들어서고 내부 개발 역량이 커지면서 마쓰시타전기는 고도성장을 구가하던 전쟁 이전의 모습을 되찾기 시작했다. 1955년 마쓰시타전기는 창립 제35주년 기념식을 성대하게 개최해 직원들의 사명감을 고취시키고 새로운 활력을 불어넣었다. 사실 창립 35주년은 1953년이었지만 대규모 축하연을 열기에는 회사가 아직 미흡하다고 판단해 마쓰시타는 행사를 연기했었다. 1955년 5월 5일 마쓰시타는 35주년 기념식에서 직원들에게 다시 한 번 새로운 마음으로 기업 사명에 헌신해주기를 요청했다. 그리고 판매 대리점과 협력업체, 정치인, 유명 연예인들을 초대해 5월 마지막 날에 함께 공장을 둘러보고 축하연을 즐기는 자리를 마련했다.[8]

1940년대의 고통을 남김없이 잊은 것은 아니지만 더 이상 현재진행형은 아니었다. 매출은 가파르게 증가했다. 인기 제품들의 판매고는 연간 50퍼센트 이상 성장을 거듭했고, 수익은 갈수록 늘었다. 인사부에서는 새로 인력을 수급하느라 애를 먹을 정도였다. 회사 경영진들은 이 모든 성과에 당연히 어깨가 으쓱해졌다.

1956년 1월 10일 경영정책회의가 열렸다. 통상적으로 경영진의 성과를 치하하는 자리였지만 이날 마쓰시타가 준비한 것은 따로 있었다. 마쓰시타가 무엇을 할지 그 의중을 헤아린 사람은 아무도 없었던 듯하다.

그는 이날 연설에서 경영진이 이룩한 수많은 성과를 언급하는 대신 자신은 그들의 현재 행보를 수용할 수 없다고 날을 세웠다. 일본은 여전히 미국과 유럽에 한참 뒤처져 있으며 세탁기를 비롯해 일손을 덜어주는 기기들의 혜택을 누리지 못하는 일본 가정이 태반이라고 지적했다. 그런 사람들이 하루라도 빨리 유용한 가전제품을 구매할 수 있도록 돕는 것이 마쓰시타전기의 의무라고 강조했다. 그것을 실현하기 위해 경영진은 향후 5년 뒤를 바라보고 공격적으로 매출 목표를 설정해야 한다고 이야기했다. 구체적인 목표치는 향후 경영진이 상의해서 도출하라고 말하면서 마쓰시타는 자신의 소신을 밝혔다. 1961년까지 4배로 매출을 늘려야 한다는 것이었다.[9]

일본인들의 성정이 그러한지라 자리를 박차고 일어나 "회장님, 제정신입니까?"라고 항변하는 사람은 없었지만 몇몇은 틀림없이 속으로 그렇게 외쳤을 것이다. 마쓰시타 자신도 그날 간부들이 '믿지 못하겠다는 표정'을 지었다고 회상했다.[10] 마쓰시타는 자신의 목표를 오해하는 사람들이 있을까 봐 '매출 4배 성장은 명예나 이익을 탐하는 욕망에서 나온 목표가 아니라 제조업체로서 우리가

사회를 위해 마땅히 해야 할 사명을 실현하고자 세운 목표'라는 것을 분명히 했다.[11]

목표치가 너무 과하다고 여기는 사람들에게 마쓰시타는 그들이 과거에 달성했던 일들을 하나하나 상기시키고, 가까운 미래에 그들이 이룩할 기술적 진보를 차례차례 언급했다. 또 그들이 이용 가능한 모든 자원들을 열거했다. 솔직하고 편견 없이 이 모든 사실을 살펴보면 400퍼센트 신장 목표가 결코 비현실적이지 않다고 강조했다. 열린 눈으로 보면 수많은 기회를 볼 수 있다는 것이었다.

마쓰시타전기 임원들이 이후 발표한 5개년 계획의 세부 항목을 들여다보면 매출액은 220억 엔에서 800억 엔으로 늘리고, 채용 인원은 1만 1000명에서 1만 8000명으로, 연구비 예산은 10배로 확대한다고 되어 있다.[12]

계획이 워낙 과감해서 관심을 두지 않는 이들이 없었다. 간부들, 공장 종업원, 판매 대리점, 은행들까지 삼삼오오 모이면 하나같이 이 계획에 대해 이야기꽃을 피웠다. 마쓰시타전기처럼 신뢰감을 주는 기업이 아니라 다른 기업에서 그 목표치가 흘러나왔다면 아마 웃음거리가 되었을 것이다. 하지만 마쓰시타가 뒤에 버티고 있었기 때문에 그 숫자는 진지하게 받아들여졌다.

예상 못 한 바는 아니지만 이 계획은 실행 단계에서 여러 가지 장애에 부딪혔다. 신야 준노스케로부터 1957년에 있었던 한 회의에서 마쓰시타가 했던 이야기를 들어보자. 그날 회의에서 신형 텔레비전을 개발하던 엔지니어들은 아무리 판매부와 마케팅부 임원들이 불평해도 화면 비율을 변경할 수는 없다고 주장했다. 그러자 마쓰시타는 수석 디자이너에게 이렇게 물었다.

"자네, 얼마나 많은 사람들이 지구상에 사는지 아는가?"

수석 디자이너는 대답했다.

"한 이삼십억 명쯤 되지 않을까요?"

대답을 듣고 마쓰시타는 이렇게 말했다.

"텔레비전 화면처럼, 그 많은 사람들의 기본 요소는 동일하다네. 얼굴의 경우 우리는 눈, 귀, 코, 입, 머리카락이 있지. 하지만 최종 디자인이라 할 수 있는 사람의 얼굴은 20억 명이 모두 다르네. 자네는 전문 디자이너일세. 사람의 얼굴이 텔레비전 화면보다 훨씬 작다는 사실을 기억한다면 자네 또한 적어도 20억 개의 텔레비전 화면을 창조할 수 있어야 하네. 그것이 전문 디자이너의 사명이 아니겠나."[13]

마쓰시타는 끊임없이 '그것은 할 수 없다'는 생각에 도전장을 내밀었다. 신야 준노스케는 이렇게 이야기한다.

"흔히 이런 말을 하지요. '사람에겐 무한한 잠재성과 무한한 가능성이 있다.' 하지만 사실 반신반의하는 경우가 많습니다. 곧이곧대로 그 말을 믿지 않는 것이죠. 그러나 마쓰시타는 이 말을 진심으로 믿게끔 해주었습니다. 무한한 가능성이 진짜로 존재한다는 확신이 들게끔 우리를 변화시켰습니다."[14]

1950년대 이후 이름을 떨쳤던 일본 경영자들이 대개 그랬듯이 마쓰시타도 불가능해 보이는 일을 완수하기 위한 전술로 집단지성, 즉 중지衆智경영을 강조했다. 1958년 10월 한 사업부 회의에서 마쓰시타는 임원들에게 이렇게 말했다.

"지금부터 우리는 가격전쟁을 치러야 합니다. 10퍼센트 원가절감을 단행할 것입니다. 제한된 시야에서 보면 불가능해 보입니다. 우리의 시야를 확장하려면 외부 인사들을 비롯해 여러 사람에게 지혜를 구하는 법을 익혀야 합니다. 지혜를 모을 뿐 아니라 새로운 아이디어를 실현하는 데 일조할 기업에게도 지원을 요청해야 합니다. 우리가 현재 서 있는 위치에서만 문제를 보면 그것을 극복할 수 있는 능력은 극히 제한될 수밖에 없습니다. 중지를 활용하면 우리 사명을 달성할 수 있습니다."15

만일 그가 남의 말을 경청하지 않는 오만하고 독재적인 경영자였다면 그의 말은 종잇장처럼 가벼웠을 터이다. 그러나 마쓰시타는 강력한 존재감을 지녔으면서도 다양한 사람들에게 겸손한 자세로 정보와 지식과 자문을 구했다. 그의 솔선수범하는 자세 또한 그의 말에 더욱 무게를 실어주었다. 마쓰시타는 무사안일주의를 비판하고, 거대한 목표치와 설득력 있는 이상을 결합한 다음 직원들이 집단지성을 끌어내 목표를 달성할 수 있도록 압박했다.

1960년 어느 날 마쓰시타 통신산업의 자동차 라디오 사업부는 도요타자동차로부터 6개월 내에 라디오 납품가를 15퍼센트 인하해달라는 요청을 받는다. 이에 사업부장은 크게 불만을 제기했다. 마쓰시타는 1960년 11월 24일 회의에서 자동차 라디오 사업부에 이렇게 말했다.

"도요타의 요구 자체는 여기서 중요한 문제가 아닙니다. 여기서 핵심은 세계 시장, 특히 점차 치열해지는 대미 무역경쟁에 일본이 대응해야 한다는 것입니다. 자유무역이 확대되고 있으며 자동차는 일본의 주요 수출품목입니다. 미국과 경쟁하려면 일본 자동차는 반드시 대중적인 가격을 유지해야 합니다. 금번과 같은 요구는 앞으로 더 많아질 것입니다. 따라서 가만히 앉아서 기다리지 말고 우리가 먼저 획기적으로 바뀌어야 합니다. 그런 요구를 사전에 예측하고 거기에 대응할 준비를 갖추고 있어야 합니다."[16]

도요타자동차가 요구한 가격을 맞추기 위해 자동차 라디오 사업부는 미국에서 도입한 두 가지 기법을 실행했다. 그것은 통계적 품질관리법과 가치공학이었다. 또 사업부는 엔지니어, 구매 담당자, 영업사원으로 구성된 여러 제품 개발팀을 구성했다. 제품 개발팀들은 브레인스토밍으로 아이디어를 산출해 더 저렴한 가격으로 더 나은 제품을 만들었다.[17]

마쓰시타전기는 이 같은 혁신, 비용 절감, 신제품 개발을 통해 결국 5개년 매출신장 목표를 달성하기에 이른다. 매출을 4배로 올리기까지 걸린 시간은 본래 계획했던 것과는 약간 차이가 있다. 거기에 걸린 시간은 5년이 아니라 4년이었다.

마쓰시타는 무사안일주의를 경계하는 뜻에서 필요할 때마다 폭탄선언을 했다.

1960년 1월, 연례 경영자 회의에서 마쓰시타는 일본 최초로 주5일 근무제를 실시하는 대기업을 만들고 싶다고 말했다. 게다가 임금은 주6일 근무제를 시행하는 다른 기업들과 동일한 수준을 유지할 것이며, 1965년까지 이 제도를 실행해야 한다고 못을 박았다.[18]

마쓰시타는 주5일제를 목표로 한 5개년 계획을 새로 수립하게 된 이유를 조목조목 설명했다. 그는 마쓰시타전기와 일본의 생산성을 증대시킬 필요가 있다는 점, 주5일 근무제가 보편적으로 시행되는 미국을 따라잡아야 할 필요성을 설명했다. 그리고 일본 노동자들에게 경제적으로 좀 더 풍요로운 삶을 누릴 시간을 주고 싶다는 이야기도 했다. 직원들은 쥐 죽은 듯 조용히 경청했지만 모두 반신반의하는 표정이었다.[19]

임원진으로부터 즉각 반대 목소리가 터져 나왔다. 미국과 유럽에 비해 훨씬 낮은 시간당 임금비율이야말로 핵심 경쟁력인데 그것을 포기하자는 것이냐고 반박했다. 처음에 이 계획에 반색했던 노조간부들조차 1963년에는 꿈같은 계획이라며 고개를 저었다. 주간 작업시간을 무려 17퍼센트나 줄이는데 도대체 어떻게 임금과 복리후생, 기타 여건이 전과 다름없이 유지될 수 있겠냐는 것이었다.[20]

주5일제 근무는 사실 마쓰시타전기만의 기업 사명과 신조, 그

간 쌓아온 기업 실적과 유능한 경영진이 있었기에 감히 꿈꿀 수 있었던 소망이었다. 하지만 덩치가 커질 대로 커진 회사가 주5일제 근무를 도입한다는 것은 그때만 해도 상상키 어려운 일이었다. 위에서 열거한 대로 목표 달성에 필요한 조건을 두루 갖추고 있었지만 주변에서는 일본 경제가 침체 상태에 있으니 주5일제 도입을 늦추라고 충고했다. 당시로서는 틀린 말도 아니었다. 평소처럼 그들의 충고를 잠자코 듣고 나서 마쓰시타는 불가능을 전제하는 그들의 생각에 맞섰다. 주5일제 근무는 궁극적으로 마쓰시타전기와 노동자, 더 나아가 일본을 이롭게 하는 제도이므로 난관이 있더라도 이 야심찬 계획을 달성할 방도를 찾을 것을 경영진에 요구했다.[21]

1965년 4월 마쓰시타전기는 뜻한 대로 주5일제 근무를 도입한 일본 최초의 대기업이 되었다.[22] 이 목표를 달성하는 과정에서 기업 생산성은 대폭 향상되었고 마쓰시타 직원들은 일본 내 모든 노동자들이 부러워하는 선망의 대상이 되었다.

고속성장과 더불어 신규 인력이 쏟아져 들어오자 마쓰시타전기 고유의 기업 문화에 악영향을 미치기 시작했다. 마쓰시타전기의 기업 사명과 신조를 직접 체험하지 못한 직원들이 훨씬 더 많아졌기 때문이다. 새로 들어오는 직원들은 회사가 번영한 역사만을 기억했고 이는 결과적으로 근면한 풍토를 좀먹기 시작했다.[23]

그 흐름을 돌려놓으려고 마쓰시타는 세계화가 진전된 시장에서 향후 직면하게 될 어려움을 거듭 강조했다.

"보호무역은 국내 산업을 육성했고 일본 소비자들은 그 때문에 외국 제품을 구입하는 것이 쉽지 않습니다. 하지만 보호무역 장치는 앞으로 사라질 것입니다. 그날이 오면 미국과 유럽 제품들이 광범위하게 들어올 것이고 그중에는 국산보다 뛰어난 제품들도 많습니다. 소비자들은 외국산과 국내산을 저울질해 더 나은 제품을 선택할 것입니다. 해외 기업과의 경쟁에서 이기지 못하면 국내 기업은 소비자를 잃게 됩니다. '경쟁'이라고 하면 아직도 일본의 전자제품 업체만 떠올립니다. 이제부터라도 전 세계 제조업체들을 염두에 둬야 합니다. 해외 기업과의 경쟁에서도 결코 무너질 수 없다는 것이 저의 생각입니다."[24]

매출 목표를 달성했더라도 그에 상응하는 수익이 없으면 경영진을 불러 모아 방만한 비용 집행에 대해 마쓰시타는 이렇게 타이르고 경계했다.[25]

"우리가 정당한 수익을 내지 못하면 그것은 사회에 죄를 짓는 것이나 다름이 없습니다. 사회 자본과 인력과 자재를 사용하고도 그만한 수익을 내지 못하면 이는 자원을 낭비하는 것입니다. 그럴 바에 차라리 다른 곳에 사용되었으면 사회와 국가에 이익을 안겨주었을 소중한 자원입니다. 자원을 사용하고도 수익을 내지 못하는 사람들이 많아진다면 국가 성장도 조만간 멈추게 될 것입니다."[26]

다른 부문도 마찬가지였지만 특히 연구개발 사안으로 대규모

예산을 요구하면 마쓰시타는 굳은 표정으로 사람들을 나무랐다. 어떤 이들에게는 분명 구태의연하게 들렸을 그의 꾸지람을 한번 들어보자.

"토머스 에디슨이 연구개발에 예산을 펑펑 쓸 만큼 돈이 있었다고 생각하나요? 그는 어려서부터 신문팔이를 하며 자신을 부양해야 했습니다. 에디슨은 연구개발비가 전혀 없는 상황에서도 수많은 발명품을 만들어 세상에 기여했습니다."

마쓰시타 고노스케는 이 가르침을 강조하고자 에디슨 초상화를 사무실 벽에 걸고 본사 정원에는 에디슨 동상을 세워놓았다.[27]

경영진이나 간부 직원들이 편협한 사고에 매몰되지 않도록 마쓰시타는 끊임없이 '중지'를 강조하고, 여러 사람의 지혜를 활용할 수 있도록 격려했다. 사실 '중지경영'은 성공한 모든 일본 기업에서 공통적으로 발견되는 관행인데, 마쓰시타는 이를 회사 전체로 확장했다. 의사결정 시에는 반드시 많은 직원들로부터 정보와 의견을 수렴하도록 했고, 직위고하를 막론하고 모두에게 발언 기회를 보장하도록 했다. 여기서 그가 의도한 것은 한 사람이라도 많은 쪽을 따르는 민주주의가 아니었다. 마쓰시타는 직원들이 충분한 정보를 바탕으로 자발적으로 의사를 결정하되 항상 기업의 원대한 사명에 집중하기를 바랐다.[28]

그가 무엇보다 강조한 것은 겸손한 태도였다. 겸손한 사람은 부주의하거나 오만하게 굴지 않기 때문이다. 겸손한 사람은 숭고

한 사명에 관심을 쏟고, 타인의 말을 경청하고, 바른 일을 하기 때문이다.

마쓰시타 고노스케는 당시 너른 사무실에 수행비서들을 줄줄이 거느리고 막대한 연봉을 챙기는 수많은 미국 경영진의 관행을 따르지 않았기 때문에 그의 말에는 위력이 있었다. 그는 1958년 네덜란드 정부에서 수여하는 상을 받았으며 같은 해「뉴욕타임스」는 기업인 마쓰시타를 조명하는 기사를 실었다. 1962년에는「타임」의 커버스토리를 장식했으며, 1963년에는 로스앤젤레스 시에서 주는 훈장을 받았다. 1964년에는 800만 부가 발행되는「라이프」에서 그를 특집으로 다뤘다. 마쓰시타는 1965년 와세다대학에서 명예박사학위를 받았으며 1968년 브라질 정부로부터 메달을 받았다. 막대한 성공을 거두고 이렇게 국제적으로 유명인사가 되었으니 어깨에 힘이 들어갈 만도 하다. 그러나 그에게서는 전혀 그런 기미가 보이지 않았다.

내가 이 책을 집필할 때 만났던 사람들은 하나같이 마쓰시타의 겸손한 태도를 한참 동안 언급했다. 향후 마쓰시타전기에서 사장 자리까지 올랐던 야마시타 도시히코가 자서전에 언급한 내용도 여러 사람들의 증언과 그대로 일치한다.

"마쓰시타 씨는 지위가 높은 사람이나 낮은 사람이나 언제나 정중하게 대했다. 예컨대 소매상들을 초대한 자리에서 그는 가장 나이 어린 점원에게도 공손하게 인사하며 음료를 따라주곤 했다.

인사를 할 때는 고개를 깊이 숙였다. 90도로 과하게 몸을 접는 식이 아니라 그만의 독특한 방법이 있었다. 나도 함께 옆에서 사람들과 인사를 나눌 때면 그분처럼 인사를 하고 싶었지만 아무래도 잘 되지 않았다. 고개를 덜 숙였거나 너무 깊이 숙였거나 둘 중에 하나일 텐데, 어쨌거나 흉내를 내는 티가 역력했다. 내가 인사하는 모양새는 그저 목을 길게 빼는 듯이 보였고, 마쓰시타 씨는 인사할 때면 그의 겸양이 자연스레 묻어났다."[29]

일본에서 마쓰시타 같은 거물급 인사가 나이가 새까맣게 어린 하위직 점원에게 고개를 숙이는 것은 극히 드문 일이다. 야마시타가 이야기했듯이 여기서 말하는 인사는 일본에서 흔히 기계적으로 하는 목례가 아니다. 마쓰시타는 그런 목례가 아니라 사람들을 만날 때마다 깊이 고개를 숙여 인사를 했다. 한번은 회사 기념식에서 대규모 청중을 향해 연설을 했다. 마쓰시타는 회사를 대표해 그들의 노고를 치하했다. 연설을 마친 그는 자리로 돌아가지 않고 단상에서 내려와 직원들 앞으로 걸어갔다. 그리고 고개를 깊이 숙여 연거푸 세 번을 인사했다. 그 자리에 있던 수많은 사람들이 눈물을 흘렸다.[30]

그가 삶의 주된 목적을 부귀명예에 두었다면 1970년까지 이룩한 업적을 세상에 과시하지 않았던 마쓰시타를 납득하기 힘들다. 마쓰시타가 오만불손한 기업 경영자가 되지 않았다는 사실은 그가 추구하던 목적이 부와 명예는 확실히 아니었다는 것을 의미

한다.

여기에 아이러니가 있다. 자기 능력을 자부하는 자수성가형 사업가들은 교만한 경우가 많고 필사적으로 더 많은 부와 명예를 탐하는데, 오히려 그것 때문에 자기 꿈을 이루지 못한다. 반면 마쓰시타는 시간이 지날수록 보다 사회적이고 인도주의적 목적이 삶의 중심을 차지했다. 숭고한 가치 앞에서 그는 겸손해졌고 바로 그 겸손함 때문에 자신과 기업을 더욱 번영케 하는 결과를 낳았다.

회사가 눈부신 성장을 구가하던 1967년 연례 경영정책회의에서 마쓰시타는 이렇게 말했다.

"일본은 지난 20년 동안 엄청나게 성장했습니다. 그러나 지금 우리는 그간의 업무 방식과 태도를 주의 깊게 점검할 시점에 와 있습니다. 지금 우리는 삶을 근본적으로 진지하게 성찰해야 합니다. 전쟁이 종식된 후로 지금까지 우리는 조국을 재건하겠다는 일념으로 힘차게 달려왔고, 사실상 그 목표를 달성했습니다. 이제 잠시 숨을 돌리고 앞으로의 일을 생각해야 합니다. 여러분은 과연 어떤 삶을, 또 어떤 사회를 만들어가고 싶습니까? 지금이야말로 우리의 영혼을 돌아보고 새로 맞이할 삶을 어떻게 준비할지 숙고해야 할 때라고 믿습니다. 마쓰시타전기는 미래를 대비한 계획을 구체적으로 수립하기에 앞서 우리 회사의 면면을 찬찬히 살펴봐야 합니다. 우리는 만사를 공정하고 정직한 눈으로 평가한 뒤에 조국과 세계의 미래를 고찰해야 합니다."[31]

마쓰시타는 회의 참석자들에게 '타성에서 벗어나기'를 강력하게 요구했다. 또 '아무리 과감한 개혁이라도 용기를 갖고 실행에 옮길 것'을 주문했다.[32] 그런 다음 마쓰시타는 또 한 번 폭탄선언을 했다. 그것은 현재의 임금 수준을 유럽 이상으로 끌어올려 북미 지역에 맞먹는 수준으로 인상한다는 계획이었다.

예기치 못한 계획에 당황한 사람들에게 마쓰시타는 주5일제 근무를 도입했을 때와 동일한 메시지를 전했다. 편견 없이 열린 마음으로 바라보라는 것이었다. 일본의 저임금 경쟁력이 언제까지 효과가 있으리라고 생각하는가? 만약 저임금 경쟁력이 힘을 잃는다면 그 일이 닥친 후에 대비책을 세울 것인가, 아니면 시장에서 밀리기 전에 미래를 준비할 것인가? 임금 인상을 목표로 하는 5개년 계획으로 생산성은 향상되고, 기업과 소비자와 주주들 모두 이득을 보게 될 것이다. 각자에게 있는 재능을 활용하고 중지경영을 펼친다면 지금은 손에 넣기 힘든 목표로 보일지라도 그 방법을 찾을 수 있지 않겠는가?

장시간 논의를 거치고 나서도 일부에서는 급격한 임금 인상은 신중하지 못하다고 생각했다. 하지만 마쓰시타에 대한 신뢰가 워낙 두터웠고, 그가 제시한 생산성 향상 방안도 빈틈이 없었던 터라 기꺼이 협력하는 이들이 다수였다. 임원진들은 대개 지난 번 5개년 계획 때와 같이 이번에도 대장의 새로운 요구를 수행하고자 열심을 다했다.

　임금을 올리기 때문에 기존의 가격 경쟁력을 유지하려면 임직원들은 대대적으로 개선 작업을 펼쳐야 했다. 기존 시스템을 조금씩 점진적으로 손보는 것으로는 부족했다. 더 나은 방법론을 새로 개발하고, 노동절감형 기기를 들이고, 시대변화에 맞지 않는 관행들은 쳐내고, 공장 자동화를 확대하는 등 대규모 손질이 필요했다. 그 결과 마쓰시타전기는 1970년에 이르면 일본에서 최고의 조직 효율성을 자랑하는 대기업이 된다. 마쓰시타전기는 소니와 혼다는 물론 그 막강한 도요타보다도 훨씬 효율적인 조직으로 거듭났다.[33]

　임금인상 5개년계획을 시행한 지 4년째 되던 해인 1971년 마쓰시타전기의 임금은 독일의 임금 수준에 근접했다. 독일은 당시 유럽에서 가장 높은 임금수준을 자랑하는 나라였다. 인상계획을 시행한 지 5년째인 1972년에는 미국의 평균 임금 수준에 육박했다.[34]

　일본 대기업에서 최고경영진의 승계는 대부분 연공서열에 따른다. 회장이 은퇴하거나 고문으로 물러나면 사장이 회장 자리에 오르고, 두세 명의 부사장 중 한 사람이 사장 자리에 앉는 식이다. 일본 대기업 사이에서는 오래 전부터 이를 합리적인 승계양식으로 여겼다.

　물론 다른 대안도 얼마든지 가능하다. 외부에서 사람을 영입할 수도 있고, 서열상 직급이 낮은 사람을 끌어올리는 방법도 있다.

이 두 가지 경우 위험부담은 더 크지만 새로운 아이디어와 접근방식, 보다 개혁적인 경형활동을 펼칠 가능성은 더 높다.

1977년 1월 10일, 여든두 살의 마쓰시타 고노스케는 에어컨 사업부 수장인 야마시타 도시히코를 만났다. 당시 야마시타는 이사급 임원 26명 가운데 서열이 25번째로 그보다 더 나이가 어린 사람은 한 명뿐이었다. 야마시타는 마쓰시타전기에 평생 몸담은 사람은 아니었지만 최근 골칫거리였던 에어컨 사업부를 맡아 시장점유율 1위로 이끌었다.[35] 전략적으로 사고하고 자기 의견을 분명히 말하는 성격의 야마시타는 '다른 중역들과 달리 마쓰시타에게 맹종하지 않는'[36] 젊은 경영진이었다.

이날 회장실에 도착한 야마시타는 잔뜩 긴장해 있었다. 나중에 야마시타는 자서전에서 "뭔가 중요한 사안이라고 짐작은 했지만 그것이 무엇인지는 전혀 알지 못했다"고 회고한다. 마쓰시타는 단도직입적으로 용건을 꺼냈다. 야마시타에 따르면, 마쓰시타는 그를 쳐다보면서 "아라타로 회장이 사임하고 그 자리를 사위인 마사하루가 맡을 것이네. 그러니 자네가 사장 자리를 맡아주었으면 하네"라고 말했다. 야마시타는 그 말을 듣고 하마터면 의자에서 굴러떨어질 뻔했다고 이야기한 적이 있다. 야마시타는 이렇게 회상한다.

"말이 나오지 않았다. 그 순간 나는 마쓰시타 씨가 혹시 노망이 든 것은 아닌지 의심스러웠다."[37]

마쓰시타전기가 서열이 낮은 사업부장을 사장에 임명한다고 발표하자 일본 업계의 수많은 사람들은 충격에 휩싸였다. 언론은 '야마시타의 도약'이라고 대서특필했다. 1964년 올림픽 체조 금메달리스트인 야마시타 하루히로가 보여준 대도약을 연상케 한다는 뜻이었다. 어떤 이들은 이를 두고 잘못된 선임이라며 마쓰시타전기는 앞으로 어려움을 겪을 것이고 야마시타 신임사장은 결국 교체될 것이라고 내다봤다.

마쓰시타의 의도는 위험하지만 단순명료했다. 막대한 성공을 거두며 몸집이 비대해진 마쓰시타전기는 IBM과 제너럴모터스 등의 여러 대기업이 겪는 문제를 겪기 시작했다. 이 문제에 대한 마쓰시타의 해법은 조직을 재편성하는 것이었다. 그처럼 강심장이 아닌 사람은 감히 생각하지 못할 방법이다.

당시 임원들 중에는 문제가 발생하면 일본 가전제품 시장이 성숙할 대로 성숙했기 때문이라고 이유를 대는 이들이 많아졌다. "가전 시장은 이미 성숙 단계로 접어들었고 경쟁은 심화되고 있으니 어쩔 도리가 없다"며 자신들을 합리화했다. 하지만 마쓰시타가 항상 강조하는 '열린 마음'과 '중지'를 토대로 사태를 살핀 야마시타는 전혀 다른 결론을 내렸다. 그는 자서전에서 이렇게 회상했다.

"우리 회사는 점점 비대해지고 나태해져 근시안적으로 행동하기 시작했다. 게다가 설상가상으로 자기만족에 빠져 자기에게 닥친 중년의 위기를 전혀 인식하지 못하고 있었다."[38]

야마시타 신임사장은 취임 연설에서 자신의 첫 목표를 '회생'

이라고 공표했다. 그는 임원들에게 마쓰시타전기가 어떻게 위대한 기업이 되었는지 망각하고 있다고 경고했다.[39] 그는 조직의 상위 경영진인 수석 부사장 직급을 폐지하고,[40] 회사 내에 강도 높은 공정성을 요구했다.[41] 사업부 간의 대규모 인사이동을 실시하고,[42] 해외 생산기지를 늘려나갔다.[43] 무엇보다 '지속적인 개혁'을 강조했다.[44]

야마시타의 과감한 행보에 간부들이 저항할 것은 불을 보듯 뻔했다. 특히 회사에 오래 몸담았던 중역들이 반대하고 나섰다. 그들은 언제나 전체의 이익을 대변하듯 점잖게 나서서 야마시타의 아이디어가 안고 있는 문제점들을 지적했다. 그러다 보면 자신들의 체면을 구기지 않고 이 새파란 개혁가를 몰아낼 수 있으리라 생각했던 것이다. 이들은 마쓰시타를 찾아가 신임사장의 문제점들을 토로했다. 하지만 마쓰시타는 그들의 주장에 숨어 있는 자기 방어적 논리와 편견을 알아채고 그저 조용히 신임사장을 불러 칭찬하고 격려할 뿐이었다.[45]

야마시타는 몇 가지 중요한 사항을 제외하고는 사업부 경영진에게 의사결정을 일임했다. 그는 사장으로 있으면서 비디오테이프 개발을 성공시켰는데 그 뒷이야기가 흥미롭다. 개발부에서 두 시간짜리 비디오테이프를 만들기도 전인데 다짜고짜 미국 RCA에 납품할 4시간짜리 VHS 비디오테이프를 만들어내라고 지시한 것이다. 그런데 개발부에서는 그야말로 기적을 일구어냈고, 이렇게 해서 나온 4시간짜리 테이프는 소비자들로부터 사랑을 듬뿍 받았다.

회사 초창기에 신형 라디오 개발을 성공시켰던 마쓰시타를 연상케 하는 이야기다. 이를 계기로 마쓰시타전기는 비디오레코더 시장에서 소니를 누르고 주도권을 장악했다.[46]

또한 야마시타는 컴퓨터 관련 산업에 다시 뛰어들었다. 사실 마쓰시타는 과거 일찌감치 사무용 대형 컴퓨터 시장에 뛰어들었다가 1964년에 사업을 중단시킨 바 있다. 경제 기사에서 '경영의 신'으로 추앙받는 마쓰시타지만 이 결정만큼은 그런 칭호가 무색할 정도였다. 컴퓨터 산업에서 손을 뗀 것은 일반적으로 마쓰시타가 내린 최악의 판단으로 여겨진다.[47] 참고로, 막대한 연구개발비 때문에 미국에서도 GE와 RCA를 비롯한 여러 기업이 컴퓨터 산업에서 철수했다. 이때 일본 정부는 통산산업성을 통해 연구개발비를 지원하기로 한다. 일설에 따르면 마쓰시타는 일본 정부의 지원은 아예 기대를 하지 않았다고 한다. 오랜 세월 유착관계를 맺어온 도쿄의 대기업들이 지원을 받게 되리라고 확신했다는 것이다.[48]

야마시타는 한 번 접었던 대형 사무용 컴퓨터 대신 반도체 개발을 적극 추진했다.[49] 1986년 야마시타 사장이 은퇴했을 때 그의 사장 취임을 의문시했던 세력들을 비롯해 그가 재임 시절 보여준 역량을 부정적으로 평가하는 이들은 거의 없었다.

아무리 혁신적인 기업가라도 나이가 들면 보수적으로 변하기 십상이다. 부와 권력을 지키고 싶은 마음에 과감했던 리더가 어느덧 신중을 기하게 된다. 하지만 역설적이게도 위험을 피해 몸을 사리다 보니 기업체질을 약화시켜 과거의 영광을 잃어버릴 위험에 처한다. 마쓰시타는 이런 수순을 밟지 않았다. 그는 반대 의견을 제시하며 힘의 균형을 잡아준 도시오와 다카하시를 비롯한 참모들이 회사를 떠나거나 은퇴한 뒤에도, 여든이 되고 아흔이 되어서도 어찌 보면 더 과감한 행보를 보였다.

그가 좋아했던 울만의 시는 청춘을 이렇게 노래한다.

"청춘은 본래 두려움을 물리치는 용기. 안락한 삶을 사랑하기보다는 모험을 찾아 떠나기를 갈망하오. 청춘은 스무 살 청년이 아니라 육십 넘은 노인에게서도 곧잘 찾을 수 있다오. 세월로만 늙는 이는 아무도 없다오. 자기 이상을 저버리며 늙어가는 것이외다."

마쓰시타의 이상은 노년에 시들기는커녕 갈수록 싱싱해 보였으며 그의 영향력은 나날이 확대되었다.

5부
운명을 책임지는 힘

"나는 인간이 자신의 운명을 책임지는 자유로운 주체라 생각한다. 인간은 선택할 수 있다. 한쪽 길은 평화와 행복으로 인도하고, 또 다른 길은 혼돈과 자멸로 이어진다."

만약에 마쓰시타가 운명은 어쩔 수 없다며 무기력한 태도를 취했다면 지금과는 전혀 다른 삶을 살고 있었을 것이다. 인간에게 선택권이 없다는 말은 인간을 무력하고 기운 빠지게 만들 뿐이라는 것이 그가 내린 결론이다.

13장

은퇴생활

1961년 마쓰시타 고노스케는 예순여섯에 회장직에 오르고 사위 마사하루가 사장으로 취임한다. 1960년대 중반에 잠시 경영 일선으로 복귀했던 그는 1973년에 회사고문역을 맡으면서 일선에서 완전히 물러났다. 그리고 그의 회장직은 다카하시 아라타로가 물려받았다.[1]

성공적으로 승계 작업을 마무리한 마쓰시타는 자신이 이제껏 해왔던 본업이나 나이는 접어두고 앞으로 무엇을 할 것인지 궁리했다. 같은 일을 계속할 것인가? 운동선수들도 그렇지만 기업인들도 특정 연령대를 넘기고 나면 웬만해서는 전성기 시절의 위업을 재현하기 힘들다. 다음 세대에 힘을 실어주지 않고 끝끝내 권력을 움켜쥐는 기업인은 공동체 이익에도 부합하지 않는다. 같은 일을 계속하는 것이 바람직하지 않다면 그럼 무엇을 해야 할까? 과거의 영광을 누리며 편하게 지낼까? 골프나 치며 시간을 보낼까?

마쓰시타 고노스케의 노년은 흔히 말하는 '은퇴생활'과는 거리가 멀었다. 골프를 치러 다니지도 않았고 음악회를 찾아다니거나 장기 여행을 떠나지도 않았다. 그는 책을 집필하고, 여러 공공사업에 자금을 지원하고, PHP연구소 직원들과 더불어 연구 활동에 매진했다.

마쓰시타가 세운 PHP연구소는 전후戰後 암울했던 1946년 11월 공식 출범했다. 인간 본성을 연구해 다시는 일본이 제2차 세계대전과 같은 자멸적인 과오를 범하지 않도록 일본 국민을 인도하려는 데 설립 목적이 있었다.[2] 연구소가 추구하는 기본 방향은 그 이름에 그대로 드러난다. PHP는 '번영을 통한 평화와 행복Peace and Happiness through Prosperity'을 추구하는 사회운동을 말한다.

이 연구소는 1950년에 PHP 월간지 발행 사업을 제외한 모든 연구를 중단했다가 1961년 마쓰시타가 다시 참여하면서 연구 프로젝트를 재개했다. 1967년 교토에 PHP연구소 빌딩이 완공되면서 연구 활동이 대폭 확대된다.[3]

인생 후반의 27년 동안 마쓰시타는 이 작은 연구소에서 대부분의 시간을 보냈다. 20세기 내내 그가 실행했던 수많은 사업들과 마찬가지로 PHP연구소 활동 역시 남다른 모험이었다. 미국에는 이런 성격의 연구소가 존재하지 않는다. PHP연구소 활동은 언뜻 보면 순진한 이상주의 활동으로 비쳐질 수도 있지만 이 활동이야말로 마쓰시타가 노년에 최우선으로 여겼던 가치가 무엇인지를 여실히 보여준다.

마쓰시타가 PHP연구소를 설립한 때는 연합군 최고사령부에 의해 회사의 경영권을 박탈당한 시점과 일치한다. 설립 시기도 그렇고 연구소가 표방하는 것이 평화라는 점, 또 연구소 명칭이 일본어가 아닌 영어라는 점 때문에 이것이 미국인들을 겨냥한 일종의 기업 홍보 전략이 아니냐고 의심하는 사람들도 있었다.

마쓰시타는 연구소 모임을 공식적으로 처음 갖는 자리에 마쓰시타전기 직원 서른 명을 초대했다.[4] 그는 참석자들에게 일본의 비참한 현실을 상기시키고, 어떻게 그런 사태가 발생했는지에 대해 이야기를 풀어나갔다. 번영과 행복, 이 두 가지를 얻을 수 있는 방법에 대해서도 이야기했다.[5] 그의 이야기는 멈출 줄을 몰랐다. 사람들은 그의 말을 경청했지만 진짜 무슨 생각을 했는지는 알 수 없다.

재벌해체 대상으로 지정되어 경영권을 박탈당했던 6개월 동안 마쓰시타는 PHP '운동'에 전념했다. 그는 PHP연구소를 소개하는 내용과 모임 장소 및 시간을 적어 오사카의 우메다 역 앞에서 전단지를 돌렸다. 나카노시마의 오사카 후리츠 도서관에서 한 달

에 한 번 강연을 하고, 도쿄와 나고야에서도 PHP 운동본부를 조직했다.[6]

일본 사람들은 PHP 운동에 대해 별로 신통한 반응을 보이지 않았다. 마쓰시타전기 노조는 마쓰시타가 왜 기업을 살리는 데 더 많은 시간을 쏟지 않는지 따져 물었다. 마쓰시타는 자신이 펼치고 있는 운동에 노조가 힘을 보태주기를 바랐지만 노조에서는 그의 제안을 거절했다. 다른 곳에서도 반응은 이와 비슷했다. 그는 애를 많이 썼지만 이 시기 PHP 모임 참석자 수는 100명을 넘지 못했다.[7]

마쓰시타는 자서전에서 두루뭉술하게 "여러 복잡한 사정이 있어 처음에는 PHP연구소 활동이 순탄하지 못했다"고 썼다.[8] 그는 이 복잡한 사정이 무엇인지 밝히지 않았다. 다만 일각에서는 당시 궁핍한 일본이 식량문제 해결이라면 몰라도 인간본성에 대한 연구에 무슨 관심이 있었겠느냐고 추측한다.

그는 1947년 4월 힘겹게 활동을 이어가던 와중에 월간 「PHP」를 창간했다. 그러다가 1950년 7월 월간 「PHP」 출판 외에 모든 활동을 일시 중단한다. 연합군 사령부의 통제에서 벗어난 뒤였다.[9] 이 결정은 다시 한 번 연구소를 운영하는 진짜 목표가 무엇인지에 대한 의혹을 불러일으켰지만, 마쓰시타가 연구소 활동으로 연합군 사령부의 환심을 사려고 했다는 증거는 없다.

PHP연구소 활동에 대해서는 마쓰시타 본인도 전쟁 직후에는 별로 한 일이 없었다고 인정했다. 그렇지만 개인적으로는 중요한 의미를 가진다면서 이렇게 이야기했다.

"그 3년 동안 PHP연구소는 내 마음의 안식처였다."[10]

기업 홍보 면에서 어느 정도 성과를 거두었을지도 모르지만, 마쓰시타가 인정했듯이 그보다는 역시 개인적 의미가 컸다. 전후 몇 년 동안 그는 극심하게 스트레스를 받았다. 회사가 완전히 문을 닫을 뻔했고 그 자신도 파산 지경까지 내몰렸다. 전쟁광이라는 딱지가 붙을 수도 있는 상황이었다. 게다가 사태가 이 지경인데 손발이 묶여 그저 발만 동동 굴렀던 시간도 있었다. 이 모든 상황과 그가 살아온 배경을 생각하면 PHP연구소의 이상주의적 활동으로 위로를 받았다는 그의 말이 십분 이해가 간다.

만약 연구소가 일각의 추측처럼 미군 측에 좋은 인상을 심으려고 만든 홍보수단에 지나지 않았다면 1950년대 이후로는 존재할 가치가 없었을 것이다. 그러나 마쓰시타는 1960년대에 경영일선에서 한 걸음 물러나기로 결정한 다음 곧장 PHP연구소로 돌아갔다.

1961년 마쓰시타는 사장직에서 물러나 마쓰시타전기 회장으로 취임한다. 회사에서 활발하게 자기 역할을 수행했지만 직접 경영일선에 나서지는 않았다. 그해 8월 마쓰시타는 PHP연구소를 재가동하고 그 일에 본격적으로 매진한다.[11]

이때쯤 그에게는 대궐 같은 건물을 사고 대필 작가 수백 명을 데려와 자신의 경영비법을 책으로 써서 출판하고도 남을 만큼 재산이 있었다. 하지만 「타임」이 1961년 후반에 그를 취재하러 가서 대면한 모습은 사뭇 놀라웠다. 일본을 대표하는 기업가 마쓰시타는 '교토 시내 아담한 주택'에서 PHP연구소 직원 몇 명과 함께 지내고 있었다. "수도원 분위기를 물씬 풍기는 고요한 연구소 정원에서 그는 세 명의 젊은 연구원과 함께 꽃잎 모양 과자와 차를 들면서 세미나를 진행하고 있었다. 네 사람은 모든 사람에게 번영과 행복을 안겨줄 수 있는 방법을 논의했다"고 「타임」은 보도한다.

마쓰시타는 「타임」 기자에게 인간을 깊이 이해하지 않고서는 세상에 번영을 가져올 수 없다면서 "겸손한 마음으로 인간의 본성을 연구하고 싶다"고 의중을 밝혔다.[12]

이후 15년이 넘도록 마쓰시타는 풍요로운 삶을 위한 PHP 활동에 활발하게 참여하면서 적극적으로 운동을 펼쳐나갔다. 그는 인간의 본성과 인생, 경영과 정치, 공공정책 등에 대해 열띠게 논의했다.

마쓰시타의 후원을 받은 PHP연구소는 1968년 출판 사업부를 세우고, 1969년에는 국제 사업부를 설립했다. 1970년부터는 월간지 영문판을 발간하기 시작했다. 1975년 마쓰시타가 쓴 『인간본성에 대한 생각』을 냈고, 1976년에는 『21세기 일본의 비전』을 출판했다. 1977년 5월부터 정기적으로 세미나를 개최했고, 같은 해 12월부터는 「보이스Voice」라는 잡지를 발간했다. 1979년에는 싱가포르에 지사를 설립했다. 이듬해인 1980년에는 PHP의 아시아태평양 판과 스페인어 판을 처음으로 발행했고, 1981년에는 해외에서 처음으로 PHP 세미나를 개최했다.[13]

1983년 5월 PHP연구소는 일본 정부와 경제계, 대중을 위한 정책을 제언하고자 '세계 변화를 위한 교토 세미나Kyoto Colloquium on Global Changes'를 개최했다. 마쓰시타는 자서전에서 '일본이 국제 사회에서 적절한 역할을 수행하는 데 일조하고자' 세미나를 구상했다고 밝혔다. 저명한 작가와 학자들, 경제계 리더들이 주축이 되어 이 세미나를 이끌었다. 세미나의 목표는 마쓰시타답게 보통 사람이 꿈꾸기 어려운 웅대한 것이었다.

"우리 목표는 일본과 세계 여러 나라들이 공유하고 있는 문제를 근본적으로 이해하고, 다음과 같은 난해한 문제들을 해결할 방안을 제시하는 것이었다. 세계 시민들이 조화롭게 공존하려면 어떤 철학을 지녀야 하는가? 새로운 세계 질서와 체제를 만들려면 어떤 원칙이 필요한가?"[14]

마쓰시타가 사망한 1989년 무렵 PHP연구소는 전체 직원이 300명이 넘어설 정도로 성장한다. 이들 대부분은 출판 업무에 종사했다. PHP연구소는 총 열한 가지 잡지를 발간했는데, 대부분이 월간지였고 300만 부가 넘게 유통되었다. 잡지 외에 일반서적과 교재, 연구논문, 아동도서를 비롯해 매년 400여 권의 책을 출판했으며 수백여 가지의 비디오 타이틀을 출시했다.[15]

지금은 출판 업무 외에 경영세미나, PHP 동호회, 정책연구 등에도 힘쓰고 있다. PHP 경영세미나는 대개 이삼일 동안 진행되는 프로그램으로 여태껏 참석한 인원만도 18만 명이 넘는다. PHP 동호회는 자발적으로 모인 3000개 동호회가 연구소의 지원 아래 다양한 활동을 펼치고 있다. 정책연구 활동은 세 개의 주요 그룹이 이끄는데, '세계 변화를 위한 교토 세미나' 분과도 그중 하나다.[16]

이 모든 활동이 미치는 영향력을 정확하게 평가하는 작업은 쉽지 않다. 마쓰시타가 세상을 뜰 무렵 종업원 수가 무려 20만 명에 달했던 마쓰시타전기에 비하면 규모 면에서는 난쟁이 수준이었다. 하지만 이 작은 연구소에서 발행하는 월간 「PHP」는 한동안 일본에서 최고의 판매 부수를 자랑하는 월간지였다. 이는 미국이나 유럽 상황에서는 이해하기 힘든 현상이다.

영어판 「PHP」는 '더 나은 세상을 위한 포럼Forum for a Better World'으로 잡지를 소개했다. 1980년대에 발행된 월간지 「보이스」는 주로 여러 나라의 독자들이 기고한 사설을 실었다. 이를테면, 카메라 수리공인 댄 타운센드Dan Townsend는 군축문제에 대해 썼고, 인도의 경제학자인 K. 라다크리슈난 나이르K. Radhakrishnan Nair는 국가 간의 갈등을 주제로 글을 기고했다. 인도의 교사 슈실라 아가르왈Sushila Agarwal은 평화를 위한 교육을 주제로 글을 썼다.[17]

PHP연구소에서 발행하는 잡지나 출판물, 세미나는 분명 누군가의 눈에는 순진무구한 이상주의로 비칠 것이다. 이보다 더 혹평을 하는 사람도 있을 수 있다. 참고로 내가 인터뷰했던 사람 중에 이름을 밝히기 꺼려한 한 사람은 이 연구소를 가리켜 '소수 종교'라고 비웃었다. 그러나 PHP 운동을 살펴보면 마쓰시타가 말년에 중점적으로 치중한 활동을 볼 수 있다. 어떤 관점에서 보느냐에 따라 PHP연구소의 활동은 미래 비전을 제시하는 대범한 행동으로 보일 수도 있고, 돈 많은 기업가의 값비싼 오락으로 보일 수도 있다.

마쓰시타가 PHP 운동을 하면서 발전시킨 사상은 마치 종교처럼 그 체계가 복잡하고 광범위하다. 현대인들에게는 좀 구식으로 느껴지는 대목도 있을 것이다. PHP 운동 철학의 기본 개념은 언뜻 보면 단순해 보이지만, 그 세부 항목으로 들어가면 복잡하고 헷갈리는 내용도 종종 보인다. 여기에는 아마도 많은 사람의 의견을 경청하고 필요에 따라 실용적인 아이디어를 여기저기서 차용했던 마쓰시타의 습관이 한몫하지 않았나 싶다.[18]

PHP 철학이 광범위하긴 하지만, PHP 출판물을 통해 그 핵심을 차지하는 마쓰시타의 철학을 요약하면 다음과 같다.

1. 인간은 기본적으로 선하고 책임감이 있다
"모든 현실적인 정치 철학은 인간이 천성적으로 악하다는 전제 위에 서 있다고 한 저명한 정치학자는 설명했다. 마키아벨리의 『군주론』이 가장 대표적이고 그 외에도 얼마든지 많다. 플라톤이 『국가』에서 설명한 '철인왕' 사상도, 성인이 다스리는 유교사상도 모두 백성이 스스로를 다스릴 수 없다는 엘리트주의를 표방한다. 이들은 대단히 명석할지는 모르지만 그 전제는 틀렸다. 인간은 천성적으로 악하지도 어리석지도 않다. 인간은 연약해서 때로 양심을 거스르기도 하고 사악한 유혹에 너무 자주 넘어가지만, 기본적으로 악한 마음을 가진 이는 거의 없으며 해로운 욕망을 제어하려는 이성의 명령을 거부하는 사람도 거의 없다."[19]

마쓰시타의 개인사, 특히 1890년대와 1940년대에 겪은 비극을 보면서 그가 이보다 훨씬 부정적인 인간관을 형성했으리라 짐작했을지도 모른다. 그러나 마쓰시타는 살면서 숱한 시간 동안 사람들 속에 내재한 선한 마음을 보았다고 말했다. 그는 사람들을 믿었고 지속적으로 주변 사람들에게 권한을 나눠주었다. 그러면 사람들은 몇 번이고 그를 위해 작은 기적을 이뤄냈다.

2. 인간은 물질적으로 또 정신적으로 갈고닦으며 발전할 역량이 있다
"인류 역사는 전쟁, 만행, 박해, 기아 등의 비극이 반복되는 연대기라고 볼 수 있다. 그러나 인간이 물질적으로나 정신적으로 계속 성장하고 발전해온 것도 사실이다. 과학기술은 우리 삶을 안전하고 편안하게 만들었고 인간이 창의력을 발휘하며 성장할 수 있는 여건을 제공했다. 몇몇 뛰어난 종교는 오랜 세월 동안 수많은 사람이

마음의 평화를 찾는 데 기여했다. 우리 삶을 풍요롭게 한 그 많은 위대한 문학작품과 예술품, 철학자와 사상가들이 우리 자신을 이해하도록 얼마나 많은 도움을 주었는지를 생각해보라."[20]

마쓰시타는 이와 같은 믿음을 지지하는 증거를 살면서 무수하게 경험했다고 말했다. 학교를 거의 다니지 못한 사람들이 스스로 성장하면서 중대한 업무를 훌륭하게 완수하는 모습을 그는 적잖게 목격했다. 또 일본이 봉건제 국가에서 부강한 현대 국가로 이행하는 과정, 자신이 세운 기업이 성장해 전 세계 수많은 사람의 생활을 더 안락하게 만드는 데 기여하는 모습도 전부 지켜보았다. 하지만 80여 년에 걸쳐 경이로운 성장을 이뤄낸 마쓰시타 자신의 삶이야말로 인간의 발전 역량을 증명하는 가장 확실한 증거다.

3. 인간은 선택 능력이 있다

전통 사회에서는 신이나 자연이 세상을 지배한다고 믿었다. 현대 사회과학에서는 인간의 행동이 유전자 혹은 심리, 사회, 경제적 요인에 의해 강력하게 제어당한다고 보는 경향이 있다. 자유의지라는 개념은 이 두 가지 입장에 모두 상반된다. 자유의지는 마쓰시타 철학에서 중대한 부분이다.

"나는 인간이 자신의 운명을 책임지는 자유로운 주체라 생각한다. 인간은 선택할 수 있다. 한쪽 길은 평화와 행복으로 인도하고, 또 다른 길은 혼돈과 자멸로 이어진다."[21]

인간은 대개 무기력하게 운명에 끌려갈 뿐이라는 주장은 얼토당토않은 것이라고 마쓰시타는 말했다. 그는 무일푼으로 시작해 어려서부터 여러 차례 중요한 기회를 만났다. 견습공 시절 고다이 씨 가게에서 계속 일할 것인가, 떠날 것인가 기로에 섰다. 오사카전등회사에서도 계속 남을 것인가, 독립해서 회사를 차릴 것인가를 선택해야 했다. 1917년 11월 어렵게 시작한 사업을 포기할 것인가, 계속 밀고 갈 것인가 기로에 섰다. 1920년대 중반에는 사업을 축소할 것인가, 더 큰 목표를 세우고 사업을 확장할 것인가 기로에 섰다. 마쓰시타는 PHP 연구원들과 함께 자신의 경험을 돌아보며 이런 생각을 했다. 만약에 그가 운명은 어쩔 수 없다며 무기력한 태도를 취했다면 지금과는 전혀 다른 삶을 살고 있었을 것이라고.

"인간에게 선택권이 없다"는 말은 인간을 무력하고 기운 빠지게 만들 뿐이라는 것이 그가 내린 결론이다.

4. 인간에게는 인류가 직면한 난제들을 해결하는 데 필요한 물질적, 정신적 자원을 제공할 역량이 있다

인간이 천성적으로 선하고, 스스로 발전 가능하며, 선택의 능력이 있다면 네 번째 명제는 자연스럽게 도출된다.

"인류사의 이 중대한 고비에서 우리는 다시 한 번 인간의 지혜가 본질적으로 바르다는 것을 신뢰해야 한다. 우리에게는 인류가 직면한 난제들을 해결하는 데 필요한 정신적, 물질적 자원을 제

공할 수 있는 역량이 있음을 굳게 믿어야 한다. 비관적 사고는 사람을 절망에 빠뜨리고 무능하게 만든다. 아무짝에도 쓸모없는 비관주의를 펼치며 불안감에 휩쓸리지 말고 위기 시에는 역량을 한곳에 결집하는 것이 좋다. 미래에 대한 희망의 끈을 절대 놓아서는 안 된다. 결국에는 민중의 의지가 인간사를 지배할 것이고, 그 의지는 근본적으로 선하기 때문에 세상은 보다 새롭고 좋은 시대를 맞이할 것이라는 믿음을 가져야 한다."[22]

5. 난제를 해결하려면 무엇보다 순수한 마음과 기꺼이 배우는 자세가 필요하다

"스나오素直라는 일본말은 일반적으로 온순하고 순순히 남의 말을 듣는 자세, 열린 마음, 진실한 태도 등을 뜻한다. '순수한 마음(스나오)'은 갇혀 있지 않은 자유로운 정신으로 새로운 환경에 효율적으로 적응할 수 있는 상태라고 할 수 있다. 이런 마음을 지닌 사람은 사물을 있는 그대로 보고, 어떤 편견이나 선입견을 투영하지 않는다. 편견을 지닌 사람은 모든 것을 색안경을 끼고 왜곡해서 본다. 그런 사람에게는 흰 종이도 파랗게 보이고, 직선도 굽어 보일 것이다. 사물의 본질을 제대로 조사하지 않고 의사결정권자가 편견이나 선입견을 토대로 사물을 판단하면 일을 그르치게 될 것이다."[23]

순수한 마음은 마쓰시타 철학에서 핵심적 요소다. 현실을 직시하고 솔직하게 대면해야 한다고 그는 즐겨 말했다. 어려운 현실

앞에서 충동적으로 반응하거나 정략적 술책에 휘둘려서는 안 된다. 마쓰시타는 "비가 내리면 우산을 펴라"라고 조언했다.[24]

이런 순수한 마음은 누구든지 노력하면 배양할 수 있다는 것이 그의 생각이었다. 학생들은 학교에서 순수한 마음으로 사고하는 법을 배울 수 있을 것이고, 사회는 시민들이 이런 시각을 키울 수 있도록 도와야 한다는 것이다. 순수한 마음으로 사물을 정확히 판단할 수 있을 때 그 효과는 강력할 것이다. 또 마쓰시타는 순수한 마음이 있다면 언제 어디서 누구를 만나든 가르침을 받을 수 있다고 늘 사람들에게 강조했다.

교육받은 사람일수록 PHP 운동 철학에 고개를 갸우뚱하기 쉽다. 사실 '순수한 마음'이라는 개념을 제외하면 마쓰시타의 사상은 그다지 새로울 게 없다. 지나친 낙관주의 때문에 순진하게 보일 수도 있다. 그래서 이 연구소 활동이란 것이 사실은 마쓰시타 본인이나 회사를 은밀하게 홍보하기 위한 수단이 아니냐는 의구심을 품을 만도 하다. 하지만 또 다른 쪽에서는 그가 PHP연구소의 철학을 깊이 신봉했으며 그 철학은 곧 마쓰시타의 특성이자 그가 성공하는 데 중요한 원동력이었다고 말한다. 이런 말을 들으면 그를 의심하는 이들은 야릇한 미소를 지으며 그가 정부를 거느린 이력이라든가 다혈질 기질, 제2차 세계대전 때 군수품을 제조한 이력을 제시한다.

마쓰시타를 잘 아는 이들은 하나같이 그가 PHP 철학을 진심으로 받아들였다고 입을 모은다.[25] 인간에 대한 낙관적 믿음은 인생 후반기에서는 분명 그가 가장 중요시했던 가치였다는 것이다. 마쓰시타를 의심하는 자들에게 그들은 반문한다.

"마쓰시타가 실행한 일들이 그것을 증명한다. 만약 그가 인간 본성이나 발전 능력, 겸손에 대해 이와 다른 사고를 가졌더라면 어떤 일이 일어났을지 상상해보라. 만약 그가 인간본성을 선하다고 믿지 않았다면, 1932년에 기업 신조 같은 것을 만들지도 않았을 것이고 사업부제를 만들어 아랫사람들에게 강력한 권한을 부여하지도 않았을 것이다. 진보가 가능하고, 인간이 스스로 발전할 수 있다고 믿지 않았다면, 그는 결코 장기계획을 세워 위험을 감수하면서 자원을 투자하고 다른 사람들에게도 그렇게 하라고 격려하지 못했을 것이다. 열린 마음의 위력을 확신하지 않았다면 1950년대~1970년대에 마쓰시타전기를 그 어떤 조직보다 융통성 있고 적응력 있는 기업으로 키우지 못했을 것이다."[26]

사람들의 말에 따르면, 마쓰시타는 이런 철학을 수용할 때 비로소 인류는 더 위대한 업적을 달성할 수 있다고 믿었다. 그는 PHP가 제창하는 기본 사상은 시공간의 제약을 받지 않는다고 보았다. 그는 이 사상이 일본에서 유효하듯이 미국에서도 유효하며, 20세기에 그 효과를 발휘했듯이 21세기에도 강력한 힘을 발휘할 것이라 믿었다. 따라서 마쓰시타는 말년에 나이가 들어갈수록 보다 많은 PHP 신봉자들을 양성하고자 온 힘을 기울였다.

동년배 친구들이 모두 일을 그만두고 쉴 때도 마쓰시타는 더 많은 사람을 교육하고 결집시키는 데 힘을 쏟았다. 그는 PHP의 긍정적 철학을 전파하고자 부단히 노력했다. 1950년대에 처음 마쓰시타를 만나, 그의 사후 마쓰시타정경숙 이사장을 역임한 아라이 마사키는 이렇게 회상한다.

"사람이 나이가 들고 지위가 올라가서 어느 정도 부와 명성을 얻게 되면 대개 거기에 만족합니다. '이만하면 충분히 했다. 이제 은퇴해서 여생을 즐기자'고 마음먹게 되죠. 그런데 마쓰시타 씨는 한 번도 이런 식으로 생각하지 않았습니다. 그는 계속 목표를 상향조정하며 자기를 채찍질했습니다. 마쓰시타 씨는 늘 더 좋은 사회를 만들기 위해 당신이 해야 할 일이 남았다고 생각했습니다."[27]

기업 경영 일선에서 물러나긴 했지만 마쓰시타는 한 번도 손에서 일을 놓지 않았다. 그는 교토에 있는 소박한 주택에서 연구원들과 함께 철학적 논제를 탐구했다. 물론 이런 모습은 정력적인 기업가의 은퇴 후 행보로서는 괴리감이 있어 보인다. 그러나 그의 삶 전체를 보면 PHP연구소 활동은 단절이 아니라 연속선상에 놓여 있다. 그는 수십 년 동안 끊임없이 배우고, 성장하고, 자신을 새롭게 변모시켰다. 예순다섯에도 일흔다섯에도 여든다섯 살에도 이런 모습은 변함이 없었다.

14장

쓰고, 또 쓰고

마쓰시타의 첫 번째 책은 1953년에 출간되었고 마지막 책은 1990년에 나왔다. 총 46권이 그의 이름으로 출간되었다.[1] 대부분의 출판물이 짧은 단행본이긴 해도 이 정도면 엄청난 저작물을 남긴 셈이다.

서구 사회에서는 기업가들의 자선활동이 익숙한 편이지만 일본에서는 자수성가한 부자가 사회에 거금을 기부하는 전통이 없었다. 그러나 마쓰시타는 개인 자산에서 현재 환율로 약 3000억 원을 기부했고, 기업 펀드에서 1000억 원을 기부했다.[2]

저술 활동과 재산 기부는 PHP연구소 활동과 연계하여 이루어졌다. 마쓰시타는 자신의 철학을 책으로 남겨 널리 알렸으며 이런 철학을 표방하는 PHP 활동을 지원하는 데 막대한 돈을 내놓았다.

마쓰시타의 사상을 글로 옮기는 작업은 대부분 PHP연구소 소속 연구원들의 손을 빌렸지만 그 개념은 모두 그가 제공했다. 그의 책들은 현재에 만족하지 않고 더 나은 것을 추구해야 한다는 기본 사상을 토대로 다양한 아이디어를 탐구하고 있다.

『신국토 창성론』에서는 가용토지가 부족한 일본의 문제를 지적했다.[3] 일본은 국토의 70퍼센트가 산악지대인 까닭에 다른 나라에 비해 인구밀도가 엄청나게 높다. 이로 인해 교통체증, 환경오염, 주택공급 등 여러 가지 문제가 발생한다. 또 경작지가 부족한 탓에 자국민의 식량을 곡물수입에 의존했다.

마쓰시타는 일본 정부에 제언하기를, 몇백 년이 걸릴지 모르지만 가용토지를 2배로 늘리는 것을 목표로 대규모 장기 공공사업을 시작해야 한다고 말했다. 이를 위해 산악지대를 깎아내고 거기서 나온 흙과 돌로 바다를 매립하고 새로운 간척지를 개발해 일본 열도를 넓히자고 하였다.

여기에 필요한 계획과 준비를 마치려면 남은 20세기를 모두 투자해야 할지도 모르지만, 이후의 건설속도는 경제상황에 따라 조정할 수 있다고 마쓰시타는 설명했다. 불황기에는 작업량을 올리고 호황기에는 속도를 늦추면 된다는 것이다.

이런 간척사업이 비현실적이라고 평가하는 사람들에게 마쓰시타는 포트아일랜드Port Island를 근거로 들었다. 포트아일랜드는 고베 시가 인근 산악지대에서 필요한 자재를 충당해 무려 130여 만 평의 땅을 간척해 만든 인공 섬이다. 공사기간도 13년으로 짧은 편이었다. 일개 도시에서도 이런 사업을 할 수 있는데 하물며 국가가 이보다 큰 사업을 못할 이유가 없다는 것이 마쓰시타의 주장이었다. 교통 혼잡이 해소되고, 경작지가 늘고, 주택지가 확대되기 때문에 이만한 공을 들일 가치는 충분하다는 것이었다.

1978년에는 '무세 국가론'을 제언했다. 일본이 매년 흑자예산을 축적하면 결국 세금을 걷지 않는 나라를 만들 수가 있다는 것이다. 그의 제언은 단순하면서도 급진적이었다. 균형예산이나 적자예산을 집행하지 말고 매년 모든 수익의 10퍼센트를 따로 적립하자는 것이다. 그리고 이 기금의 이자로 세율을 줄여나간다면 100년쯤 지나면 적립된 이자만으로도 국가예산을 조달할 수 있다. 국가가 성장함에 따라 생기는 빈부격차를 줄이기 위해 부유층에 대한 과세는 계속될 필요가 있지만, 나머지 국민들은 전혀 국세청에 세금을 내지 않아도 되는 세상이 가능하다는 주장이었다.[4]

'신국토 창성론'과 '무세 국가론'은 그의 사상이 여실히 드러나는 '마쓰시타표' 정책이다. 이 두 가지 정책은 모두 인간의 잠재력을 지극히 낙관적으로 전망한다. 마쓰시타는 정부 측에 장기적 관점에서 대대적인 계획을 세울 것을 요구하고, 현세대에게는 후손들의 복지를 위해 희생을 감수할 것을 요구한다.

그가 제안한 고등교육 개혁 방안 역시 급진적인 데가 있다. 일본 초등교육과 중등교육 과정은 학습량이 많고 엄격한 데 반해 대학교 교육은 그렇지가 않았다. 미국과는 달리 일본에서는 고등학교를 졸업하고 대학에 들어가면 드디어 공부에서 해방되어 맘껏 놀아도 좋다고 생각하는 경향이 있다. 마쓰시타는 지식생산성이 가장 왕성할 시기에 젊은이들이 4년 동안 휴가를 즐기듯 시간을 허비하게 방치할 수는 없다고 주장했다. 대학교육을 좀 더 엄격하게 시행하자는 정책과 대학의 수를 절반으로 줄이자는 정책을 놓고 본다면 마쓰시타는 후자 쪽이었다. 초등교육과 중등교육을 훌륭하게 이수한 후에 곧바로 직업전선에 뛰어드는 사람이 더 많아져야 한다고 그는 주장했다. 또 직장에서도 얼마든지 학업을 이어나갈 수 있고 양질의 교육은 학교에서만 필요한 것이 아니라고 지적했다.[5]

마쓰시타는 자신의 주장이 일류 대학만 필요하고 이류 대학은 불필요하다는 주장으로 오해받지 않기를 바라며 이렇게 썼다.

"현재 도쿄대학은 세계 최고의 교육기관 중 하나로 이 나라 대학의 절반을 없앤다 해도 도쿄대학은 틀림없이 유지될 것이다. 그럴 리는 없겠지만 도쿄대학을 폐쇄할 경우 얻을 수 있는 경제적 효과를 재미 삼아 한번 따져보자. 일본정부가 도쿄대학 운영을 위해 매년 500억 엔을 지원하고 있기 때문이다. 폐쇄할 경우 이것만으로도 적지 않은 돈을 절약하게 되지만, 그 외에 도쿄대학이 보유하고 있는 대지와 건물 및 시설을 계산해보면 어림잡아 1조 엔의 가치가 있다. 이 재산을 호가에 민간에 매각하고, 그 수익을 저축해 이자가 매년 10퍼센트 누적된다고 치면, 연간 수익은 1000억 엔에 달할 것이다. 여기에 앞서 계산한 연간 운영비 500억 엔을 더하면, 도쿄대학 하나를 폐쇄함으로써 일본 정부는 연간 1500억 엔의 자금을 절약할 수 있다."[6]

미국에서 누군가 하버드대, 예일대, 프린스턴대를 폐쇄하는 데 따른 경제적 손익을 검토하자고 제안했다고 해도 사회적으로 엄청난 논란을 일으켰을 것이다. 그런데 하물며 대부분의 사회 지도층이 도쿄대학 출신인 일본 같은 나라에서 이런 제안을 했다는 것은 참으로 충격적인 일이었다.

마쓰시타가 교육과 세금, 국토개조에 관해 자신의 생각을 드러내기 시작하자 성공한 기업가로서 그런 엉뚱한 생각을 드러내는 것은 좋지 않다며 속으로만 담아두라고 많은 이들이 조언했다. 지나치게 파격적인 제안에 사람들은 관심을 잃었고 이는 회사에도 좋지 못한 영향을 끼쳤다. 마쓰시타는 주변 사람들의 조언을 들으며 책을 출판하는 문제를 놓고 머리를 싸매고 고심했다. 어쨌든 그는 책을 출판하게 되는데『인간에 대한 성찰』을 출판한 직후, 시모무라 미쓰코에게 이렇게 말했다고 한다.

"나는 책을 내고 싶었는데 주위의 많은 사람들이 그러지 말라고 만류했다네. 점점 자신이 없어졌지. 출판을 고집한 것이 실수는 아닌지 지금도 걱정이 이만저만이 아니야."[7]

책을 세상에 냄으로써 마쓰시타는 회사 울타리 밖의 사람들에게도 자신의 목소리를 전달할 수 있게 되었다. 그는 분명 더 많은 사람들에게 자신의 생각을 들려주고 싶었던 것이다.

기업 경영에 대한 책들도 급진적이었다. 그의 책들을 살펴보면 때때로 구성이 미흡해했던 말을 반복하는 부분도 있고 피상적으로 보이는 부분도 있다. 그러나 그가 설파하는 기본 사상은 매우 강력했고, 심심치 않게 논란을 야기했다.

마쓰시타는 그 어느 책에서도 주주의 이익을 극대화시켜야 한다는 주장을 한 적이 없다. 오히려 그는 '사기업'을 사회적 책임을 지는 '공익신탁' 개념으로 기술했다.

"나는 기업 경영의 사명 혹은 주된 역할이 인간의 욕구에 부응하고 이를 충족시킴으로써 삶의 질을 향상시키는 것이라고 믿는다."[8]

일본에서 사기업을 공익신탁 개념으로 논하는 것이 새삼스러운 태도는 아니지만 그간에는 '사람들의 삶의 질을 개선하는 것'이 아니라 '국가에 봉사하는 역할'을 강조하는 경우가 많았다.

많은 학자들이 마케팅 전략이나 재무 전략을 논할 때 마쓰시타는 인간의 본성, 이윤의 역할, 고객, 신념의 힘과 자율의 중요성을 거론했다. 1960년대와 1970년대에 미국에서는 거대 복합기업들이 속속 세워지고, 일본에서는 기존의 거대 복합기업들이 성장세를 누리고 있었다. 이때 마쓰시타는 이렇게 말했다.

"나는 기업이 사업을 문어발식으로 다각화하기보다는 한 업종을 전문화해야 한다고 믿습니다."[9]

그의 책에서 무엇보다 돋보이는 주제는 인간, 기업 경영의 인간적 측면, 리더십이다.[10]

마쓰시타는 사람이 중요하다고 누차 강조했다. 기업은 곧 노동자들의 결집된 힘과 역량이라고 힘주어 말했다. 영리한 전략적 결정이나 인수합병을 진행할 줄 아는 소수의 개인만으로 위대한 사업을 일으킬 수 있다고 믿는 것은 그가 보기에 어불성설이다. 장기적으로 보면 기업 성공의 열쇠는 거의 언제나 노동자들의 기술, 결단력, 근로의욕에 있다. '중지衆智경영'이 핵심인 것이다.

노동자들의 기술과 지혜는 돈으로 살 수 있는 재화가 아니다. 이것이야말로 기업이 육성해야 할 자질이다. 노동자들을 적극적으로 키우는 회사는 그저 있는 능력만 활용하는 기업보다 저만치 앞서나갈 수 있다.

업무 능력은 여러 가지 방법, 즉 독서나 강의, 업무 현장 경험, 혹은 자기 인생 경험을 통해 습득할 수 있다. 직원의 성장과 관련해 마쓰시타가 추천하는 방법은 그들에게 실제로 권한과 책임을 맡기는 것이다. 처음에는 직원들이 버거워할지 몰라도 이보다 더 효과적인 방법은 없다. 노동자들에게 항상 할 일을 지시하는 것은 그들이 스스로 배우고 성장할 수 있는 기회를 박탈하는 것이다.

충분한 정보만 주어진다면 스스로 경험하는 것이 가장 배움의 효과가 크다. 정보가 주어지지 않을 경우, 사람들은 현명한 판단을 내릴 수 없거나 의사결정이 초래할 결과를 제대로 평가할 수 없다. 회계, 시장, 기술 관련 자료를 직원들과 공유하지 않는 기업은 개인이 성장할 수 있는 가능성을 제한한다.

열린 마음을 가지면 그 효과는 훨씬 커진다. 선입견을 최소한으로 줄이고 순수한 마음으로 삶을 바라보도록 직원들을 가르치는 것도 리더가 할 일이다. 리더가 해야 할 또 다른 일은 직원들이 자신감을 갖고 어떤 임무라도 해낼 수 있다고 믿게끔 하는 것이다.

결단력은 기업이 성공하는 데 있어 특히 중요한 요소다. 노동자들이 진심으로 자신의 능력을 믿는다면 설령 자금이 부족하고 시장점유율이 낮다 해도 덩치 큰 기업을 상대로 이길 수 있다. 노동자들의 자세가 사업 성공을 좌우하는 경우도 많다.

결의가 확고한 집단은 근로의욕부터 남다르다. 리더는 직원들과 같은 비전을 공유하고, 그들에게 권한을 위임함으로써 근로의욕을 고취시킬 수 있다. 그리고 항상 솔선수범하는 자세를 보여야 한다.

겸손하고 공손하며 새로운 경험에 열려 있는 사람, 성실하고 낙관적인 자세로 근면하게 일하는 사람은 훌륭한 리더가 될 수 있다. 하지만 리더가 아무리 훌륭해도 결국 일을 성사시키는 것은 직원들이지 리더가 아니다. 훌륭한 리더는 직원들이 사회를 위해 자신들의 잠재력을 최대한 발휘하도록 옆에서 도울 수 있어야 한다.

마쓰시타의 경영서적 전반에 일관되게 흐르는 메시지는 비관적 세계관과 인간의 잠재성에 대한 부정적 생각을 품고서는 기업을 성공적으로 이끌 수 없다는 것이다. 인간에 대한 암울한 전망은 결코 개인이나 조직이 성장하는 데 필요한 웅대한 목표, 기꺼이 위험을 감수하는 자세, 겸손, 경청하고 수렴하는 태도, 열린 마음과 나란히 할 수 없다. 비관적으로 보면 실제로 비관적 결과를 낳는다. 편협한 사심이나 악의에 호소하는 부정적 철학으로는 장기간에 걸쳐 협력을 도모할 수 없다고 마쓰시타는 강조했다.

1960년 MIT대학의 더글라스 맥그리거Douglas McGregor 교수는 자신의 책 『기업의 인간적 측면Human Side of Enterprise』에서 인간본성을 낙관적으로 보는 입장을 'Y이론', 비관적으로 보는 입장을 'X이론'으로 놓고 경영이론을 제시했다.[11] 이 책에 따르면 X이론을 수용하도록 교육받은 경영자들이 많지만 이런 관점으로는 조직을 발전시키거나 좋은 성과를 낼 수 없고 지역사회에도 기여하지 못한다. 맥그리거 교수의 이론은 마쓰시타의 사상과 일맥상통한다. 1960년에 맥그리거 교수의 책이 처음 세상에 나왔을 때도 그랬지만 오늘날도 여전히 이런 관점은 논쟁거리가 되고 있다.

마쓰시타 못지않게 활발하게 저술활동을 펼친 20세기 일본 기업인으로 오코치 마사토시가 있다. 수많은 책들을 쓴 오코치와 마쓰시타를 비교하는 것도 의미 있는 작업이 될 것이다.

오코치 마사토시는 1878년 현재 지바 현에 해당하는 지역 영주의 아들로 태어났다.[12] 도쿄대학의 전신이 되는 도쿄제국대학에서 법학과 기계공학을 전공하고 1903년에 대학을 졸업했다. 독일과 오스트리아로 건너가 유학을 마친 그는 일본에 돌아와 공학박사 학위를 취득하고, 도쿄제국대학에서 한동안 학생들을 가르쳤다. 1927년 물리화학연구소 소장으로 재직하면서 복사기 업체 리코 Ricoh를 비롯해 수많은 기업의 창업을 지원했다. 오코치가 이끈 리켄 그룹은 제2차 세계대전 후 일본에서 14번째로 큰 기업으로 성장했다.

오코치는 55세~70세까지 수십여 권의 책과 논문을 출판했으며 그중에는 베스트셀러도 여러 권 있다. 책 제목만 봐도 그의 관심사를 단박에 파악할 수 있다. 『일반 산업경영론』(1934년), 『과학 산업 경영』(1935년), 『신일본의 산업과 발명』(1937년), 『농촌의 공업과 부업』(1937년), 『농촌의 기계공업』(1938년), 『부강한 일본』(1939년), 『통제경제와 경제전쟁』(1940년), 『일차적 생산』(1941년), 『동양의 경제학자들』(1941년), 『국방경제와 과학』(1942년), 『생산성 향상의 궁극적 성공』(1942년), 『항공기 생산을 증진시키는 비법』(1944년), 『농공일체의 농촌공업』(1947년) 등이다.

오코치는 경제학자이자 과학기술자였으며 또 군사전문가로

서 국방력 강화를 주창했다. 그는 경제학자로서 19세기 말 영국에서 등장한 '수동적 자본주의passive capitalism'의 위험성을 경고했다. 기술공학자로서 동료 사업가들에게 서구과학기술의 수입에 의존하지 말고 독자적 기술역량을 기르라고 촉구했다. 또 자주국방을 주창했던 군사전문가로서 보다 과학적인 방법으로 군의 요구를 충족시켜야 한다고 주장했으며 공정개선을 통한 생산성 향상을 촉구했다.

신제품 개발, 생산원가 절감, 장기 계획 등을 강조할 때는 마쓰시타와 어조가 비슷하기도 하지만, 오코치가 주장하는 핵심은 항상 '과학입국'이었다. 오코치는 "최첨단과학을 산업에 응용하면 기술혁신과 발명을 통해 지속적인 진보를 이룰 수 있다"고 장담했다.[13]

마쓰시타 역시 '일본상Japan Prize'을 제정할 만큼 과학에 대해 강한 신념을 보였다. '일본상'은 현재 과학기술 분야에서 세계에서 두 번째로 크고 권위 있는 상이다. 그러나 마쓰시타의 책들을 살펴보면 물리나 화학이 인류 문제를 해결하는 열쇠라고 생각하지는 않았다. 그는 과학적 관리에 바탕을 둔 경영이나 철학을 추구하지 않았다. 마쓰시타의 세계에서 '객관적 과학'은 평화와 행복과 번영을 안겨다 주는 신이 아니다. 평화와 행복과 번영은 인도주의적 가치를 소중히 여기며 열린 마음으로 고치기 어려운 사회 문제들과 씨름하며 용기를 내는 사람들에게서 비롯된다.

오코치가 가장 강력한 방정식을 찾으려 했다면, 마쓰시타는 가장 감명 깊은 시詩를 찾고자 했다고 말할 수 있다.

마쓰시타의 자선활동은 자신이 책에서 제시하는 내용이나 PHP 철학과 일치하는 활동에 기금을 지원하는 방식으로 이뤄졌다. 자선활동의 면면을 살펴보면 그가 살아온 인생 흔적이 선명하게 드러난다. 그의 자선활동은 대체로 어린이와 교육에 집중되었다. 첫 번째 자선활동은 1963년 고베 캐나디언 아카데미Kobe Canadian Academy에 체육관을 설립한 일이었다.[14] 1964년에는 어린이 안전을 위해 고속도로 교각 공사를 지원했고, 1968년에는 청소년 교통사고 예방 활동에 기금을 지원했다. 1973년에 사회복지사업 기금을 조성할 때도 어린이 예산을 따로 배정했다. 1975년 MIT대학에 기부금을 냈고, 1977년 니가타국제대학의 설립을 도왔다.

1978년에는 페루의 학교건립을 위해 기부금을 냈고, 1979년에는 마쓰시타정경숙을 설립하기 위해 현재 환율로 약 3000억 원을 출연했다. 1981년에는 하버드대학에 기부금을 냈다. 1984년에는 미국에 교육기관을 설립했고, 영국에서 엔지니어와 연구원들을 육성하기 위한 기금을 조성했다. 1985년에는 스탠포드대학에 10억 원을 쾌척했다.

마쓰시타는 비참했던 어린 시절을 겪었던 탓에 어린이들의 곤경에 민감했고, 1940년대에 전쟁을 경험한 뒤로는 일본과 세계 각국의 관계에 각별히 관심을 두기 시작했다. 그가 세상에서 마지막으로 펼친 두 건의 자선활동은 이런 국제적 관심사를 드러내고 있다. 그는 세상을 뜨기 한 해 전에 '일본과 각국의 상호이해를 증진시키고, 이를 수행할 인력을 양성하기 위해' 270억 원을 들여 마쓰시타 국제재단을 설립했다.[15] 그리고 같은 해 오사카 인터내셔널 파빌리온과 공원을 설립하는 데 460억 원을 쾌척했다.

여러 자선활동을 펼쳤지만 가장 큰 업적은 '일본상'을 제정한 것이다. 1983년에 제정된 이 상은 '국적에 관계없이 인류의 번영에 크게 이바지한 과학자들에게 경의를 표하고자' 제정되었다.[16] 인류에 직접적인 혜택을 안겨준 응용과학 연구를 대상으로 하며 이 상의 금전적 가치는 약 5억 원 정도다. 참고로 노벨상은 약 9억 원의 가치가 있다.

'일본상'은 처음부터 끝까지 마쓰시타의 생각이었다. 심사 대상이 광범위하고 그것이 추구하는 가치는 극히 이상적이다. 이 상은 앞으로 적어도 100년 동안은 그 영향력을 유지할 것으로 보인다. 게다가 상의 명칭도 설립자의 이름이 아닌 일본의 국호를 쓰고 있다.

세계적으로 기부의 모범을 보여준 사례로는 노벨상, 포드 재단, 록펠러 재단, 게티 박물관이 손꼽힌다. 모두 설립자들이 막대한 자산을 투자한 재단으로 '일본상'도 이 대열에 합류하기에 부족함이 없다.

마쓰시타는 나이가 들수록 더 활발하게 자선활동을 펼쳤다.

1963년부터 1967년까지 3억 6000만 원을 기부했고, 이후 1972년까지 5년 동안 기부한 금액은 139억 원이었다. 1973년부터 1977년까지 기부한 금액은 210억 원 이상이었고, 이후 10년 동안은 780억 원을 기부했다. 1988년과 1989년에 기부한 금액은 총 2760억 원에 이른다.[17]

그가 10년을 더 살았다면 기부액도 그만큼 늘어났을 것이 틀림없다. 그는 호화로운 삶과는 담을 쌓고 살았다. 아들이 일찍 죽었기 때문에 그와 아내 슬하에는 딸이 하나 있을 뿐이고 손자와 손녀가 셋이었다. 자손들에게 막대한 유산을 물려주는 것은 자신의 삶을 돌아볼 때 아마도 그리 간단한 문제만은 아니었을 것이다.

그가 행한 자선활동에는 일관된 흐름이 보인다. 단순히 어려운 처지에 빠진 사람들을 구제하는 것이 아니라 사회에 유익한 활동을 펼칠 수 있도록 장려하는 데 기부를 했다. 가난한 자와 취약계층을 보호하기 위한 자선행위도 고귀하다. 하지만 마쓰시타는 비록 그 길이 쉽지 않다 해도, 사람들이 성장하도록 격려하는 데 자기 재산을 쓰고 싶었다.

마쓰시타가 자신의 삶에서 얻은 큰 깨달음은 모두 성장과 관련이 있다. 즉 아무리 가난한 사람이라도 부단히 노력하면 큰 성과를 거둘 수 있다는 것, 어려운 시기를 재앙이라고만 여기지 말고 오히려 배움의 기회로 생각하라는 것, 사람은 역경과 실패를 통해 더 강인해진다는 것, 성공에 만족하고 안주하게 되면 더 이상 성장할 수 없다는 것, 자기를 겸손하고 정직하게 평가하는 자세야말로 자기 성장의 밑거름이라는 것을 깨달았다.

그가 마지막 20년 동안 펼친 자선활동을 살펴보면 그 무게 중심이 대부분 사람들에게 배움의 기회를 제공하는 데 있다. 그는 사람들을 교육하고자 책을 썼고, 교육 사업에 재산을 기부했다. 그리고 사람들과 교제할 때마다 자기가 배운 것들을 전해주고자 쉴 새 없이 노력했다.

1970년대 말과 1980년대에 회사 일에 계속 신경을 쓰면서도 마쓰시타는 PHP연구소, 저술 활동, 자선 활동, 마쓰시타정경숙에 오랜 시간 헌신했다. 이 모든 활동은 어찌 보면 기본적으로 교육 사업, 즉 새로운 세대에게 자신이 평생 살면서 배운 교훈을 가르치는 일이었다.

1979년에 있었던 일이다. 마쓰시타전기 간부 직원들은 자사의 커피메이커와 몇 가지 경쟁 제품을 마쓰시타 앞에서 시연했다. 그가 질문할 것을 대비해 간부 직원들은 그동안 엔지니어들과 논의했던 내용을 중심으로 답변을 준비해두었다. 예컨대 이 제품에는 물이 몇 리터나 들어가는가, 커피를 만드는 데 몇 분이나 소요되는가, 전기는 얼마나 소비하는가, 도매가와 소매가는 얼마인가 등등. 하지만 마쓰시타는 이런 질문은 전혀 하지 않았다. 그 대신 커피메이커 손잡이 디자인이 각각인 것을 보고 "어느 디자인이 더 좋아 보이는가?"라고 물었다. 그러고는 차례로 하나씩 손잡이를 잡고 직접 커피를 따라보았다. 커피의 양을 많게도 따라보고 적게도 따라보았다. 빨리 부어보기도 하고 천천히도 따라보았다. "커피메이커를 쓰는 고객들이 제일 많이 하는 행동이 바로 내가 커피를 따르며 했던 행동들이지 않겠나?"라고 말하며 마쓰시타는 간부 직원들을 둘러보았다. 그리고 한 사람에게 커피메이커를 내밀며 말했다. "자, 직접 한번 써보게나."[18]

마쓰시타는 대체로 자상하게 사람들을 가르치는 편이었다. 그러나 막중한 권한을 부여받은 사람들이 기본 원칙을 충실히 이행하지 못했을 때는 벼락같이 화를 내곤 했다. 어려서부터 쌓인 분노가 한꺼번에 폭발하는 것처럼 보이기도 했다.

마쓰시타전기가 인수한 미국 퀘이사Quasar 텔레비전 사업부 경영을 도왔던 로버트 크래프트Robert Kraft는 자신의 경험담을 이렇게 전했다.

"한번은 업계 사정상 여러 일이 있어 우리 텔레비전 부서에서 적자운영 중이라는 사실을 보고하러 갔습니다. 마쓰시타 씨는 몸이 편찮았기 때문에 그의 너른 병실에서 회의를 가졌지요. 병실에 들어서자 두툼한 환자복을 입고 커다란 책상 위에 잔뜩 쌓인 서류를 검토하고 있는 그분이 보였습니다. 몸은 야위었지만 눈빛은 여전히 빈틈이 없었습니다. 그분은 제가 내민 보고서를 재빠르게 훑어보았습니다. 보고서를 읽어 내려가는 동안 미간이 찌푸려지며 표정이 바뀌더니 얼굴이 흙빛이 되었습니다. 결국 그는 노발대발 해서 소리를 쳤습니다. '마쓰시타전기 같은 대기업 사업부가 아니었더라면 당신네들은 진작 파산했을 거요.'"[19]

그 모든 성공과 엄청난 업적을 달성하고 수많은 영예를 얻은 뒤에도 마쓰시타 안에 자리한 분노는 완전히 사라지지 않았다.

15장

그리고 끝

하버드대학 케네디 행정대학원의 역사는 1936년으로 거슬러 올라간다. 현재 보스턴 시내로부터 약 8킬로미터쯤 떨어진 찰스 강변에 위치하고 있는 이 대학원은 빨간 벽돌의 건물들이 서로 연결되어 있는 구조로 담쟁이덩굴이 근사하게 뒤덮고 있다. 세계 최고의 교육기관이라 할 수 있는 이곳에는 75명의 저명한 교수들이 있다.[1]

일본의 마쓰시타정경숙은 1979년에 도쿄에서 남서쪽으로 48킬로미터쯤 떨어진 곳에 설립되었다. 건물은 동서양의 건축양식을 혼합해 국제적인 느낌을 주는 노르만 양식의 정문, 무어 양식의 종루, 크림색 벽토를 바른 기숙사로 이뤄져 있다. 마쓰시타정경숙은 어느 대학과도 연계되어 있지 않고 전임교수도 존재하지 않는다. 사무직원들과 시간제 강사들과 학생들이 이 학교를 운영한다.

이 글을 집필하는 시점을 기준으로, 케네디 행정대학원은 1만 7000명의 동문들 중 17명이 의회에 진출해 있고, 마쓰시타정경숙은 150명의 동문들 중 15명이 국회에 진출해 있다.[2]

1979년 마쓰시타가 임원들과 정치인들에게 마쓰시타정경숙에 대한 구상을 처음 공개했을 때 좌중은 공손하게 경청했지만 사석에서는 다들 코웃음을 쳤다.[3] 그러나 15년이 지난 뒤에 마쓰시타정경숙을 비웃는 사람은 아무도 없었다.

마쓰시타가 정계에 입문한 것은 1925년 오사카의 니시노다 지방의회에 선출되었을 때였다. 선거에 한 번 당선된 이후 1940년대까지 정부나 정치에는 그리 큰 관심을 두지 않았던 마쓰시타는 참혹한 전쟁을 치르면서 일본 정계를 움직이는 사람들에 대해 큰 관심을 갖게 되었다. 그는 항상 사람의 단점보다는 장점을 보아야 한다고 말했고, 적어도 여러 사람이 보는 앞에서 어느 개인이나 집단을 대놓고 비난한 적은 거의 없었다.[4] 그러나 그의 책과 연설문을 꼼꼼히 읽어본 사람이라면 정치가들에 대한 짙은 경멸감을 감지할 수 있다.[5]

그가 보기에 일본 정치가들은 생각하는 것이 근시안적이었다. 정치인들은 일시적 효과를 보기 위해 원칙 같은 것은 거리낌 없이 저버리는 사람들이었다. 크고 중차대한 문제는 무조건 피하려고 들었다. 많은 정치인들이 부패했으며 비전이 없었다. 무엇보다 진정한 리더가 존재하지 않았다.

처음에는 특정 후보를 두둔하고 자금을 지원함으로써 정치를 개혁하고자 했지만, 이 전략은 별로 효과를 거두지 못했다. 의원이 되려는 사람들 중에 비전이 있는 리더가 거의 없었기 때문이다. 신당을 창당하는 방안도 심각하게 고려했으나 영향력 있는 인물들의 지지를 이끌어내지 못했다.[6] 단기적으로는 어떤 개혁도 불가능하다는 사실에 좌절한 마쓰시타는 교육을 통한 개혁이라는 장기 전략으로 방향을 선회했다.

마쓰시타정경숙은 마쓰시타가 85세 되던 해인 1979년에 설립되었다. 그가 명시한 목적은 21세기를 이끌어갈 역량을 지닌 행정관리와 정치인을 육성한다는 것이었다. 그가 제시했던 다른 모든 계획과 마찬가지로 이 계획도 무모해 보였다. 규모도 손바닥만 하고, 척 봐도 이상한 이 학교가 다른 대학과 전혀 연계되지 않은 채 국민의 종으로 나라를 섬길 새로운 리더를 양성하고, 차세대 정치를 변혁하는 요람이 되겠다니 얼마나 기가 막혔겠는가. 마쓰시타정경숙을 설립하려는 의도가 기업 홍보 전략이라는 오해를 사지 않도록 하고자 마쓰시타는 학교를 세우고 이사회와 자문위원회를 꾸릴 때 성공한 기업 경영인 13명, 비영리단체를 이끄는 수장 7명, 대학교수 5명, 과거 대학총장을 지낸 인물 1명, '시사 해설가' 1명,

정치인 1명(카나가와 현 도지사) 등으로 자문위원회를 구성했다. 여기에 국회의원, 내각수반, 혹은 도쿄 출신의 고위직 관리는 단 한 명도 포함시키지 않았다.[7]

마쓰시타정경숙에는 뚜렷한 사명과 신조가 있었다. 핵심 목표는 이 시대의 중요한 쟁점들을 연구하고 새로운 세대의 정치 지도자들을 교육함으로써 평화와 번영을 가져오는 데 이바지하는 것이었다. 마쓰시타정경숙은 다음의 다섯 가지 자질을 육성하는 데 중점을 두었다. 첫째, 진심으로 각오를 다지면 어떤 난관도 극복할 수 있다는 소지관철素志貫徹. 둘째, 자신의 힘으로 사고하고 행동하는 자주자립自主自立. 셋째, 보고 듣는 모든 것으로부터 배우라는 만사연수萬事硏修. 넷째, 기존의 낡고 전통적인 방식을 혁파하고 새로 개척해 나아가는 선구개척先驅開拓. 다섯째, 다른 사람과 협력하고 협동하는 감사협력感謝協力.[8]

마쓰시타정경숙은 이미 대학을 졸업한 사람들을 대상으로 2년~5년 동안 한 가지 교육과정만 제공했다. 교수가 교실에서 강의하는 전통적인 방식은 최소한으로 줄였다. 그 대신 연구 프로젝트, 자기학습, 초청강연, 동료 학생들에 의한 과외지도가 주축을 이루었다.[9]

전반적인 교육방식은 동서고금 어느 곳의 교육방식과도 거리가 멀었다. 당시 일본에서는 교사 중심의 권위주의적인 수업을 진행하고, 기계적인 암기교육을 강조하며, 집착에 가깝게 필기시험을 중시했는데, 마쓰시타정경숙은 이런 고전적 방식에서 완전히 탈피한 교육방식을 선보였다.

1979년 입학정원 23명의 1기생 입학지원서를 접수하기 시작했을 때 일각에서는 지원미달 사태가 벌어지지 않으면 다행이라며 우려했다. 이에 마쓰시타는 전혀 걱정할 필요가 없다면서 지원자가 단 한 명뿐이라도 개교할 것임을 약속했다.[10]

그해 마쓰시타정경숙에 입학하고자 지원한 사람은 모두 904명이었다.[11] 904명 중 23명이니 입학 경쟁률이 무려 39 대 1이었다. 세계 유수의 명문 대학 입학 경쟁률도 5 대 1이 넘지 않는 경우가 많다.

마쓰시타정경숙의 기본 이념은 마쓰시타가 삶에서 직접 체득한 바를 반영하고 있다. 그는 역경이 꼭 나쁜 것은 아니며 인격 형성이나 동기유발, 자신을 정직하게 평가하는 데 있어 유익한 경험이라고 누누이 강조했다. 그는 정경숙이 숙생들에게 역경을 경험할 수 있게 해야 한다고 믿었다. 숙생들이 고급스러운 기숙사에서 과제나 풀고 선생들이 떠먹여주는 이론이나 익히면서 편하게 지내도록 허락하지 않았다. 숙생들이 검소한 환경에서 생활하고, 근면하게 노동하며, 자신의 교과과정을 스스로 고안하도록 만들었다.

확고한 동기와 결의야말로 성공의 열쇠라고 믿었던 마쓰시타는 정경숙의 입학기준을 정하면서 지원자들의 지적능력만 살펴서는 안 된다고 판단했다. 지원자가 추구하는 목표와 동기도 중요하게 평가해야 한다는 것이다. 또 점차 세계화되어가는 경제 체제에서 국제적 감각이 중요해졌기 때문에 모든 학생들에게 해외에서 인턴십을 경험할 수 있는 기회를 제공했다.

마쓰시타정경숙이 추구하는 가장 큰 목표는 가르치는 것이 아니라 배우는 것이다.[12] 이곳에는 전통적 의미의 강의실 수업이 거의 없고 숙생들 스스로 성장하는 것을 가장 중요하게 여긴다. 순수한 마음과 상인 정신을 기르기 위해 숙생들은 '비천한' 인턴십 과정을 거쳐야 한다. 숙생들은 모두 주변 사람들을 연구하고 그들의 문제를 이해하며 그들과 공감할 것을 주문받는다. 기득권층만이 아니라 보통 서민들을 연구해야 한다. 또 리더십의 원천이 되는 웅대한 꿈을 키우고자 모든 학생들에게 마쓰시타의 삶과 철학을 가르친다.

마쓰시타정경숙을 비판하는 사람들은 이 학교가 '마쓰시타 종교'의 본산지가 아니냐며 의심의 눈초리를 거두지 않았다.[13] 하지만 미국과 일본에서 전통적 학교 교육이 모두 비판을 받고 있던 시점에 마쓰시타정경숙이 기존과 근본적으로 다른 모델을 대안으로 제시했다는 점은 분명하다.

마쓰시타정경숙 졸업생 가운데 한 사람인 고미네 히로야스는 통상 과정인 5년이 아닌 2년 과정을 마쳤다. 비록 기간은 짧지만 마쓰시타정경숙 숙생이라면 누구나 경험하는 과정을 거쳤던 그의 이야기를 들어보자.[14]

그는 고등학교 시절 마쓰시타정경숙에 대해 처음 들었다. 한 친구가 그에게 건네준 팸플릿에는 마쓰시타 고노스케와 숙생들이 공장과 농장에서 일하는 모습이 찍힌 사진이 있었다. 시간강사 명단에는 일본 학계와 실무계의 쟁쟁한 인사들이 올라 있었다. 고미네는 조치대학에 다닐 때 마쓰시타정경숙 숙생들을 접할 기회가 많았고, 또 선거운동 자원봉사자로 일할 때 몇몇 학생들과 함께 일해본 적도 있었다. 대학 4학년이 되었을 때 고미네는 마쓰시타정경숙에 입학원서를 냈다.

입학심사는 3단계의 복잡한 절차를 거쳤다. 첫째, 입학원서와 자기소개서를 작성하고 입학지원 이유를 밝힌 짧은 에세이를 쓰고, 행정직원과 졸업생에게 면접을 받는다. 둘째, 일반상식과 영어 시험을 치르고 2차 면접을 본다. 마지막으로 필기시험을 한 번 더 치르고 다섯 명의 임원과 면접을 본다. 마쓰시타정경숙은 이 과정을 거쳐 많은 지원자들 중 고미네와 15명의 학생을 선발했다.

고미네는 1989년 4월 스파르타식으로 운영되는 마쓰시타정경숙 기숙사에 들어갔다. 이곳이 일반적인 대학원이 아니라는 사실은 복잡한 입학심사 과정에서도 여실히 드러났지만, 입학식에서 더욱 분명하게 드러났다. 신입생들은 수업에 들어가기 전에 먼저 각자 장래에 대한 포부와 계획을 공개적으로 발표하는 시간을 가졌다.

마쓰시타정경숙에서 처음 한 달 동안은 설립자인 마쓰시타 고노스케의 생애와 철학을 공부했다. 마쓰시타를 잘 아는 지인들이 강의를 했고 책과 논문을 통해 강의 내용을 보충했다. 5월에는 도쿄대학의 교수가 일본 경제를 강의했다. 이 기간에 숙생들은 자율적으로 각자의 학업계획을 짜기 시작했다.

첫 인턴십이 6월에 시작되었다. 고미네는 사가 현의 가라쓰시에 있는 요시다 철강공장에 가서 일반 노동자와 같이 일했다. 신입생들에게 인턴십을 경험하도록 하는 목적은 대다수 국민이 경험하는 삶을 더 잘 이해하고, 서민들이 일본 사회와 정치, 국가에 대해 어떠한 생각을 품고 있는지를 배우도록 하는 데 있었다. 마쓰시타정경숙으로 돌아온 고미네는 인턴십 보고서를 작성하고 다른 숙생들 앞에서 발표했다.

한여름 동안은 다시 한 번 도쿄대학 교수의 지도를 받으며 모든 신입생이 국제경제를 논의했다. 그리고 8월 중순부터 10월까지 해외에서 두 번째 인턴십 과정을 거쳤다. 고미네는 한국으로 건너가서 포항제철에서 일했다. 그는 포항제철 연수원에서 포항제철과 한국에 대해 공부했고 또 현대 일본경제사에 대한 강의를 했다. 그 후 일반 노동자로 공장에 파견되어 현장 경험을 했다. 10월 말에 대만, 싱가포르, 태국, 말레이시아, 인도네시아, 한국 등지에서 인턴십을 마친 신입생들은 일본으로 돌아와 그동안 보고 배운 바를 발표하는 시간을 가졌다.

11월에는 쓰쿠바대학의 교수가 국내정치와 국제정치를 강의했다. 그 후 숙생들은 소그룹으로 나뉘어 특정 주제들을 공부했다. 고미네가 속한 그룹은 '일본의 기술정책'에 대해 집중적으로 공부했다. 고미네는 다른 나라에 대한 일본의 기술이전 분야를 살피고 그 사례연구로 한국경제를 분석했다.

1월에는 대부분의 숙생들이 마쓰시타정경숙 졸업생들의 선거운동을 돕기 위해 자원봉사자로 나섰다. 고미네는 도쿄의 한 후보를 도왔다. 2월에는 교토를 방문해 다도사범에게 다도를 배웠다. 이때 숙생들은 세 번째 장기 인턴십을 시작했다. 고미네는 마쓰시타정경숙 졸업생이 대규모 환경 컨퍼런스를 준비하는 일을 도왔다. 1990년 5월부터 12월까지 그는 이틀 동안 열릴 회의를 준비하는 데 온 힘을 쏟았다. 이 회의에 참석한 인원은 2000명이 넘었다.

마쓰시타정경숙에서 3년~5년 동안 공부를 계속하는 학생들은 각자 선택한 프로젝트에 집중했다. 졸업 후에 자신의 정치적 경력을 쌓을 장소를 선택해 그곳에서 정치적 기반을 다지기 시작하는 숙생들이 많았다. 그들은 정책을 연구하고 영향력 있는 인사들을 만나 조직을 구축했다. 일부 숙생은 정치인들의 보좌관으로 근무하기도 했다. 각자 개인 프로젝트 활동을 하는 중에도 숙생들은 매월 마쓰시타정경숙의 감독관에게 리포트를 제출해야 했다.

졸업 후에도 대다수의 졸업생들은 마쓰시타정경숙과 관계를 유지하며 재학생들을 위한 프로젝트 구성에 참여한다. 또 그들은 서로의 선거운동을 돕는다. 그리고 정경숙 출신들은 (모두가 그런 것은 아닐지 몰라도) 일본 정치를 뿌리부터 개혁하기를 바랐다.

1982년 한 방문자가 세 명의 학생에게 "마쓰시타정경숙에서 수학하면서 가장 힘들었던 점이 무엇입니까?"라고 물었다.[15]

도쿄대학 졸업생인 오카타 구니히코는 이렇게 대답했다.

"우리는 각자 자기에게 맞는 교과과정을 스스로 짜야 합니다. 무슨 일을 할 것인지 직접 결정해야 합니다. 이것저것 고민할 것 없이 보통 학교처럼 그냥 과제를 부여받는 편이 속 편하긴 합니다. 그러나 좋은 일은 아니겠지요."

또 다른 도쿄대학 졸업생인 시모야마 스미요는 이렇게 말했다.

"저는 장래 계획을 짜는 과정이 어렵습니다. 장차 일본사회가 여성 리더를 받아들일지 여부를 먼저 생각해봐야 하거든요. 현재 2학년인데 특정 분야에 대한 전문성을 길러야겠다는 생각을 종종 합니다. 늘 최선의 선택만 할 순 없는 일이죠. 하지만 저는 여자로서 직접 시행착오를 거쳐야 하는 입장이라, 그 점이 매우 어렵습니다."

게이오대학 졸업생인 요쿠 도시히코가 말했다.

"이 학교 학생들의 문제는 무엇이든 그들 스스로 선택해야 한다는 것입니다. 오카타가 이미 언급한 것처럼, 우리는 자신의 교과과정은 물론 학위논문도 스스로 정합니다. 최상의 교과과정을 짜려면 사회에 대해 알아야 할 모든 것을 이미 알고 있어야 합니다. 그건 불가능한 일입니다. 그래서 가능한 한 많은 사람들을 만나서 그들의 생각과 주장을 들으려 하지만 이 역시 쉽지 않습니다. 그런 교과과정을 수립하더라도 높은 이상을 계속 유지하는 것이 어려울 때가 있습니다. 우리 숙생들끼리는, 특히 신입생들은 자신들을 가리켜 '새로운 시대의 개척자'라고 부릅니다. 마쓰시타정경숙에 다니는 숙생들은 저마다 실험을 하고 있습니다. 어떤 의미에서 우리는 이 사회의 개척자들입니다."

마쓰시타정경숙이 학교이념을 충실히 이행하고 있는지를 판단하기란 쉽지 않다. 이는 PHP연구소나 마쓰시타전기의 경우도 마찬가지다.

장기적 관점에서 이들 세 조직의 가능성에 대해 마냥 낙관적일 수만은 없는 근거가 있다. 먼저 마쓰시타정경숙은 규모가 작고, 어느 유수 학교와도 연계되어 있지 않기 때문에 원하는 만큼 영향력을 미치기 위해서는 더욱 치열하게 노력할 수밖에 없다. 이런 사실은 우수한 지원자들을 유치하는 데 있어 불리하게 작용할 것이다.

PHP연구소의 경우는 마쓰시타가 사망한 지 이미 오래되었으니 창립자의 목소리를 대변하는 출판기관이라는 한계를 뛰어넘어야 할 것이다. 만약 그 한계를 뛰어넘지 못해 마쓰시타의 선전기관에 불과한 존재로 남는다면 그 효용성은 오래지 않아 사라질 것이다.

마쓰시타전기의 경우는 마쓰시타 사후 오늘날 대기업들이 흔히 직면하는 거대조직의 문제점들을 하나둘 드러내기 시작했다. 한때 막강했던 제너럴모터스를 살펴보면 그런 문제들을 얼마나 해결하기 어려운지 짐작할 수 있다.

이들 조직의 미래를 좌우할 사안은 여러 가지가 있을 것이다. 하지만 그중 하나는 환경 적응력을 높이는 역할을 해왔던 마쓰시타의 신념들을 이들 조직이 얼마나 체화하고 있는가와 관련이 있다.[16] 마쓰시타정경숙, PHP연구소, 마쓰시타전기는 열린 마음과 겸손한 태도, 고객만족, 지속적 개선에 대한 열망을 중요하게 생각하는가? 이들 조직은 고생산성, 사회에 봉사하는 사명, 중지衆智를 존중하는가? 이들 조직의 핵심 인력들은 인간의 잠재력을 신뢰하고 사회를 개선시킬 리더십을 발휘할 책임의식을 지녔는가? 마쓰시타의 본을 따르기보다는 경배해야 할 교주로 떠받들고 있지는 않은가? 아니면 (이럴 가능성이 더 크지만) 현시대와는 동떨어진 역사적 유물로 그저 추억하고만 있지는 않은가?

마쓰시타가 죽고 없는 오늘날 여기에 대한 답을 명쾌하게 내리기는 쉽지 않다. 마쓰시타전기를 비판하는 사람들은 회사 내에서도 마쓰시타의 경영스타일을 찾아보기 어려울 때가 있다고 지적한다.[17] 톰 왓슨 회장 이후의 IBM이나 앨프리드 슬론 회장 이후의 제너럴모터스처럼 마쓰시타전기 역시 획일적 사고를 강요하고, 폐쇄적이고 관료적인 태도를 보일 때가 많다는 것이다. 비평가들의 말에 따르면, 마쓰시타전기가 무리하게 미국 영화사 MCA를 인수했다가 다시 매각한 것도 이런 연유 때문이었다고 한다. 반대로 옹호하는 사람들은 경쟁업체인 소니도 비슷한 실패를 경험했다면서 마쓰시타전기가 다시 쇄신 노력을 펼치고 있음을 강조했다.

사회적 관점에서 볼 때 더 중요한 쟁점은 다음과 같다. 과연 마쓰시타의 경영 스토리가 미래 기업들에게도 유용한 이야기인가? 물론 그의 경영방식 중에는 그가 살았던 일본사회와 그 시대적 환경에만 적용될 수 있는 이야기도 있다. 그러나 현대와 같이 급변하는 세상에서는 개인이나 국가를 막론하고 환경에 적응하며 성장하는 능력이 모든 진보를 가능케 하는 원동력이다. 그리고 이런 능력이야말로 마쓰시타 성공 스토리의 핵심이다.

저널리스트인 시모무라 미쓰코는 그를 이렇게 기억한다.

"저는 마쓰시타가 세상을 뜨기 전 마지막으로 그를 인터뷰했던 사람입니다. 일본과 세계를 향한 그의 열정과 에너지, 관심은 도무지 식을 줄을 몰랐습니다. 호기심도 여전했습니다. 그는 편히 앉아 쉴 생각이 없었어요. 항상 무언가를 궁리하고 늘 새로운 일을 시작하고 싶어 했습니다. 각종 회합에 계속 참석했고, 다양한 주제로 책을 집필했습니다. 항상 아이디어가 넘쳤습니다. 그는 새로 일을 벌이고 싶어 했고, 사람들 이야기 듣는 것을 좋아했습니다. 그런 의미에서 그는 늘 청춘이었어요."[18]

육체적으로는 마쓰시타 역시 흔히 나타나는 노환을 겪었다. 1978년 성대가 제 기능을 잃었고, 그 무렵 폐질환도 재발했다. 아마도 과거 오랫동안 앓았던 결핵과 연관이 있는 것으로 보인다. 그러나 젊은 시절 병원 신세를 많이 져야 했던 사람치고는 놀랍도록 다부진 체력을 유지하고 있었다. 젊은 시절 자신의 신체를 좀먹었던 감정들을 모두 극복했을 뿐 아니라 선한 사업을 성공적으로 수행하는 데서 나오는 기운이 치유 능력을 발산하는 듯했다.

말년에 마쓰시타가 주치의에게 몇 년이나 더 살 것 같으냐고 묻자 요쿠 박사는 100살 이상 사는 사람은 드물다고 조심스럽게 말했다. 요쿠 박사에 의하면 마쓰시타는 이렇게 대답했다고 한다.

"하지만 요쿠 선생, 나는 큰일을 시작할 생각이오. 아주 중요한 일이지요. 그런데 3년이나 5년, 혹은 10년밖에 더 살 수 없다고 말하면 큰일을 시작할 수 있겠소? 한 삼사십 년은 족히 남았다고 생각해야 큰일을 할 시간이 있다 여길 것 아니겠소."[19]

히로히토 일왕은 마쓰시타보다 일곱 살 아래였다. 20세기에 일본을 지배했던 일왕은 1989년 1월에 세상을 떠났다. 3개월 뒤인 1989년 4월 5일 마쓰시타 몸에서 열이 났다. 그의 나이 아흔네 살이었다. 4월 7일 주치의는 가족들에게 그의 상태가 위험하다고 알려주었다. 그는 근 3주 동안 병원에 누워 의식을 잃었다가 되찾기를 몇 차례 반복했다. 상태가 점차 악화되자 4월 27일 오전 8시경 열다섯 명의 가족들이 모두 병실에 모였다. 오전 8시 30분 마쓰시타는 간호사가 건넨 물을 마셨다. 간호사가 "좀 더 마시겠어요?"라고 묻자 그는 고개를 가로저었다.[20]

1989년 4월 27일 오전 10시 마쓰시타 고노스케는 숨을 거두었다.

에필로그
신화가 된 남자

―

프롤로그에서 나는 두 가지 질문을 제기한 바 있다. 마쓰시타가 남긴 유산이 그토록 특별한 이유는 무엇인가라는 첫 번째 질문은 마쓰시타가 이룬 수많은 업적과 관련이 있다. 그래서 지금까지 우리는 마쓰시타가 어떻게 거대한 기업을 만들고 막대한 부를 쌓았으며, 전후 일본이 경제기적을 이루는 데 어떻게 기여했는지 그 과정을 짚어보고 수많은 사람들로부터 존경을 받았던 그의 삶을 살펴보았다. 또 그가 선구적으로 실행한 정책들이 어떤 역할을 했는지 고찰하고, 그의 어린 시절과 성격, 재능을 비롯해 그의 삶에 영향을 미친 여러 다른 요인들에 대해서도 살펴보았다.

마쓰시타 고노스케의 이야기는 어찌 보면 다른 모든 20세기 성공신화가 그 안에 농축된 궁극의 성공신화라 할 수 있다. 그는 유례를 찾기 힘들 정도로 특별한 경영인이었으며, 그가 일본 사람이었다는 사실은 일본이라는 섬나라에 대해서도 암시하는 바가 크다. 하지만 일본이라는 맥락에서만 살펴본다면 몇몇 소수를 제외하고 마쓰시타의 유산이 다른 모든 일본 경영인들을 압도하는 이유를 이해하기 어렵다. 마쓰시타가 달성한 특별한 업적을 제대로 이해하려면 일본 문화뿐 아니라 그의 삶을 현미경으로 찬찬히 들여다볼 필요가 있다. 우리가 원하는 만큼 속속들이 그를 알아낼 수는 없어도 이 책에 나온 이야기들은 그의 업적을 이해하는 데 중요한 여러 가지 요소들을 잘 보여준다.

그의 투철한 기업가정신, 경쟁업체들과 차별화된 전략 및 실천방안은 사업 초기 성공으로 가는 지름길이었다. 고객지향 마케팅, 저비용 고생산성 체제, 기존 제품을 개량하는 승부수, 혁신적 마케팅 기법, 신속한 제품 개발, 충실한 애프터서비스, 지속적인 제품 개선, 노사 간의 신뢰, 전문 유통망, 사업 전문화 방안은 모두 마쓰시타전기가 빠르게 성장하며 수익을 내는 데 기여했다. 마쓰시타는 대다수 일본 기업들보다 수십 년 앞서 대량생산과 대량마케팅 전략을 펼쳤다. 또한 세계 대다수 기업들이 기본발명에 투자하고 있을 때 그보다는 생산과 마케팅에 과감하게 투자하는 방식으로 시장을 지배할 수 있다는 사실을 수십 년 전에 보여주었다. 1982년 피터스와 워터맨은 『초우량 기업의 조건In Search of Excellence』에서 다수의 선진 경영기법을 소개한다. 하지만 마쓰시타는 이 책이 세상에 나오기 60년 전에 이미 그들이 소개하는 경영기법을 다수 활용하고 있었다.

뛰어난 벤처기업가들은 자기네들보다 덩치도 크고 자금력도 탄탄한 경쟁업체들과 싸워서 이길 수 있는 전략을 가지고 있다. 마쓰시타의 경우는 기존 제품을 개량해 더 우수한 품질과 더 저렴한 가격으로 소비자들을 사로잡는 전략을 썼다. 후발주자로서의 위험이 따랐지만, 제품발명에 집중하는 소니의 모리타 아키오와는 달리 마쓰시타는 기초연구는 다른 기업에 맡기고 자신은 과감하게 생산과 마케팅, 애프터서비스에 집중했다. 결과적으로 이런 전략은 기존 고객의 충성도를 높이는 효과를 가져왔다. 그의 사업 전략은 특히 1929년~1931년까지 이어졌던 극심한 불황기에 톡톡히 효과를 발휘했다. 새로 사업을 시작하고 싶어도 사업 자금을 구할 수 없어 신규 사업은 중단되었다. 관료적이고, 폐쇄적이며, 매사에 신중하게 접근하는 경쟁업체들은 생존의 기로에 놓이게 되었다. 그러나 이 암울한 경제상황에서도 마쓰시타전기는 사업이 팽창했다.

마쓰시타전기가 1930년대 초에 1000명이 넘는 직원을 고용하며 몸집이 커진 뒤에도 성장가도를 달렸던 이유는 회사만 성장한 것이 아니라 마쓰시타도 리더로서 역량을 키웠기 때문이다. 그는 그저 영리한 기업가에 머물지 않고 이상적이고 도전적인 경영이념을 확립해나갔다. 그는 기업 사명과 신조가 회사에 뿌리내리고 직원들이 믿고 따를 수 있도록 날마다 함께 되새겼다. 그는 사업부제를 구축해 직원들에게 권한을 부여하고 재무정보를 되도록 숨기지 않고 모두가 공유할 수 있도록 했다. 마쓰시타가 직원들에게 때마다 제시한 목표는 기적이 아니고서는 달성하기 힘든 것이었다. 하지만 직원들은 그런 기대에 부응했고 어려운 목표를 성취하는 과정에서 더욱 강해졌다. 정규교육을 거의 받지 못한 직원들도 발명가로, 작업반장으로, 임원으로, 기업가로 성장했다. 끔찍한 제2차 세계대전을 치른 뒤 마쓰시타의 리더십은 가장 큰 시험대에 올랐다. 하지만 그는 가혹한 상황에도 불구하고 노동자들을 독려하며 회사를 재건하는 데 성공한다.

1950년대에 직원 수가 1만 명이 넘어선 후에도 마쓰시타전기의 성장속도는 조금도 둔화되지 않았다. 환경변화에 유연하게 적응하는 기업 조직을 구축했기 때문이다. 고객과 생산성, 속도, 협업, 권한위임을 강조하던 마쓰시타는 제2차 세계대전 후 국제적 기업으로 도약하겠다는 결의를 다지고 해외 성장 전략과 과감한 5개년 계획을 실시했다.

세계화 시대에 걸맞은 야심찬 계획에 따라 직원들은 부단히 더 나은 방법론을 찾고 역량을 키워나갔다. 잇따른 성공에 따른 무사안일주의를 경계하고 끊임없이 향상, 발전하는 기업풍토를 강화하고자 마쓰시타는 열린 사고와 겸손한 마음가짐을 늘 강조했다.

그는 공식적으로 은퇴하고 나서 그간에 축적한 막대한 부를 즐기며 휴가를 즐기는 대신 기존의 사업 영역을 훌쩍 벗어나 새로운 일에 도전했다. 그는 말년에 저술가, 자선사업가, 교육자, 인간의 본성을 탐구한 철학자의 길을 걸었다. 그가 이렇게 일본을 대표하는 공인으로 변신에 성공할 수 있었던 것은 자기의 삶과 인간의 조건을 깊이 탐구하고 그 내용을 몸으로 실천했기 때문이다.

일개 견습공에서 상인형 기업가로, 또 업계 리더로 성장한 마쓰시타는 이후 연구소와 학교를 건립하는 교육자와 철학자로 영역을 넓혀나갔다. 그의 인생을 관통하는 단어가 하나 있다면 그것은 바로 '성장'이다. 그는 한 인간으로서 또 기업가로서, 리더로서 성장을 멈추지 않았다. 청년 마쓰시타는 고등교육을 받지도 못했고, 부유하지도 않았으며 변변한 카리스마도 없었고, 이렇다 할 인맥이 있는 것도 아니었다. 30년간 마쓰시타를 보좌했던 이우에 도시오는 젊은 시절의 마쓰시타는 특별히 재능이 뛰어난 인물은 아니었다고 말했다.

시작은 미약했지만 마쓰시타는 날이 갈수록 성장하고 발전했다. 사람들은 부자가 되고 나면 오만해지거나 세상사에 무신경해지기 쉬운데 마쓰시타는 놀랍게도 전혀 그런 기미를 보이지 않았다. 인생 전반기에는 자선활동을 그리 많이 하지 않았지만 은퇴 후에는 활발하게 자선활동을 펼치면서 여든다섯에는 명실상부한 교육가로서의 길을 걷게 된다. 그는 시대 흐름을 타면서 부단히 자신을 개혁했기 때문에 마지막 몇 년을 제외하고는 노년에도 절정의 기량을 발휘했다. 요컨대 마쓰시타의 업적을 가능케 했던 것은 우리가 흔히 성공 요소로 꼽는 지능지수나 카리스마, 특권, 행운보다는 이와 같은 남다른 성장 때문으로 보인다.

마쓰시타가 고다이 씨 자전거 가게에 남아 계속 일했다면? 십중팔구 이름 없는 인사가 되었을 것이다. 기업가로 성공한 후에 그대로 안주하고 성장을 멈추었다면? 그가 이룬 업적은 지금의 10분의 1 수준에 그쳤을 것이다. 제2차 세계대전 후 위기 속에서 그대로 주저앉았다면? 거대한 마쓰시타 그룹, 마쓰시타정경숙, PHP연구소, 일본상 등은 오늘날 존재하지 않을 것이다.

그의 성장을 촉진했던 행동은 단순하지만 강력했다. 마쓰시타는 자기 자신뿐 아니라 직원들도 현재에 안주하지 않도록 거듭 채찍질했다. 또한 그는 위험을 감수했고, 성공이든 실패든 겸손한 자세로 반성했고, 남의 말을 주의 깊게 경청했고, 열린 마음으로 삶을 바라봤고, 중지衆智를 모았다. 그 결과 마쓰시타 개인은 물론 회사도 자원 부족이나 자신들만의 혁신제품이 없다는 불리한 점을 딛고 날이 갈수록 발전했다. 1950년대 후반에 어마어마한 성공을 거둔 후에도 그는 교만하지 않고, 새로운 아이디어에 눈과 귀를 닫지 않고, 위험을 피해 몸을 사리지 않았다. 그는 성장을 촉진했던 이전의 습관들을 그대로 지켜나갔으며 이는 마쓰시타와 마쓰시타전기를 한층 더 높은 곳으로 이끌었다.

마쓰시타의 성장을 촉진시켰던 여러 요소 중에서도 가장 중요한 것은 아무래도 그의 야망과 신념이 아닌가 싶다. 가문의 명예를 되찾겠다는 막연한 바람은 시간이 지나면서 인류를 염두에 둔 원대한 포부로 바뀌었다. 가문의 부를 되찾겠다는 목표는 성공한 기업가가 되겠다는 목표로, 이는 또 기업을 확장하겠다는 목표로, 다시 국가의 번영을 도모하겠다는 목표로, 더 나아가 풍요롭고 평화로운 세상을 건설하겠다는 목표로 진화했다. 자기중심적이고 개인적인 목표가 사회와 세계로 그 범위를 확대한 것이다. 이와 같이 웅대한 야망과 강렬한 동기가 있었기에 마쓰시타는 부단히 노력했고, 실제로 많은 위업을 달성하고도 그것을 자부하지 않았다. 자신이 꿈꾸는 세상을 위해 성장의 고통을 감내했으며 이런 과정에서 원칙을 지키는 리더십을 기르게 되었다.

신념의 역할도 앞서 말한 야망과 비슷하다. 그가 어려서부터 지닌 낙관적 신념은 우울한 현실로부터 자신을 지킬 수 있는 유일한 방어수단이었음이 틀림없다. '그래, 지금은 살기 힘들지만 앞으로 분명히 좋아질 거야'라고 그는 생각했을 것이다. 마쓰시타가 성숙해지면서 그의 낙관적 철학도 시행착오를 거치면서 정교해졌고 그만의 깊이와 향기를 지니게 되었다. 또 그의 철학에 따르면 그가 강조하는 위험 감수, 열린 사고, 경청하는 태도, 겸손한 자세 등은 모두 도리에 맞는 행동이었다.

이런 신념과 야망을 품게 된 것은 그의 성장배경과 무관하지 않다. 많은 사람이 그에게 영향을 미쳤겠지만 그의 부모만큼 영향을 미친 사람은 없었다. 잇따른 비극으로 참담했던 그의 부모는 유일하게 살아남은 아들 마쓰시타에게 모든 꿈과 희망을 걸었다. 마쓰시타는 부모의 염원을 보면서 꿈과 야망을 품었고 기회를 만날 때마다 그 꿈을 키워나갔다. 특히 잇따른 비극은 그 무엇보다 강력한 자양분이었다.

마쓰시타는 네 살 때 별안간 빈곤층으로 전락해 아홉 살부터 돈벌이를 시작했다. 서른이 되기 전에 부모형제를 모두 잃었다. 귀한 아들도 먼저 저 세상으로 보냈다. 대공황 시절을 견뎠고 제2차 세계대전을 겪었다. 이 모든 비극적 사건이 그에게 끼친 영향력은 이루 말할 수 없이 컸다. 마쓰시타는 이로 인해 역경에 빠졌지만 이는 동시에 자신을 돌아보며 인생에 대한 질문을 던지는 계기가 되었다. 부모와 형제, 고다이 씨, 아내 등 그와 인연을 맺은 사람들과 그가 겪은 비극은 마쓰시타가 삶의 목적과 전략, 인생관을 형성하는 데 중요한 역할을 했다. 역경에 처하면 오히려 그는 자신을 반성하고 배우는 계기로 삼았다. 처지가 힘들어지면 사람은 어느 정도 불안해지기 마련이다. 그 때문인지 마쓰시타는 늘 경계하고 결코 나태해지는 법이 없었다. 그는 비극을 겪으면서 실패는 극복 가능하다는 것을 익혔고 그렇기 때문에 위험을 무릅쓸 줄 알아야 한다는 사실을 깨달았다. 마쓰시타가 경험했던 비극적 사건들은 고통, 분노, 수치심 같은 괴로운 감정을 일깨웠고 이 괴로움은 그에게 삶의 에너지로 승화되었다.

마쓰시타의 실제 생애를 하나로 모두 정리할 수는 없다. 하지만 마쓰시타의 일생을 정리해보면 그가 겪은 비극과 품었던 신념, 그가 이룬 성장과 업적 사이의 상관관계를 짐작할 수 있다. 이를 통해 내가 말하고자 하는 바는 다음과 같다. 마쓰시타의 비범한 업적을 이해하려면 그가 평생에 걸쳐 놀랄 만한 성장을 거듭했다는 사실을 알아야 한다는 것이다. 또 그런 성장을 가능케 했던 사고방식과 그의 사고방식에 힘을 실어준 원대한 이상, 그런 이상을 키워냈던 일련의 비극을 함께 이해할 필요가 있다. 스스로 무너지거나 반사회적 인사로 살아갔다 해도 놀랄 게 없었을 비극적 사건들이 마쓰시타의 경우에는 위업을 달성하는 토양이 되었다.

여기에 나타난 인과관계는 오로지 마쓰시타에게만 적용되는 특수한 사례는 아니다. 정도의 차이는 있겠지만 여기에는 다른 사람들의 삶에도 적용 가능한 논리가 존재한다. 이 책의 초고를 읽었던 미국, 유럽, 아시아 지역의 성공한 사업가들 역시 자신들의 인생과 비슷한 흐름을 발견했다고 평했다. 실제로 마쓰시타는 자신이 터득한 교훈을 다른 사람들에게 적용해 그들도 자신과 마찬가지로 성장할 수 있음을 보여주었다. 마쓰시타는 웅대한 비전과 함께 성장을 촉진하는 사고방식을 직원들에게 심어줌으로써 그들이 발명가로 기업가로 또 리더로 발전해나가도록 격려했다. 요컨대 마쓰시타 한 사람이 아니라 함께 성장했던 이 모든 사람이 조그만 전기제작소를 20세기를 대표하는 거대 기업으로 키워낸 것이다.

잇따른 비극

- 이로 인해 부모는 하나 남은 아들 마쓰시타에게 모든 희망을 걸었다.
- 마쓰시타는 현재에 안주하지 않고 더 나은 미래를 꿈꾸기 시작했다.
- 역경을 극복할 수 있다고 자각했다.
- 원대한 포부를 품었다.

진화하는 목표와 신념

- 인간의 본성과 잠재력에 대해 낙관했다.
- 인도주의적 목표와 신념으로 확대되었다.
- 실제 많은 업적을 이루었음에도 끊임없이 진화하는 목표 덕분에 겸손함을 유지했다.

성장을 촉진시킨 사고방식

- 현재에 안주하지 않는다.
- 위험을 기꺼이 감수한다.
- 겸허하게 자기 경험을 반성한다.
- 열린 마음으로 관찰한다.
- 주의 깊게 경청한다.
- 중지를 모아 결정을 내린다.

⬇
한 인간으로서 리더로서 평생에 걸친 성장

- 견습공으로 출발.
- 상인형 기업가로 성장.
- 재계의 리더로 성장.
- 연구소 설립자로 성장.
- 철학자이자 교육자로 성장.

⬇
마스시타의 비범한 업적들

프롤로그에서 던진 두 번째 질문은 마쓰시타의 경험이 과연 21세기에도 효과적 전략이 될 수 있느냐는 것이었다. 비즈니스와 리더십에 대해 그는 우리에게 무슨 이야기를 들려주는가? 그가 살았던 시대와 일본이라는 지역을 뛰어넘어 일반화할 수 있는 이야기가 있는가? 21세기에 살면서 경제적으로 또 산업적으로 수많은 도전을 맞이하고 있는 우리가 그의 이야기에서 배울 교훈은 무엇인가?

만약에 앞으로 수십 년 동안 경제 여건이 순탄하게 돌아간다면 마쓰시타의 경험에서 우리가 얻어야 할 교훈은 그다지 많지 않을 것이다. 그러나 세계화가 가속화되는 상황에서 경쟁은 날로 치열해지고 있으며 기업환경은 끊임없이 변하고 있어 우리가 앞으로 맞이할 미래는 결코 만만치 않다. 평온한 시대에서 얻은 교훈은 그 가치가 의심스러운 반면 파란만장한 시대를 살았던 마쓰시타의 이야기에서 얻은 통찰이 새롭게 의미를 획득하는 시대가 온 것이다.

그의 삶은 우리에게 이렇게 웅변한다. 의사결정까지 수많은 단계를 거쳐야 하는 중앙집권제, 관료주의, 폐쇄주의, 고비용 체제, 변화에 굼뜬 무거운 몸집을 특징으로 하는 20세기의 기업은 하루빨리 잊어라. 이런 기업은 더 이상 본보기가 되지 못한다. 이런 조직은 세계화 이전, 소수독점이 가능하고 지금처럼 변화가 빠르지 않았던 시대에 번영을 구가했다. 향후 치열하게 경쟁이 펼쳐지면 1920년대, 1930년대, 1950년대, 1960년대의 마쓰시타전기와 유사하게 경영을 펼치는 기업이 성공을 거둘 것이다. 고객이 왕이 되는 시대, 생산성은 계속 향상되고 노동자들은 더 많은 권한을 부여받아 기업 목표에 전념하는 시대, 신속한 업무처리가 강조되고 업계 표준이 크게 올라가는 시대에 대비해야 한다.

20세기에 흔히 보던 경영진의 모습은 하루빨리 잊어야 한다. 그들은 조직에 제 몸을 맞추고 매사에 조심스럽게 행동하며 회사에 별 영향력도 끼치지 못하고 그저 상사의 환심을 사는 데에만 특출한 경우가 많았다. 경쟁이 치열하고 빠르게 변화하는 환경에서는 과감한 기업가정신으로 강력한 리더십을 발휘하며, 스스로 제도를 구축하는 경영진이 성공할 것이다. 고객과 원가에 집중하고, 긍정적이고 윤리적인 목표를 채택하고, 경영이념을 함께 실현하며, 직원들이 최선의 성과를 낼 수 있도록 격려했던 마쓰시타를 닮아가야 한다.

성공은 오로지 위로만 향해 올라가는 여정이 아니다. 마쓰시타는 1899년과 1946년에 빈곤의 바닥으로 고꾸라졌다. 그의 건강 상태나 마음상태, 행복감은 수없이 오르락내리락하며 흔들렸다. 변화무쌍한 21세기에는 아마도 마쓰시타처럼 굴곡을 겪는 이들이 더 많아질 것이다.

과거의 학습 모델과 성장 모델을 버리는 것이 무엇보다 중요하다. 지금과 같은 추세가 이어진다면, 5세부터 25세까지 정규교육을 받고 40여 년 동안 학교에서 배운 것을 열심히 써먹다가 은퇴하는 사람은 분명 미래의 주인공이 될 수 없다. 평생 배움을 갈망하고 또 평생 성장할 수 있는 사람들이 미래의 승자가 될 것이다.

마쓰시타가 지금 우리 앞에 있다고 가정하고, 자신의 인생을 통해 우리가 얻어야 할 교훈을 딱 하나만 꼽아달라고 부탁한다면 그는 아마도 이렇게 말하지 않을까 싶다.

"사람이 나이가 들면 더 이상 성장할 수 없으며 성장한다 해도 한계가 있을 거라고 단정하지 마십시오."

사람은 대개 나이가 들수록 새로운 아이디어를 쉽게 받아들이지 못하는 경우가 많다. 또 성공한 후에는 오만하고 안일한 태도에 빠지기 쉽고, 실패하고 나면 위험 앞에서 몸을 사리는 경우가 많다. 그러나 이는 생물학적으로 결정된 사실이 아니다.

그가 애송하는 울만의 시를 다시 읊는다.

청춘은 인생의 어느 한때가 아니라 마음 상태라오.
그것은 장밋빛 뺨과 붉은 입술, 유연한 무릎과는 무관하니
청춘은 의지력과, 드높은 상상력과, 왕성한 감수성에 달려 있다오.
청춘은 생명의 깊은 샘에서 솟아나는 신선한 마음이라오.

청춘은 본래 두려움을 물리치는 용기
안락한 삶을 사랑하기보다는 모험을 찾아 떠나기를 갈망하오.
청춘은 스무 살 청년이 아니라 육십 넘은 노인에게서도 곧잘 찾을 수 있다오.
세월로만 늙는 이는 아무도 없다오. 자기 이상을 저버리며 늙어가는 것이외다.

한 해가 가면 피부에 주름 늘고, 열정이 식으면 영혼이 늙나니
걱정하고, 두려워하고, 자신을 믿지 못하고 그 마음이 꺾이면 정신이 시드네.
나이가 예순이건 열여섯이건 모든 인간 마음에는 경이로움을 향한 열망과
아이 같은 호기심과 삶의 환희를 맛보고 싶은 열망이 있다오.

그대 마음과 내 마음 한가운데 수신탑이 있어

조물주와 사람들이 보내온 아름다움, 희망, 격려, 용기와

힘을 주는 메시지를 수신하는 한 우리는 청춘을 유지하겠으나,

수신기가 아래로 처져 냉소의 눈과 비탄의 얼음에 뒤덮이면

그대 나이 스물이어도 노인네와 다름없다오.

수신기를 높이 세워 희망의 파도를 수신한다면

나이 여든이라도 청춘이라 말할 수 있겠소.

  인종 갈등과 양극화가 심화되고, 과학적 합리주의라는 냉정한 시선이 지배하는 세상에서 아름다움, 희망, 응원, 용기 등에 대해 감상적인 말을 하면 사람들은 대개 시큰둥하게 반응한다. 그러나 마쓰시타에 관한 자료들을 살펴보면 이런 이상적 가치들이 그의 인생에서 중차대한 역할을 했으며, 그의 강력한 리더십이나 그의 경이로운 업적과 직결되는 요소임을 알 수 있다. 마쓰시타는 이런 가치를 추구하면서 슬픔과 분노 같은 괴로운 감정을 올바른 방향으로 해소할 수 있었다. 또한 젊은 사고방식을 유지할 수 있었기 때문에 평생 열심히 배우고 변화를 적극 수용하는 자세로 살았다.

  마쓰시타의 삶과 행적 중에서 일본이나 동양만의 고유한 특성이 어느 정도인지 가려내기는 쉽지 않다. 물론 그의 이야기에는 요즘 사람들에게는 크게 와 닿지 않는 대목도 분명히 존재한다. 그러나 마쓰시타의 아이디어는 거의 파산지경에 이르렀던 미국의 텔레

비전 제조업체 퀘이사를 흑자회사로 변모시키는 데 일조했다. 또 그의 제품들은 세계 곳곳에서 소비자들의 마음을 사로잡았다. 서구에서 활동하는 일본 전문가들이 밝혀낸 그의 경영방식은 이제 수많은 나라의 기업들에게 지침이 되고 있다.

겉모습은 영락없이 아시아인이었다. 그러나 그가 생존에 그토록 애송했던 시가 앨라배마의 버밍햄에서 일생을 보낸 유럽 출신 유태인이 쓴 시라는 사실은 우리에게 시사하는 바가 크다.

마쓰시타 고노스케의 사상 중 가장 기본적이고 강력한 힘을 발휘하는 것은 평생학습과 연관이 있다. 유복한 성장배경과 명문대학 졸업장이 좋긴 하나 꼭 필요한 요소는 아니라고 그는 입버릇처럼 말했다. 뛰어난 머리와 준수한 외모, 카리스마 넘치는 성격도 이와 마찬가지다. 이런 요소들보다 더 중요한 것은 특정한 사고방식이며, 이런 사고방식을 뒷받침하는 이상적 가치들이다. 마쓰시타는 사람들에게 누누이 강조했다. 겸손한 마음과 열린 사고를 가진다면 나이에 상관없이 언제 어디서든 깨우침을 얻을 수 있다. 웅대하고 인도주의적인 비전을 품으면 성패에 상관없이 늘 배우고 성장할 수 있다.

마쓰시타가 걸어온 남다른 인생은 이런 주장을 강력하게 입증하는 증거가 되고 있다.

21세기 경영자들을 위한 정리

―――

끊임없이 변화하는 환경 속에서 성공을 좌우하는 요소는 타고난 지능지수나 부모로부터 물려받은 사회경제적 지위, 카리스마 넘치는 성격, 정규 교육보다는 평생에 걸쳐 배우는 자세에 있다.

평생에 걸쳐 배우는 자세는 겸손한 태도, 열린 사고, 기꺼이 위험을 감수하는 정신, 남의 말을 경청하는 능력, 정직하게 자기를 반성하는 태도와 직결된다.

원대한 이상 혹은 인도주의적 목적과 신념은 사업적 성공과 상충하지 않는다. 이런 목적과 신념은 성장에 유익한 사고방식을 심어줌으로써 특히 급변하는 환경 속에서 위업을 달성케 하는 촉매제가 된다.

역경이 언제나 우리의 경력이나 삶을 파괴하지는 않는다. 적절한 조건 하에서는 고난이 오히려 원대한 이상과 목적을 키우고, 지속적으로 성장하고, 위대한 업적을 달성케 하는 토양이 될 수 있다.

감사의 말

어느 날 나는 탁월한 비즈니스 리더 한 명을 선정해 그의 전기를 분석적으로 써보기로 마음먹었다. 기업이나 단체를 이끄는 리더와 그 조직을 연구하는 데 20년 가까이 보냈지만 한 개인을 집중적으로 다룬 적은 없었던 터라 기업가 개인의 삶을 탐구해보는 것도 좋을 성 싶었다. 이 프로젝트의 주인공이 될 후보자를 물색하던 중 하버드 경영대학원 존 맥아더John McArthur 학장이 나를 보자고 청했다. 하버드 경영대학원에 몸담은 것은 1972년이고, 맥아더 학장과는 그전부터 알고 지내는 사이였지만 왜 나를 보자고 하는지 전혀 감이 잡히지 않았다. 만나서 이야기를 들어보니 아브라함 잘레즈닉Abraham Zaleznik 석좌교수가 은퇴를 하게 되었으니 그 후임 자리를 맡아달라는 것이었다. 나는 적잖이 놀랐다. 우리가 나눈 대화는 돌이켜보면 좀 엉뚱하다. 간단히 소개하자면 이런 식이었다.

"학장님, 그런 영예로운 제안을 주시니 참으로 고맙습니다. 그런데 몇 해 전에 이야기를 나눈 적도 있지만 폴 로렌스Paul Lawrence 교수가 은퇴하실 때까지 기다렸다가 그분의 자리를 물려받았으면 좋겠는데요. 로렌스 교수는 제 인생에 있어 각별한 분이거든요."

"예. 물론, 잘 알고 있지요. 그런데 석좌교수 자리를 배정하는 일로 지금 경영대학원이 골머리를 앓고 있습니다. 철도경영과 유통관련 학과에는 석좌교수 자리가 비어 있지만 젊은 교수들은 아무도 이런 자리에 관심이 없어요. 금융관련 분야에도 여러 자리가 비어 있어요. 석좌교수직 자리에 딱 맞는 교수를 찾을 기회가 흔치 않아요. 잘레즈닉 교수가 '리더십 석좌교수'를 맡고 있는데, 마침 당신의 전문 분야도 리더십이라서 드리는 말씀입니다."

"예, 그렇긴 합니다만……."

"코터 교수, 그 사람은 대단히 흥미로운 인물입니다."

"누가요?"

"마쓰시타 말입니다."

"마쓰…… 누구라고요?"

"석좌교수직 명칭도 그 사람 이름을 따랐지요. 공식 명칭은 마쓰시타 고노스케 리더십 석좌교수입니다."

"학장님, 다시 생각을 바꾸실 의향은 없으신지요……?"

"여기 마쓰시타에 관한 자료가 좀 있습니다. 정말이지, 그는 대단히 흥미로운 인물입니다."

"예, 하지만……."

학장실을 떠나는 내 마음은 여러 갈래로 나뉘었다. 교수직에 대해 예전에 나눴던 논의를 깡그리 무시한 맥아더 학장 때문에 부아가 치밀었고, 새로 맡을 석좌교수직 이름이 잘 알려지지도 않은 일본인 기업가의 이름을 따서 만들어졌다는 사실이 언짢았고, 또 이런 제안을 더 겸손한 자세로 감사하게 받아들이지 못한 내 자신이 부끄럽기도 했다.

다음 날 맥아더 학장이 넘겨준 자료들을 마지못해 훑어보기 시작했다. 거기에는 선뜻 믿기지 않는 내용이 담겨 있었다. 내가 이름도 제대로 알아듣지 못했던 그 자료의 주인공은 혁신적 경영과 마케팅 전략으로 거대한 기업을 일으키고 제2차 세계대전 이후 일본의 경제 기적을 일궈낸 주역이며 그 과정에서 수십억 달러를 벌어들인 남자였다.

심술이 났던 마음도 초기의 부정적 시각도 이내 수그러들고 어느덧 나는 마쓰시타에 관한 정보를 추가적으로 수집하기 시작했다. 마쓰시타 고노스케가 겪은 신산한 삶과 놀라운 업적을 알아갈수록 더욱 깊이 그를 알고 싶어졌다. 추수감사절 무렵 내가 쓰려고 했던 전기의 주인공을 드디어 발견했다는 생각이 들었다. 일본 말고는 거의 알려지지 않은 이 위대한 비즈니스 리더의 일대기를 작성해보고 싶은 마음이 불끈 솟았다.

만약에 맥아더 학장의 소개가 없었다면 어땠을까? 다른 일반적인 자료 수집 방식으로 내가 마쓰시타라는 사람을 찾아낼 수 있었을까? 그야 어찌 알겠는가. 하지만 때마침 은퇴한 젤라즈닉 교수가 아니었다면, 또 그의 후임이 되어달라고 고집을 피운 맥아더 학장이 없었다면 이 책은 샘 월튼이나 톰 왓슨을 다룬 것이 되었을지 모른다.

작업에 들어가자 몇 가지 문제점이 분명하게 드러났다. 일본은 지리적으로나 문화적으로나 미국과 멀리 떨어진 곳이다. 따라서 용이하게 작업을 진행하려면 마쓰시타전기 쪽 사람들에게 지원을 받아야 했다. 나는 이를 위해 장장 6개월에 걸쳐 그들을 설득했다. 회사 경영진은 나를 잘 모르기 때문에 깐깐하게 대응했는데 이 점은 충분히 이해할 수 있었다. 그들은 분명 자신들의 영웅이자 창업주를 다루는 책을 내가 단독으로 출판하게 되면 득보다는 실이 더 많을지 모른다고 우려했을 것이다. 아무런 연락이 없어 처음 한동안은 그들이 내 부탁을 거절할 거라고 생각했다. 그러다 회사 측의 초청으로 일본에 가게 되었다. 나는 회사 측에 자료 조사에 대해 어떤 간섭도 할 수 없고, 원고를 수정하도록 요구할 권리도 없다는 조건을 붙였다. 우리는 여러 차례 논의를 거쳤고 회사 측은 이런 단서에도 불구하고 내 요청을 수락했다.

마쓰시타전기가 제공한 지원은 참으로 요긴했다. 5년이 넘는 작업 기간 동안 나는 다음과 같은 정보에 접근할 수 있었다. 첫째, 오사카에 있는 마쓰시타전기의 기업역사관. 둘째, 교토의 PHP연구소에 있는 마쓰시타 관련 자료. 셋째, 도서관에서는 찾을 수 없는 기업 관련 기록. 넷째, 마쓰시타 고노스케를 잘 아는 사람들(회사 측은 무척 중요한 인터뷰 자리를 30건이나 마련해주었다.) 다섯째, 마쓰시타와 그가 세운 기업, 일본 업계를 다룬 다양한 출판물.

맥아더 학장에게서 마쓰시타 이야기를 전해들은 지 무려 40여 개월이 지나서야 비로소 내가 다루는 인물의 크기와 가치를 온전히 파악하기 시작했다. 나는 흥미로운 비즈니스 리더에 대해 글을 쓰고 싶었고, 마쓰시타는 확실히 내 의도에 부합하는 인물이었다. 애초에 작업을 구상하면서 생각했던 것보다 마쓰시타는 훨씬 더 매력적인 대상이었다. 그의 삶을 탐구하면서 나는 그가 보여준 위대한 리더십의 뿌리를 보았고, 경제 변화에 적응하면서 성장해가는 기업을 일군 과정을 이해하는 데 필요한 단서를 얻었다. 마쓰시타 고노스케의 일대기는 단순한 비즈니스 스토리를 넘어 어마어마한 역경과 심리적 장애를 딛고 당당하게 일어선 한 사람의 신화다. 또 위대한 업적을 달성한 인물의 도덕적 기반에 대한 이야기이며 성인이 된 이후로도 성장을 멈추지 않았던 보기 드문 성장담이다.

내가 '히로'라고 부르는 고미네 히로야스는 3년간 이번 작업의 자료 조사를 주로 맡아 정보수집에 크나큰 도움을 주었다. 앤드류 버티스Andrew Burtis와 낸시 로스바드Nancy Rothbard도 자료 조사를 도왔다. 엔노코시 기요무는 마쓰시타전기와의 연락을 담당했으며, 그를 통해 회사의 자료보관실과 PHP연구소 사람들을 만났다. 그리고 마쓰시타정경숙 관계자들도 꼼꼼하게 사실 관계를 확인하는 작업에 수많은 시간을 할애해주었다. 이 책의 원고를 읽고 비평해준 사람들도 많다. 여기에는 바이 반즈By Barnes, 데이비드 바스커빌David Baskerville, 존 벡John Beck, 조 바우어Joe Bower, 리처드 보야치스Richard Boyatzis, 마이클 쿠수마노Michael Cusumano, 낸시 디어먼Nancy Dearman, 바바라 데빈Barbara Devine, 캐롤 프랑코Carol Franco, 앨런 프로만Alan Frohman, 잭 가바로Jack Gabarro, 리처드 해크먼Richard Hackman, 짐 헤스킷Jim Heskett, 모니카 히긴스Monica Higgins, 월터 키첼Walter Kiechel, 밥 램브릭스Bob Lambrix, 제이 로시Jay Lorsch, 레너드 린Leonard Lynn, 모건 맥콜Morgan McCall, 노다 가즈오Noda Kazuo, 톰 파이퍼Tom Piper, 프레더릭 로버츠Frederick Roberts, 렌 슐레진저Len Schlesinger, 시모타니 마사히로Shimotani Masahiro, 니콜라이 시겔코Nicolaj Siggelkow, 스콧 스눅Scott Snook, 하워드 스티븐슨Howard Stevenson, 레나토 타기우리Renato Tagiuri, 다카기 하루오Takagi Haruo, 리처드 테들로Richard Tedlow, 데이비드 토머스David Thomas, 우메스 히로요시Umezu Hiroyoshi, 에즈라 포겔Ezra Vogel, 로버트 월리스Robert Wallace, 리처드 월턴Richard Walton, 로버트 와고Robert J. J. Wargo, 마이크 요시노Mike Yoshino 등이 있다. 그리고 존 맥아더, 폴 로렌스Paul Lawrence, 토니 아토스Tony Athos, 아브라함 잘레즈닉, 워런 베니스를 비롯해 여러 사람들에게 영감을 받거나 도움을 받았다.

 이렇게 많은 사람들이 도와주었음에도 불구하고 작업은 당초 예상보다 더 어려웠다. 내가 일본 전문가도 아니고 일본어도 모르

335

기 때문에 언어와 문화적 차이에서 발생하는 복잡 미묘한 문제들이 발생했다. 당시에 작업하면서 가장 짜증스러웠던 부분은 혹여나 창업주에 대해 불미스러운 내용이나 유가족의 심기를 건드릴 만한 내용이 언급되지는 않을지 회사 측에서 늘 노심초사 지켜보았다는 것이다. 기록되지 않은 역사적 공백 때문에 마쓰시타라는 인물을 하나의 맥락 속에서 제대로 통찰하기 어려운 점도 있었다. 마쓰시타 석좌교수라는 내 직함 때문에 의심의 눈초리를 보내는 이들에게는 긴 설명이 필요했다(하버드 경영대학원 석좌기금은 일반 기금으로 분류되기 때문에 교수 개인의 연봉이 그에 따라 달라지는 것은 아니다).

　마쓰시타 고노스케가 생전에 구현했던 리더십은 내가 십여 년 전부터 줄곧 다뤄왔던 리더십의 특성과 일치하는 면이 많았다. 따라서 나의 현재 사상을 마쓰시타의 인생에 그대로 투영하는 실수를 범해 그의 실제 삶을 있는 그대로 기록하지 못할 위험이 늘 도사리고 있었다. 무엇보다 가장 어려웠던 점은, 마쓰시타를 알면 알수록 그가 세운 공로나 저지른 허물을 떠나 그 사람을 점점 더 좋아하게 되었다는 사실이다. 전기(傳記)를 쓴다는 것은 대단히 힘이 들고 시간을 많이 투자하는 작업이라는 점에서 그 대상을 흠모한다는 사실은 축복이지만, 그 사람을 정직하게 평가해야 하는 입장에서는 저주가 될 수도 있었다.

　이 책은 일반적인 전기와는 조금 다른 과정을 거쳤다. 나는 역사학자로 경력을 쌓은 사람도 아니고 마쓰시타의 인생을 철저하게 고증하고 기록하는 데 흥미를 둔 사람도 아니다. 따라서 나는 경영대학원 교수로서 미래 관점에서 볼 때 흥미로운 교훈이라든가 경영방식을 강조하는 방식으로 이야기를 풀어나가고자 했다.

마쓰시타 고노스케는 1989년, 이 프로젝트가 시작되기 바로 한 해 전에 세상을 떠났다. 얼마나 얄궂은 인연으로 내가 그를 알게 되었는지 마쓰시타는 전혀 알지 못한 채였다. 6년 간 그를 연구하고 나서 생각해보니 이 얄궂은 프로젝트의 시작을 마쓰시타 고노스케도 인정했으리라는 확신이 든다. 왜냐하면 마쓰시타는 겉으로 보기에 우연하게 벌어지는 사건들이 실은 운명이 정한 길이라고 믿었던 사람이기 때문이다. 하기야 가난한 한 소년이 이 지구상에서 최고로 손꼽히는 기업을 세우고 성공한 이야기를 운명의 힘을 빌지 않고서 어떻게 설명할 수 있을까? 정식 교육도 거의 받지 못하고 변변한 인맥도 없어서 자신을 도와줄 이도 하나 없는 사람이 어떻게 조국의 경제 개혁을 일으킬 수 있었는지 운명의 힘이 아니라면 어떻게 설명할 수 있을까? 빈손으로 시작해서 막대한 부와 전 국민의 존경을 한 몸에 얻은 사람을 운명의 힘이 아니라면 달리 어떻게 설명할 수 있을까?

운명이 아니라면 달리 무슨 수로 설명할 수 있겠는가 말이다.

자료에 대한 설명

마쓰시타 고노스케 및 마쓰시타전기와 관련한 많은 문서자료가 존재한다. 대부분의 문서가 일본어로 되어 있으며 마쓰시타전기(오사카)와 PHP연구소(교토), 마쓰시타정경경숙(지가사키 시)의 도서관에 보관되어 있다. 이들 자료를 광범위하게 이용함은 물론, 연구보조원과 나는 일본에서 70명의 사람을 인터뷰했다. 이들과의 인터뷰는 문서기록의 유효성을 확증하고, 관련된 일화들을 추가로 수집하고, 또 마쓰시타와 그의 기업에 대한 사람들의 의견을 수집하는 데 이용했다.

보통 전기를 집필할 때는 자료이용에 특히 신중을 기하는 편이지만 나는 이 책을 쓸 때 그의 자서전 『번영을 향한 길』을 많이 참고했다. 다른 책들보다 역사적 사실에 더 가깝고, 또 인터뷰에 응한 사람들도 이 점을 일관되게 증언했기 때문이다. 이 자서전은 인생의 말년에 기억을 더듬어 작성한 것이 아니라 1934년과 1976년 사이에 쓰인 보고서들을 모아놓은 것이다. 과반수는 1930년대 후반과 1940년대 초에 마쓰시타전기의 회사게시판에 발표된 보고서였다. 나머지는 대부분 1956년과 1976년 「일본경제신문」에 게재된 연재기사에 근거하고 있다.

이 책에 언급된 역사적 사실에 오류가 있는지 확인하고, 마쓰시타에 대한 소개와 판단이 제대로 되어 있는지 비평을 듣기 위해 마쓰시타전기, PHP연구소, 마쓰시타정경숙을 비롯한 많은 지인들에게 원고를 제공했다. 여기에 도움을 준 개인들의 명단은 앞에 있는 감사의 말에서 찾을 수 있다.

주 석

프롤로그

1 키와 체중은 마쓰시타전기 기업역사관에 있는 요시타니 모토타카가 정보를 제공함, 1993년 5월 12일.

2 20세기의 유명 기업인*

이 름	기 업	매출 성장률
마쓰시타 고노스케	마쓰시타전기	49.5
혼다 소이치로	혼다	35.5
샘 월턴	월마트	35.0
모리타 아키오	소니	33.7
데이비드 팩커드/윌리엄 휴렛	휴렛팩커드	20.6
제임스 캐시 페니	J. C. 페니컴퍼니	17.4
켄 올센	디지털이큅먼트	14.5
헨리 포드	포드	10.3
앤디 그로브**	인텔	8.9
레이 크록	맥도널드	4.7
빌 게이츠	마이크로소프트	3.8

(단위: 10억 달러 기준)

* 20세기 기준이므로 여기에 언급되지 않은 유명 기업인들도 물론 있다.
** 앤디 그로브가 인텔 운영에 직간접적으로 참여한 동안의 성장률.

3 오가와가 쓴 『파나소닉 경영Pana Management』, 교토 PHP연구소, 1991년, pp.133-135(보고서 부분).

4 '영업부를 위한 30가지 조언Thirty Important Points for People in Sales', 마쓰시타전기 월간 보고서, 1936년 1~2월. 마쓰시타는 사업 초기 15년 동안 이러한 사상을 발전시킴 (1917~1932).

5 마쓰시타 고노스케의 자서전 『번영을 향한 길』에서 인용, 교토 PHP연구소, 1988년,

pp. 202-203.
6 마쓰시타 고노스케 『비즈니스 정신과 경영윤리Not For Bread Alone: A Business Ethos, A Management Ethic』, 교토 PHP연구소, 1984년 6월. pp.87-87.
7 1992년 2월 19일 무카사 마사히로와의 인터뷰 내용이다.
8 톰 피터스Tom Peters와 로버트 워터맨Robert Waterman, 『초우량 기업의 조건』, 뉴욕, 하퍼앤로, 1982년.
9 워렌 베니스Warren Bennis와 버트 나누스Burt Nanus, 『리더들Leaders』, 뉴욕, 하퍼앤로, 1985년, 노엘 티시Noel Tichy와 매리 앤 데반나Mary Anne Devanna, 『개혁 리더The Transformational Leader』, 뉴욕, 존 와일리, 1986년, 존 코터John P. Kotter, 『변화의 힘A Force for Change: How Leadership Differs from Management』, 뉴욕, 프리프레스, 1990.
10 『파나소닉 경영』, pp.134-135.
11 리차드 크래프트Richard A. Kraft, 『위대한 인내심Great Patience!』, 인터섹트, 1994년 6월, pp.17-18.
12 마쓰시타 마사하루와의 인터뷰, 1992년 2월 19일.
13 같은 인터뷰. 마쓰시타의 최측근인 마사하루는 이 당시 마쓰시타 회장이 무척 외로운 때였다고 증언했다.
14 마쓰시타는 이 여인과의 사이에서 세 아들과 딸 하나가 있다. 마쓰시타는 모두를 자녀로 인정했고 경제적으로 지원했다.
15 1967년부터 마쓰시타와 함께 일했던 에구치 가츠히코는 잠을 이루지 못한 사장으로부터 한밤중에 전화 연락을 받곤 했다고 말했다.(1992년 2월 18일자 인터뷰) 또 마쓰시타가 죽기 직전까지 20년간 주치의를 맡았던 요쿠 사다요시는 그가 매일 밤 수면제를 복용했다고 증언했다.(1993년 11월 4일자 인터뷰)
16 1994년 9월 7일자 인터뷰.
17 나는 전기를 쓰면서 연대기 구조를 대신할 수 있는 여러 대안을 고려해봤지만 모두 심각한 단점이 있었다. 비非연대기적 구조를 채용하면 핵심적인 사실에 집중할 수가 있어서 방법론에 주력하는 '실용서' 느낌을 살릴 수 있는 반면, 연대기 구조에서처럼 저자가 내린 결론을 독자들이 스스로 평가할 수 있도록 하는 힘이 부족했다.

1장

1 『번영을 향한 길』, p.105.
2 가족사에 대해서는 마쓰시타전기 기업역사관에서 제공했다.
3 마쓰시타 고노스케, 『길은 내일로Michi wa Ashitani』, 도쿄 매일신문사, 1974년 10월 30

일, pp.9-10.
4   와사무라 주민과의 인터뷰.
5   쌀 외에 작물로는 밀, 귤, 감 등이 있었다.
6   소를 이용했기 때문에 어느 정도 노동량이 경감되기는 했어도 그 당시 일본에서 벼농사는 매우 고된 노동이었다.
7   츠지모토 유타카와의 인터뷰, 1993년 10월 31일.
8   하타노 난가쿠, 『와사 5000년사』, 자비출판, 1966년 3월 20일, pp.128-129. 1889년에는 12명의 의원 중 한 명이었고, 1892년에는 6명 중 한 명이었다.
9   마쓰시타 고노스케에 따르면, 그의 가문은 '덕망'이 높았다. 『길은 내일로』, 도쿄 매일신문사, 1974년 10월 30일, p.9.
10 19세기 말에 와사무라에 살았던 사람에 따르면, "마쓰시타 고노스케의 아버지는 유력 인사였고, 한눈에 매력을 느낄 만한 사람이었다." 세키모토 시주에와의 인터뷰, 1993년 11월 2일.
11 마쓰시타는 유년 시절을 회상할 때, 종종 '보모'에 관해 말하곤 했다.
12 도쿠에를 잘 알던 지인에 따르면 그녀는 "참 온화한 사람"이었다. 세키모토 시주에와의 인터뷰, 1993년 11월 2일.
13 하타노 가주오의 부친은 마쓰시타보다 네 살 많고, 20세기 초의 마쓰시타 집안에 대해 잘 알고 있었다. 가주오의 부친은 그에게 이렇게 말했다. "마쓰시타네 형제자매들은 막내인 고노스케를 무척 예뻐했어. 놀러 나갈 때면 막내를 등에 업고 나가곤 했지." 하타노와의 인터뷰 1993년 11월 1일.
14 『번영을 향한 길』, p.3.
15 같은 책.
16 같은 책.
17 1868년에도 일본의 지식인들은 독일어로 된 과학서적을 자주 읽는 등 서구 과학기술의 발전 정도를 알고 있었다. 그러나 산업혁명의 기운이 일본 국민의 생활을 변혁시킬 정도는 아니었다.
18 주8을 참조
19 실크와 면화에 관련된 자료는 사카이야 타이치 『일본은 어떤 나라인가What is Japan?』, 뉴욕, 고단샤 아메리카, 1993.
20 방추 수와 철도에 관한 자료는 맨슨R.H.P. Mason과 카이거J.G. Caiger, 『일본사A History of Japan』, 도쿄, 찰스 티틀Charles E. Tittle, 1972년, pp.228-230.
21 육군, 해군, 교육 정보는 스코트 모튼W. Scott Morton, 『일본의 역사와 문화Japan: Its

History and Culture』, 뉴욕, 맥그로힐, 1984년, p.154.
22 20세기 말 기업환경에 대해서는 존 코터John P.Kotter, 『새로운 규칙: 오늘날의 기업 세계에서 성공하는 법The New Rules: How to Succeed in Today's Post-Corporate World』, 뉴욕, 프리 프레스, 1995년, Chapter3.
23 와카야마 현정사 편찬위원회, 와카야마 현정사 제1권, 서편 명치편, 와카야마: 와카야마 현, 1967년 p.584.
24 사쿠라이 마코토, 『미곡정책과 운동(상)』, 1989년 8월 10일, pp.35-36.
25 1886년에는 4학년까지가 의무교육이었다.
26 이용 가능한 자료를 보면서 추론한 결과다.
27 『길은 내일로』, pp.9-10.
28 와카야마 현의 츠지모토 유타카와의 인터뷰, 1993년, 그는 마쓰시타의 오랜 친구로 마쓰시타 생가 인근에 살았었다.
29 마쓰시타 고노스케, 『나의 생활방식 사고방식』, 실업지 일본사, 1974년 10월 30일. pp.9-10.
30 빅터 샤워즈Victor Showers, 『세계 현황 및 인물, 개정3판World Facts and Figures, Third Edition』, 뉴욕, 와일리 인터내셔널, 1989년, p.160.
31 자료를 통해 추측하건대, 방이 세 칸 있는 주택에서 살았다. 하타노 가쯔오 외 다른 이들과의 인터뷰.
32 『번영을 향한 길』, p.4.
33 『길은 내일로』, p.1.
34 마쓰시타정경숙 숙장 편, 『마쓰시타정경숙 숙장 강화록』, 교토, PHP연구소, 1981년 4월, pp. 56-58.
35 마쓰시타전기 기업역사관.
36 같은 곳.
37 『번영을 향한 길』, p.5.
38 같은 책.
39 사망 일자는 마쓰시타전기 기업역사관에서 입수함.
40 『번영을 향한 길』, p.5. 마쓰시타는 영문판에서 "맏이들 세 명을 잃었다"고 했는데, 이는 맞지 않다. 장녀는 1921년까지 생존해 있었다.
41 같은 책.
42 같은 책.
43 타무라 마고베이와의 인터뷰(당시 그는 99세였다), 1993년 11월 1일.

44 나카지마 사토시와의 인터뷰, 1993년 3월 24일.
45 『번영을 향한 길』, p.6.
46 같은 책.
47 같은 책.
48 같은 책.
49 같은 책.
50 1900년 오사카 거주 인구는 88만 1344명이었다. 『오사카 시 연간 통계』, 1926년, pp.2-4.
51 『번영을 향한 길』, p.6.
52 PHP 종합연구소 연구본부 "마쓰시타 고노스케 발언집" 편찬실, 『마쓰시타 고노스케 발언집 16』, 교토 PHP연구소, 1991년 11월 27일. p.124.
53 『번영을 향한 길』, p.6.
54 같은 책, p.7.
55 『나의 생활방식 사고방식』 p.16.
56 『길은 내일로』, p.13.
57 『번영을 향한 길』, p.7.

2장

1 20세기 초에 출간된 『견습 제도 연구The Study of the Apprentice System』를 보면, 당시 오사카에는 7만 5000명의 견습공들이 있었고, 오사카의 100대 부자들은 모두 견습공부터 출발했다고 한다. 요시다 도키오와의 인터뷰, 1992년 6월 16일.
2 『번영을 향한 길』, p.7-8.
3 같은 책, p.8.
4 "수미토모 전기 산업의 기업 자료", 수미토모 전기산업의 역사, 1961년, p.95.
5 『마쓰시타정경숙 숙장 강화록』, pp.58-59.
6 마쓰시타 고노스케, 『미숙함에 화내다』, 도쿄 고단샤, 1966년 4월, p.19.
7 『마쓰시타정경숙 숙장 강화록』, pp.58-59.
8 몇몇 보고서에 따르면, 당시 상점은 재정적으로 위기에 처해 있었다. 마쓰시타전기가 국제적으로 출간한 『마쓰시타 고노스케: 그의 삶과 사상Matsushita konosuke: His Life and Thoughts』, 일본, 히라카타 시, 마쓰시타전기 해외 연수센터, 1983년 2월, p.2 참조.
9 니노미야 긴야, 『마쓰시타에서 소니까지』, 도쿄, 고단샤, 1968년 10월, p.15.
10 마쓰시타 고노스케, 『나의 생활방식 사고방식, 나의 반성의 기록』, 교토 PHP연구소,

1986년 9월 16일. p.23.
11 고다이 고헤이 고토쿠회, 『고다이 고헤이전』, 오사카 고다이 고헤이 코토쿠회, 1937년 2월 15일, p.149.
12 『번영을 향한 길』, p.12.
13 『미숙함에 화내다』, p.20.
14 마쓰시타는 이 시기에 배웠던 것들을 자주 입에 올렸다. 『미숙함에 화내다』, p.22-26. 그리고 「아사히 초등학생 신문」 중 "나의 유년기", 아사히 초등학생 신문, 1939년 6월 23일.
15 마쓰시타 마사하루와의 인터뷰, 1992년 2월 19일.
16 『번영을 향한 길』, pp.8-9.
17 당시 마쓰시타는 3일 치가 아니라 5일 치 급료라고 말했다. 『사물에 대한 사고방식』, 교토 PHP연구소, 1986년 5월 16일. p.106.
18 『번영을 향한 길』, pp.8-9.
19 『나의 생활방식 사고방식, 나의 반성의 기록』, p.106.
20 『번영을 향한 길』, pp.13-14. 고다이 씨는 그의 책에서 마쓰시타의 쇄골이 아니라 갈비뼈가 부러졌다고 한다. 『고다이 고헤이전』, p. 151-152.
21 『사물에 대한 사고방식』, p.107.
22 『번영을 향한 길』, p.16.
23 같은 책.
24 『미숙함에 화내다』, pp.27-31. 『번영을 향한 길』, pp.14-16.
25 『번영을 향한 길』, p.15.
26 같은 책, pp.15-16.
27 같은 책, p.16.
28 『나의 생활방식 사고방식, 나의 반성의 기록』, pp.28-29.
29 기록을 살펴보면 마쓰시타는 견습공 시절에 모친을 거의 만나지 못했다는 것이 일반적이다. 『마쓰시타 고노스케, 그의 삶과 사상』, p.3.
30 『번영을 향한 길』, p.18.
31 『비즈니스 정신과 경영윤리』, p.116.
32 『나의 생활방식 사고방식, 나의 반성의 기록』, pp.33-34.
33 마쓰시타전기 기업역사관
34 『고다이 고헤이전』, p.155.
35 와사무라에서 오래 살았던 이들 중에는 도쿠에가 고향에 돌아와 재혼을 했다고 생

각했다. 마쓰시타 고노스케 내외를 오랫동안 보좌했던 다카하시 세이노스케도 그렇게 생각했다(1993년 11월 4일 인터뷰). 하지만 이를 정확하게 확인할 길은 없었다.

36 『번영을 향한 길』, p.19.
37 같은 책.
38 일본의 인구밀도(1900년경)

나라명	거주지역 인구밀도(1제곱킬로미터 당)
일본	545
독일	239
프랑스	113
미국	17

(1) 일본 국토청, (2) 『세계연감World Almanac』, 뉴욕: 프레스 출판, 1901, (3) 미첼B. R. Mitchell, 『유럽의 역사통계European Historical Statistics(1750-1975)』, 뉴욕 팩츠온파일Facts on File, 1981 (4) 미첼, 『국제 역사통계, 아프리카와 아시아International Historical Statistics, Africa and Asia』, 뉴욕 NYU프레스, 1982 (5) 미첼, 『국제 역사통계, 아메리카와 호주International Historical Statistics, America and Australia』, 런던 맥밀란, 1983.

39 존 벡John C. Beck, "일본의 개인, 기업, 그리고 고용 시스템 환경The Change of a Lifetime: Individual, Organizations, and Environment in Japan's Employment System", 하버드대학 박사논문, 1989.
40 모리타 아키오, 『메이드 인 재팬: 아키오 모리타와 소니Made in Japan: Akio Morita and Sony』, 뉴욕: 시그넷, 1988. p.53.
41 『마쓰시타에서 소니까지』, p.15.
42 『사물에 대한 사고방식』, pp. 109-110.
43 『나의 생활방식 사고방식, 나의 반성의 기록』, p.37.
44 『번영을 향한 길』, p.21.
45 모건 맥콜Morgan W. McCall, Jr., 마이클 롬바도Michael M. Lombardo, 앤 모리슨Ann M. Morrison, 『경험으로부터 얻는 교훈The Lessons of Experience』, 매사추세츠 렉싱턴, 렉싱턴 북스, 1988년. chapter4.

3장

1 『번영을 향한 길』, p.22.
2 같은 책, pp.23-24.
3 같은 책, p.25.
4 같은 책.

5 『마스시타정경숙 숙장 강화록』, p.65.
6 같은 책, p.66.
7 같은 책, p.65.
8 『미숙함에 화내다』, p.38.
9 『번영을 향한 길』, p.27.
10 같은 책, pp.31-32.
11 같은 책, pp.32-33
12 마쓰시타는 자서전에서 하숙비로 매달 7~8엔을 지불했다고 했다. 직장에서 받았던 월급은 아마 12엔 정도였을 것이다.
13 『번영을 향한 길』, p.33.
14 같은 책, p.34.
15 같은 책.
16 같은 책, pp. 28-29.
17 같은 책, pp.31-32.
18 같은 책, p.30.
19 마쓰시타전기 기업역사관.
20 『번영을 향한 길』, pp.34-35.
21 마쓰시타전기 기업역사관.
22 『번영을 향한 길』, p.35.
23 같은 책, pp.36-37.
24 이우에 무메노의 나이에 관한 자료는 마쓰시타전기 기업역사관에서 제공함.
25 『나의 생활방식 사고방식』, pp.58-59.
26 시모무라 미츠코, 『마쓰시타 고노스케, 근본을 말하다』, 도쿄 다이아몬드사, 1981년 3월 5일, pp.177-178, 188. 에구치 가츠오 『마음은 항상 여기에 있다: 마쓰시타 고노스케 수문록』, 교토 PHP연구소, 1990년 10월, pp.120-121, 216. 무메노를 오랫동안 수행했던 다카하시 세이노스케 또한 그녀를 "지칠 줄 모르는 승부욕"과 "불같은 성정을 지닌" 사람으로 묘사했다. 1993년 11월 4일자 인터뷰.
27 마쓰시타전기 측에서 출판한 사보를 보면, 마쓰시타가 오사카전등회사에서 최연소 검사원이었다고 기록되어 있다. 『마쓰시타 고노스케: 그의 삶과 사상』, 일본, 히라카타 시, 마쓰시타전기 해외 연수센터, 1983년 2월, p.3.
28 『번영을 향한 길』, p. 39.
29 『마쓰시타정경숙 숙장 강화록』, pp.70-72.

30 『번영을 향한 길』, pp.40-41.
31 같은 책, pp.39-40.
32 같은 책, p.41.
33 같은 책.
34 마쓰시타전기 기업역사관.

4장

1 윌리엄 레이 편저William D. Wray 『산업기업 경영: 전전戰前의 일본 사례Managing Industrial Enterprise: Cases from Japan's Prewar Experience』, , 매사추세츠 주 캠브리지, 하버드대학 출판부, 1989, 7장중에서 바바라 몰로니Babara Molony, "노구치 준과 닛치쯔: 한 첨단기술 기업의 투자전략Noguchi Jun and Nitchitsu: Investment Strategies of a High-Tech Enterprise" 참조.

2 『도요타 창업 반세기Toyota: A History of the First 50 Years』, 도요타 시티, 도요타 자동차, 1988년. 그리고 도고 유키야스Togo Yukiyasu와 윌리엄 와트맨William Wartman, 『도요타 자동차와 그 일가Against All Odds: The Story of the Toyota Motor Corporation and the Family That Created It』, 뉴욕 성 마틴 프레스, 1993.

3 『번영을 향한 길』, p.42.

4 하야시와 모리타의 경력 전체를 기록한 자료는 보이지 않는다. 따라서 이 두 사람이 신생기업에서 일한 경험이 없다는 진술은 경험에 근거한 추측이다.

5 『번영을 향한 길』, p.43.

6 여기 인용되는 마쓰시타전기의 초창기 스토리는 마쓰시타 본인이 구술한 기록과 자서전을 참고했다.

7 『번영을 향한 길』, p.43-44.

8 같은 책, pp.44-45.

9 같은 책, p.45.

10 같은 책.

11 마쓰시타전기 기업역사관.

12 "사업 초창기, 제품이 전혀 팔리지 않아 회사가 파산하지 않을까 염려하던 시절이 있었다. 그럴 때마다 장모님께서는 옆에서 사업을 계속하라고 강력하게 권고하셨다." 1992년 2월 19일, 마쓰시타 마사하루와의 인터뷰.

13 마쓰시타전기 자료.

14 『번영을 향한 길』, p.46.

15 같은 책, p.47.

16 같은 책.
17 마쓰시타전기 자료.
18 『혁신을 향한 길Quest for Innovation – 75 Years of Matsushita Electric』, 마쓰시타전기 기업역사관, 1994, pp.8-9.
19 마쓰시타전기 기업역사관.
20 『번영을 향한 길』, pp.49-50.
21 마쓰시타전기 자료.
22 윌리엄 레이 편저, 『산업기업 경영: 전전戰前의 일본 사례』, 7장 중에서 바바라 몰로니, '노구치 준과 닛치쯔: 한 첨단기술 기업의 투자전략' 참조.
23 제임스 콜린스James C. Collins와 제리 포라스Jerry I. Porras, 『창업 출발선에서 결승선까지Built to Last』, 뉴욕 하퍼 비즈니스, 1994년, chapter2.
24 『번영을 향한 길』, p.52.
25 같은 책, p.56.
26 아소즈 다케시, 『마쓰시타 고노스케 인사人事의 진수』, 도쿄 일본 실업출판사, 1977년 4월. pp.42-43. p.94. 마츠모토 구니지, 『마쓰시타전기 직원교육』, 도쿄 다이아몬드사, 1982년 3월. p.31.
27 1918년 전자부품 매출 현황

회사명	매출
제너럴일렉트릭	216.8
웨스팅하우스	95.7
도시바	14.8
마쓰시타전기	0.2

(단위: 10억 달러)
자료: 기업자료. 도시바 매출은 그 전신인 도쿄전기의 자료를 근거로 함.

28 하야시 다츠히코, 『실록, 이우에 학교』, 도쿄: 다이아몬드 사, 1985, 10월 13일, p.8.
29 같은 책, p.9.
30 "오사카 상인은 전통적으로 고객을 왕으로 생각합니다. 도쿄 상인은 좀 다릅니다. 자기 발전과 기술 향상에 더 중점을 둡니다. 오사카에서 견습공으로 있었으니 마쓰시타도 틀림없이 오사카 전통에 영향을 받았을 겁니다." 메이지대학 유이 츠네히코 교수와의 인터뷰, 1994년 9월 6일. "오사카 상권은 도쿄보다 훨씬 경쟁이 치열했습니다. 그것이 사업방식에도 영향을 주었고요. (예: 고객은 왕이다) 마쓰시타가 오사카에서 견습공을 하면서 배운 교훈은 그의 기업 인생 내내 영향을 주었습니다." 아

오아먀가쿠인대학, 오카모토 야스오 교수와의 인터뷰, 1994년 9월 7일.
31 존 코터의 설명 참조, 『새로운 규칙: 오늘날의 기업세계에서 성공하는 법』 중 5장 P.75.
32 하야시 다츠히코, 『실록, 이우에 학교』, 도쿄: 다이아몬드 사, 1985년 10월 13일, p.9.
33 오카모토 야스오, 『히타치부터 마쓰시타까지 일본경영의 원형』, 도쿄 중앙공론사, 1979년 4월. p.4.
34 『번영을 향한 길』, pp.60-61.
35 같은 책, pp.23-24.
36 마쓰시타전기 자료.

5장

1 마이클 요시노Michael Yoshino, 『일본의 경영 시스템』Japan's Managerial System: Tradition and Innovation』, 매사추세츠 캠브리지, MIT 프레스, 1968년, Chapter2.
2 나와 다로, 『마쓰시타 고노스케 경영의 진수를 말하다』, 도쿄 국제상업출판 주식회사, 1983년 1월, p.36.
3 『번영을 향한 길』, p.62.
4 같은 책, p.67.
5 마쓰시타전기 기업역사관.
6 같은 곳. 마쓰시타 고노스케가 자서전에서 제시하는 날짜는 약간 다르다. 1922년 3월에 착공해 1922년 7월에 완공되었다고 한다.
7 『번영을 향한 길』, p.70.
8 같은 책.
9 마쓰시타전기 기업역사관.
10 같은 곳.
11 『번영을 향한 길』, pp.74-75.
12 함께 일하던 고토 세이이치와의 인터뷰, 1993년 11월 5일.
13 『번영을 향한 길』, p.75.
14 마쓰시타전기 기업역사관과 『번영을 향한 길』, p.77.
15 『번영을 향한 길』, p.78.
16 같은 책.
17 같은 책, p.79.
18 같은 책.

19 같은 책.
20 같은 책, pp.80-81.
21 같은 책, p.82.
22 같은 책.
23 마쓰시타전기 기업역사관.
24 같은 곳.
25 『번영을 향한 길』, pp. 115-118.
26 같은 책, p. 118.
27 같은 책, p. 119.
28 같은 책.
29 같은 책, p. 122.
30 1993년 11월 8일 도이 도모미와 인터뷰했고, 11월 5일에 고토와 인터뷰했음.
31 마쓰시타전기 기업역사관.
32 『번영을 향한 길』, p.125.
33 같은 책, pp. 125-130.
34 모리타 아키오, 『메이드 인 재팬』, p. 86.
35 『번영을 향한 길』, pp. 130-134.
36 롤런드 굴드Rowland Gould, 『마쓰시타 현상The Matsushita Phenomenon』, 도쿄: 다이아몬드사, 1970, p. 23.
37 모든 통계자료의 출처는 마쓰시타전기의 기업역사관임.
38 1977~1986년 마쓰시타전기의 사장을 역임한 야마시타 도시히코는 자신의 책 『파나소닉 웨이The Panasonic Way』, 도쿄: 고단사 인터내셔날, 1989, p. 39에서 이 통계수치를 언급했다.
39 오카모토 야스오, 『히타치부터 마쓰시타까지 일본경영의 원형』, pp. 18-19.
40 『혁신을 향한 길』, 1994, pp. 18-19.
41 『번영을 향한 길』, p.138.
42 오카모토에 따르면 기업은 1만 엔의 손실을 입었다. 『히타치부터 마쓰시타까지 일본경영의 원형』, p.39.
43 같은 책.
44 모든 통계자료의 출처는 마쓰시타전기의 기업역사관임.
45 『번영을 향한 길』, p.149.
46 같은 책.

47 같은 책.
48 노다 카즈오, 『마쓰시타 고노스케, 그 사람과 사업』, 도쿄, 실업지일본사, 1968년 7월 25일, p. 131.

6장

1 마쓰시타전기 기업박물관.
2 같은 곳.
3 시드니 파인Sidney Fine, 『연좌농성: 제너럴모터스 노조의 파업 1936년~1937년Sit Down: The General Motors Strike of 1936-1937』, 미시간대학 출판부, 1969, p. 21.
4 일본 GNP, 1926~1935년

연도	금액(당시 시가)
1926	15,975
1927	16,293
1928	16,506
1929	16,286
1930	14,698/13,850*
1931	12,520
1932	13,043
1933	14,334
1934	15,672
1935	16,737

(단위: 100만 엔)
* 1930년에 도입된 새로운 평가방식. 이 수치들은 기존 방식과 새로운 방식을 모두 이용해 계산한 값이다.
B.R. 미첼, 『국제 통계 자료, 아프리카와 아시아편International Historical Statistics, Africa and Asia』, pp. 728-729.

5 마쓰시타전기 자료.
6 후쿠다 겐지, 『이우에 도시오의 사업과 인생』, 도쿄: 일본실업출판사, 1969년 11월 5일, pp. 139-140.
7 1993년 11월 5일, 고토 세이이치와 나눈 인터뷰에 따르면, 당시 정리해고가 있을 것이라는 소문이 돌았다고 한다.
8 『번영을 향한 길』, p.156.
9 같은 책.
10 같은 책, pp. 156-157.

11 모리타 아키오가 자서전에서 이것을 논한 내용이 특히 흥미롭다. 『메이드 인 재팬』, pp. 144-189의 '경영'에 대한 장을 참조.
12 『번영을 향한 길』, p. 157 참조.
13 마쓰시타전기 기업박물관.
14 같은 곳.
15 마쓰모토 구니지, 『마쓰시타전기의 여자직원교육』, 도쿄: 다이아몬드사, 1982년 3월, p. 31과 아소즈 다케시의 『마쓰시타 고노스케의 인사 원리』, 도쿄: 일본실업출판사, 1977년 4월, pp. 42-43을 참조.
16 마쓰시타전기 자료.
17 같은 곳.
18 『번영을 향한 길』, p.170.
19 같은 책, p. 171.
20 이 사건과 관련해 두 가지 이야기가 기업 문건에서 발견되었다. 하나는 마쓰시타가 라디오 공장을 매입했다는 것이고, 다른 하나는 고쿠도전기와 함께 합작회사를 만들었다는 것이다.
21 마쓰시타전기 자료.
22 『번영을 향한 길』, p.173.
23 같은 책.
24 마쓰시타전기 자료.
25 『번영을 향한 길』, p.174-176.
26 같은 책.
27 같은 책, pp. 176-177.
28 마쓰시타전기 자료.
29 같은 곳.
30 『번영을 향한 길』, p.177-178.
31 마쓰시타전기 자료.
32 나쇼날 라디오 생산량(1931-1938년)

연도	생산량
1931	1,000
1932	28,000
1933	45,000
1934	61,000

1935	135,000
1936	174,000
1937	206,000
1938	237,000

이시야마 시로, 『고노스케 마쓰시타 전연구시리즈 2권 명지의 국제경영』, 도쿄, 학습연구사, 1981년 12월 1일, p. 306. 마쓰시타전기 기업박물관에도 라디오 생산량에 대한 기록이 남아 있지 않아 정확한 통계인지는 확신할 수 없다.

33 『번영을 향한 길』, p.181.
34 마쓰시타전기 자료.
35 같은 곳.
36 『번영을 향한 길』, pp.186-187.
37 같은 책, p. 188.
38 마쓰시타전기 자료.
39 같은 곳.
40 마쓰시타전기 자료.
41 『번영을 향한 길』, p.190.
42 예를 들면, 존 코터의 『새로운 규칙: 오늘날 기업세계에서 성공하는 방법』, 제3장의 논의를 참조하라.

7장

1 여기에 대한 설명은 대부분 자서전에서 인용한 것임. 마쓰시타는 이 이야기를 여러 차례 언급한 바 있다.
2 『번영을 향한 길』, p.191과 192.
3 같은 책, p. 193.
4 같은 책, pp. 193-194.
5 같은 책, pp. 194-196.
6 제재소는 없어지고 다른 건물들이 추가로 들어섰다.
7 『번영을 향한 길』, p.196-198.
8 같은 책, p. 198.
9 같은 책.
10 마쓰시타와 여러 차례 대화를 나눈 적이 있는 저널리스트인 시모무라 미츠코에 따르면 마쓰시타는 사업 초창기에는 돈에 관심이 많았지만, 10~15년이 지나자 "돈을

많이 버는 것만으로는 행복을 얻지 못한다는 사실을 깨달았다"고 한다. (1992년 2월 17일자 인터뷰) 1939년 마쓰시타를 처음 만난 사위 마사하루는 "개인적인 부를 축적하고자 안간힘을 쓰는 사람이 아니었다"고 마쓰시타를 평가했다. (1992년 2월 19일 인터뷰)

11 작가이자 저널리스트이며 출판사 중역인 요시다 도키오는 "마쓰시타는 회사가 성장하며 사업을 계속 확장해나갈 때, 자신의 경쟁업체를 곤경에 처하게 만들거나 파산에 이르게 만든 것은 아닌지 걱정했다. 그는 책임감을 느꼈다. 하지만 많은 사람들이 그가 만든 제품을 좋아했기에 제품을 계속 생산하는 것이 자신의 운명이라고 여겼다. 그는 초기의 죄책감을 씻고자 사회에 그에 상응하는 무언가를 환원해야 한다고 생각했다. 이런 의미에서 그가 사회에 기부한 것은 경쟁업체들을 무너뜨린 것에 대해 속죄하는 마음을 표현하는 방식이었다"고 말했다(1992년 6월 16일 인터뷰).

12 고난을 겪은 사람들은 흔히 삶에서 의미를 찾고자 한다. 빅토르 프란케스Victor E. Frankez의 『인간의 의미 탐구Man's Serach for Meaning』를 참조.

13 『번영을 향한 길』, p.191과 192.

14 일시와 장소는 마쓰시타전기 기업박물관에서 인용함.

15 1932년 5월 5일 사건에 대한 설명은 대부분 자서전에서 인용함.

16 『번영을 향한 길』, p.191과 192.

17 같은 책, p. 203.

18 같은 책, pp. 203-204.

19 니시키 시게오는 마쓰시타를 근 45년 동안 알고 지냈다. 1992년 인터뷰에서 그는 "애초에 마쓰시타는 연설을 잘하지 못했다. 유창한 언변은 없었지만 그의 말은 늘 솔직하고 진지했다. 그의 말하는 스타일은 1932년에 행한 '사명감'이라는 연설에 잘 나타나 있다. 다시 말하지만 그는 언변이 뛰어나지는 못해도 솔직하고 진지했다"고 말했다.

20 당시 연설을 들었던 청중 가운데 한 명은 모임이 끝날 즈음 사람들이 깊은 감동을 받았다고 말했다. 1993년 11월 5일 고토 세이이치와의 인터뷰. 마쓰시타도 자서전에서 같은 말을 했다. 『번영을 향한 길』, p.206.

21 "이익은 제품의 품질과 서비스에 만족한 소비자들이 경영진에 수여하는 보상이다"라고 롤런드 굴드가 말했듯이, 이 말은 마쓰시타전기의 금언이 되었다. 『마쓰시타 현상』, p. 17 참조.

22 바이런 마셜Byron K. Marshall, 『전전 일본의 자본주의와 민족주의: 비즈니스 엘리트의 이데올로기 1868~1941년Capitalism and Nationalism in Prewar Japan: The Ideology of the Business

Elite 1868-1941』 참조.

23 같은 책, p. 50.
24 같은 책, p. 31.
25 나는 1980년대 중반부터 이런 선언문들을 수집하기 시작했는데, 굵직한 서류철 세 개 분량에 이른다. 내가 알기로는 미국 대기업에도 대부분 비슷한 가치 · 원칙 · 사명 선언문들이 있다.
26 프랜시스 아길라 교수Professor Francis J. Aguilar와 아르빈드 밤브리Arvind Bhambri 공저, "존슨앤드존슨 (A)Johnson and Johnson (A)" 하버드 논문 #384-053 참조.
27 마쓰시타전기 기업박물관.
28 『마쓰시타 고노스케: 그의 삶과 사상』, pp. 17-18.
29 야마시타 도시히코, 『파나소닉 웨이』, p. 89.
30 오카모토 야스오, 『히타치부터 마쓰시타까지 일본경영의 원형』, p. 36.
31 마쓰시타전기자료. 이 조직은 호이치카이步一會라 불렸다.
32 마쓰시타전기 기업박물관.
33 사키야 데츠오, 『혼다 모터: 사람들, 경영, 자동차』, 도쿄, 고단사 인터내셔날, 1987, p. 195.
34 『마쓰시타전기 주식회사의 약사』, 오사카, 마쓰시타 전시산업 주식회사 창업 50주년 기념행사 준비위원회, 1968년 5월 5일, p. 127.
35 같은 책, p. 193.
36 『마쓰시타 고노스케: 그의 삶과 사상』, pp. 18-19.
37 마쓰시타전기를 연구했던 사람들은 대부분 판매 대리점이 경쟁우위의 주요한 원천이 되었다고 결론지었다. "마쓰시타는 소매상들과 끈끈한 유대관계를 형성했다. 그의 사업적인 조언을 따른 소매상들은 꾸준히 수익을 올렸다. 이 때문에 마쓰시타와 소매상들 간의 관계는 더욱 돈독해졌다." 1994년 9월 5일 도쿄대학 츠치야 모리아키 교수와의 인터뷰에서. 오카모토 야스오, 『히타치부터 마쓰시타까지 일본경영의 원형』, pp. 24-25 참조.
38 마쓰시타전기 기업박물관.
39 마쓰시타는 생애 마지막 20여 년 동안 에구치 가츠히코와 친밀하게 일했다. 에구치는 1992년 인터뷰에서 나에게 "1932년 마쓰시타전기의 주요 경쟁업체 두 곳은 실패를 경험했다. 마쓰시타는 자신의 성공을 즐거워하지 않았다. 오히려 죄책감을 느꼈다. 경쟁업체들이 힘들어하는데 그들을 넘어서는 것이 옳은 일인지 자문했다. 이 문제로 그는 마음이 괴로웠다. 그가 정립한 기업 사명은 이 '정신적 고통'을 치료하

는 데 도움이 되었다"고 말했다.
40 1992년 2월 17일, 나와 다로와의 인터뷰.

8장

1   마쓰시타전기 기업박물관.
2   같은 곳.
3   앨프리드 슬론Alfred P. Sloan Jr., 『제너럴모터스와 함께 한 나의 삶My Years With General Motors』을 참조. 사업부로 전환한 것에 대한 더 자세한 논의는 앨프리드 챈들러Alfred Chandler, 『전략과 구조Strategy and Structure』를 참조할 것.
4   노엘 티치Noel M. Tichy와 스트랫포드 셔먼Stratford Sherman, 『자신의 운명을 지배하지 않으면 누군가에게 지배당할 것이다Control Your Destiny or Someone Else Will: How Jack Welch Is Making General Electric the World's Most Competitive Corporation』, p. 257.
5   『혁신을 향한 길』, 1994, p. 33.
6   롤런드 굴드, 『마쓰시타 현상』, 도쿄, 다이아몬드 사, 1970, p. 21.
7   마지마 히로시, 『마쓰시타전기의 사업부제』, 도쿄, 일본실업출판사, 1978년 11월 10일, p. 79.
8   『번영을 향한 길』, p.225.
9   노다 가즈오, 『고노스케 마쓰시타, 그 사람과 사업』, 도쿄, 실업지일본사, 1968년 7월 29일, p. 197
10 『번영을 향한 길』, p.225.
11 『마쓰시타 고노스케: 그의 삶과 사상』, pp. 17.
12 마지마 히로시, 『마쓰시타전기의 사업부제』, p. 79-80.
13 야마시타 도시히코, 『파나소닉 웨이』, p. 28 참조.
14 같은 책, pp. 58-59.
15 같은 책, p. 59.
16 사업부장의 증언에 따랐다. 1992년 2월 20일 나카가와 야스하루와의 인터뷰에서.
17 1994년 9월 6일, 메이지대학 유이 츠네히코 교수와의 인터뷰에서. 이런 생각은 인터뷰에서 반복해서 등장했다. 1994년 9월 5일 도쿄대학 츠치야 모리아키 교수는 "마쓰시타는 부하직원들을 신뢰하는 방식이 매우 특이했다"라고 말했다.
18 롤런드 굴드, 『마쓰시타 현상』, 도쿄: 다이아몬드 사, 1970, p. 21 참조.
19 "다카하시가 그의 사장보다 더 나은 사업가라고 생각하는 사람도 있었다." 1994년 9월 6일 노다 카즈오와의 인터뷰에서.

20 마쓰시타전기 자료.
21 마쓰시타전기에 대한 연구서에서 오카모토 야스오는 "마쓰시타의 비전이 기업 전반에 스며들었다. 이처럼 통일된 비전은 사업부 간에 조화로운 관계를 촉진하고 기업 전체가 성장하는 데 기여했다"고 평했다. 『히타치부터 마쓰시타까지 일본경영의 원형』, p. 33에서 인용함.
22 인터뷰에서 사업부제에 대해 이야기했던 사람들 중 3분의 2가 '건강' 때문이었다고 말했다.
23 마쓰시타전기 자료.
24 『번영을 향한 길』, pp. 217-218.
25 롤런드 굴드, 『마쓰시타 현상』, p. 23 참조.
26 같은 책, p. 50. 야마시타 도시히코, 『파나소닉 웨이』, p. 87 참조.
27 전·현직 마쓰시타 임원들을 상대로 인터뷰했던 내용에서.
28 마쓰시타전기 기업박물관.
29 1992년 2월 19일 마쓰시타의 사위인 마사하루와의 인터뷰에서.
30 1962년 2월 23일자 「타임」 커버스토리에 따르면 마쓰시타는 바쁜 일정 때문에 "주말에만 집에 들어와 무메노를 볼 수 있었다"고 말했다.
31 시모무라 미츠코, 『마쓰시타 고노스케, 근원을 말하다』, pp. 177, 178, 188. 에구치 가츠히코, 『마쓰시타 고노스케 수문록: 마음은 항상 여기에』, 120, 121, 216 참조. 오랫동안 무메노의 비서로 일했던 다카하시 세이노스케도 그녀를 "경쟁에서 절대 지지 않으며" 또 "성미가 불같은" 사람으로 묘사했다. 1993년 11월 4일 인터뷰에서.
32 시모무라 미츠코, 『마쓰시타 고노스케, 근원을 말하다』, p. 187.
33 레슬리 다우너Lesley Downer, 『형제들: 일본 부유층의 숨겨진 세계The Brothers: The Hidden World of Japan's Richest Family』, pp. 54-55.
34 마쓰시타전기 자료.
35 1992년 2월 19일, 마쓰시타 마사하루와의 인터뷰에서.
36 히데마사 모리카와, "일본 대기업에서 월급 받는 관리자들의 힘이 점차 증가하고 있다The Increasing Power of Salaried Managers in Japan's Large Corporations," 윌리엄 레이William D. Wray, 『기업 관리Managing Industrial Enterprise』의 제2장, p. 32.
37 1992년 2월 19일, 마쓰시타 마사하루와의 인터뷰에서.

9장

1 메이슨R.H.P. Mason과 케이거J.G. Caiger, 『일본사A History of Japan』 (Tokyo: Charles E.

Tuttle Co, 1973), 16~17장 참조. 스콧 모턴W. Scott Morton, 『일본의 역사와 문화』Japan: Its History and Culture』, 14~15장 참조. 밀턴 마이어Milton W. Meyer, 『일본사』Japan: A Concise History』, 14~15장 참조.

2 같은 책.
3 같은 책.
4 같은 책.
5 미소노 히토시, 『일본의 독점』, 도쿄: 자생당, 1965년, pp. 41-42.
6 사키야 데츠오, 『혼다 모터: 사람들, 경영, 자동차』, p. 55.
7 『번영을 향한 길』, pp. 231-234. "마쓰시타 연대기, 1894~1989년," 마쓰시타전기 기업박물관, 1990년 4월.
8 『번영을 향한 길』, p. 236.
9 이시야마 시로와 고야나기 미치오, "나의 경영. 그 빛과 그림자. '한다'와 '하지 않는다'의 사이," 『고노스케 마쓰시타 경영회상록 하권』, 프레지던트 사, 1973년 7월, pp. 71-72.
10 다카하시 아라타로, 『구전 마쓰시타 경영』, 교토, PHP, 1983년 10월, pp. 72-73.
11 같은 책.
12 『번영을 향한 길』, p. 239.
13 마지마 히로시, 『마쓰시타전기의 사업부제』, p. 82.
14 마쓰시타전기 기업박물관.
15 같은 곳.
16 『번영을 향한 길』, p. 239.
17 같은 책.
18 동료 기업가인 나카가와 야스하루는 이런 변화를 다음과 같이 풀이했다. "사람들이 마쓰시타와 나를 좋아했지만 회사가 잘 돌아갈 때 우리는 아무런 가치를 느끼지 못했다. 무엇인가 투쟁의 대상이 있어야 했다. 투쟁해야 될 문제가 없으면 실망이었다." 1992년 2월 20일 나카가와의 인터뷰에서.
19 『마쓰시타정경숙 숙장 기록』, p. 114.
20 『번영을 향한 길』, p. 242.
21 마이클 요시노, 『일본의 경영 시스템』, p. 86.
22 마쓰시타전기 자료.

10장

1. G.C. 앨런G.C. Allen, 『일본의 경제성장Japan's Economic Expansion』, p. 5.
2. 모리타 아키오, 『메이드 인 재팬』, p. 46.
3. 이시야마 시로와 고야나기 미치오, 『구, 고노스케 마쓰시타 경영회상록』 (도쿄: 다이아몬드 사, 1974년 5월), p. 164.
4. 『번영을 향한 길』, pp. 241-242.
5. 같은 책, p. 242.
6. 같은 책, p. 243.
7. 같은 책.
8. 마이클 요시노, 『일본의 경영 시스템』, p. 97-98.
9. 같은 책, p. 98.
10. 이시야마 시로와 고야나기 미치오, 『구, 고노스케 마쓰시타 경영회상록』, p. 174-180.
11. 오카모토 야스오, 『히타치부터 마쓰시타까지 일본경영의 원형』, p. 8.
12. 이시야마 시로와 고야나기 미치오, 『구, 고노스케 마쓰시타 경영회상록』, pp. 174-180.
13. 마쓰시타전기 자료.
14. 미소노 히토시, 『일본의 독점』, pp. 38-39.
15. 『번영을 향한 길』, pp. 244-245.
16. 같은 책, p. 245.
17. 같은 책, p. 253.
18. 마쓰시타전기 자료.
19. 같은 곳.
20. 오카모토 야스오, 『히타치부터 마쓰시타까지 일본경영의 원형』, pp. 4-5.
21. 마쓰시타전기 기업박물관.
22. 다카하시 아라타로, "고노스케 마쓰시타의 인생: 잔해 속에서 '가전 원년'으로", 『고노스케 마쓰시타의 연구』, 도쿄, 프레지던트 사, 1980년 12월, pp. 78-79.
23. 같은 책, pp. 79-80.
24. 『번영을 향한 길』, p. 246.
25. 오카모토 야스오, 『히타치부터 마쓰시타까지 일본경영의 원형』, p. 10.
26. 『번영을 향한 길』, pp. 249-250. 이시야마 시로와 고야나기 미치오, 『구, 고노스케 마쓰시타 경영회상록』, pp. 77-79.

27 『번영을 향한 길』, p. 250.
28 마쓰시타전기 자료.
29 다카하시 아라타로, "고노스케 마쓰시타의 인생: 잔해 속에서 '가전 원년'으로", 『고노스케 마쓰시타의 연구』, p. 81 참조.
30 마쓰시타전기 자료.
31 모리타 아키오는 자서전에서 "암시장은 모든 사람이 쇼핑하는 장소였다"고 말했다. 모리타 아키오, 『메이드 인 재팬』, p. 57 참조.
32 이시야마 시로와 고야나기 미치오, 『구, 고노스케 마쓰시타 경영회상록』, pp. 168-172.
33 다카하시 아라타로, "고노스케 마쓰시타의 인생: 잔해 속에서 '가전 원년'으로", 『고노스케 마쓰시타의 연구』, p. 80-81.
34 마쓰시타전기 자료.
35 마쓰시타전기 기업박물관.
36 마쓰시타전기 자료.
37 같은 곳.
38 『번영을 향한 길』.
39 같은 책, p. 254.
40 같은 책.
41 마쓰시타전기 자료.
42 "재벌 가문의 하나로 지정되었을 때 아버님은 할 일이 없어 술을 많이 마셨다." 1992년 2월 19일, 마쓰시타 마사하루와의 인터뷰에서.
43 『번영을 향한 길』.
44 그 젊은이는 니시키 시게오였다. 1992년 2월 20일 니시키와의 인터뷰에서.
45 훌륭한 비즈니스 리더를 넘어선 존재에 대한 개념은 필립 셀즈닉Philip Selznick이 '제도적 리더십institutional leadership'이라 부른 것과 비슷하다. 『경영 리더십Leadership in Administration』 참조.

11장

1 B.R. 미첼, 『국제 통계 자료, 아프리카와 아시아편』, pp. 732.
2 마쓰시타전기 기업박물관.
3 다카하시 아라타로, "고노스케 마쓰시타의 인생: 잔해 속에서 '가전 원년'으로", 『고노스케 마쓰시타의 연구』, p. 82.

4 『번영을 향한 길』, pp. 258-259.
5 다카하시 아라타로, "고노스케 마쓰시타의 인생: 잔해 속에서 '가전 원년'으로", 『고노스케 마쓰시타의 연구』, pp. 82-83.
6 같은 책, pp. 83-84.
7 같은 책, pp. 82-84.
8 같은 책, pp. 83-85.
9 『번영을 향한 길』, p. 259.
10 마쓰시타전기 기업박물관.
11 『번영을 향한 길』, pp. 259-260.
12 같은 책, p. 260.
13 1992년 2월 18일, 야마시타 도시히코와의 인터뷰에서. "미국을 처음 방문한 그가 아주 강렬한 인상을 받았다는 것을 알 수 있었다."
14 마쓰시타전기 기업박물관.
15 일본경제 저널The Japanese Economic Journal, 1967년 10월 24일, p. 7.
16 1951년경 주요 전자회사들의 총매출

회사명	매출
제너럴일렉트릭	2,319
웨스팅하우스	1,241
웨스턴일렉트릭	805
RCA	376
필립스	326
지멘스	235
모토롤라	135
하니웰	135
제니스	110

(단위: 100만 달러)

17 마쓰시타전기 기업박물관.
18 『번영을 향한 길』, p. 262.
19 다카하시 아라타로, "고노스케 마쓰시타의 인생: 잔해 속에서 '가전 원년'으로", 『고노스케 마쓰시타의 연구』, pp. 90-91.
20 『번영을 향한 길』, p. 263.

21 같은 곳.
22 마쓰시타전기 자료.
23 같은 곳.
24 마쓰시타전기 기업박물관.
25 1992년 2월 18일자 인터뷰에서 야마시타 도시히코는 마쓰시타전기가 성공하게 된 진정한 출발점은 필립스와의 합작투자였다고 주장했다.
26 『번영을 향한 길』, p. 264.
27 같은 책, p. 267.
28 다카하시 아라타로, "고노스케 마쓰시타의 인생: 잔해 속에서 '가전 원년'으로", 『고노스케 마쓰시타의 연구』, p. 95.
29 마쓰시타전기 자료.
30 오카모토 야스오, 『히타치부터 마쓰시타까지 일본경영의 원형』, p. 290.
31 같은 책, pp. 24-25.
32 『마쓰시타전기 주식회사의 약사』, pp. 247-249.
33 롤런드 굴드, 『마쓰시타 현상』, p. 59.
34 소니와 마쓰시타에 관한 이 이야기는 모리타의 자서전 『메이드 인 재팬』과 닉 라이언스Nick Lyons의 『소니의 비전The Sony Vision』, 뉴욕, 크라운, 1976, 마쓰시타와 모리타를 모두 알고 지낸 여섯 명가량의 사람들과 인터뷰한 내용을 토대로 했다.

12장

1 마쓰시타전기와 일본 성공 기업 네 곳: 1950년~1965년

회사명	1950년 총수입	1965년 총수입
마쓰시타전기	5,600.00	203,500.00
가지마 상사	4,382.24	147,549.40
브릿지스톤	5,586.00	73,640.00
가오세켄	2,557.00	29,802.00
KDD	4,532.00*	14,075.00

(단위: 100만 엔)

* 1953년도 수치.
자료: 회사기록.

2 마쓰시타전기 자료.
3 1992년 2월 20일, 나카가와 야스하루와의 인터뷰에서.

4 『번영을 향한 길』, p. 269.
5 『마쓰시타전기 주식회사의 약사』, p. 273.
6 마쓰시타 고노스케와 다가와 고로, 『내일을 여는 경영』, 도쿄, 요미우리신문사, 1982년 12월 30일.
7 1992년 2월 20일, 니시키 시게오와의 인터뷰에서.
8 『마쓰시타전기 주식회사의 약사』, pp. 249와 250.
9 같은 책, pp. 261과 262.
10 『번영을 향한 길』, p. 274.
11 같은 책.
12 『마쓰시타전기 주식회사의 약사』, 1968년 5월), pp. 257-261.
13 1992년 6월 15일, 마쓰시타커뮤니케이션산업 상무이사였던 신야 준노스케와 야스하루의 인터뷰에서.
14 같은 인터뷰.
15 같은 인터뷰.
16 같은 인터뷰.
17 같은 인터뷰.
18 『번영을 향한 길』, pp. 281과 282.
19 같은 책.
20 같은 책, p. 301.
21 같은 책, p. 303.
22 마쓰시타전기 기업박물관.
23 이 시기의 문제들에 대한 논의는 오카모토 야스오, 『히타치부터 마쓰시타까지 일본 경영의 원형』 제3장을 참조할 것.
24 『번영을 향한 길』, p. 281.
25 이 책을 집필하고자 인터뷰했던 거의 모든 사람의 증언에 따르면, 마쓰시타는 '공정한' 이익을 강조했다. 그는 독과점을 통한 높은 수익이나 시장점유율을 높이고자 낮은 가격을 책정하는 것은 용납할 수 없다고 직원들에게 반복해서 강조했다.
26 『마쓰시타전기 주식회사의 약사』, p. 258.
27 1992년 6월 15일, 신야 준노스케와의 인터뷰에서.
28 『마쓰시타전기 주식회사의 약사』, p. 246.
29 야마시타 도시히코, 『파나소닉 웨이』, p. 89.
30 1992년 2월 18일, 당시 회의에 참석했던 에구치 가쓰히코와의 인터뷰에서.

31 『번영을 향한 길』, p. 307.
32 같은 책.
33 롤런드 굴드, 『마쓰시타 현상』.
34 마쓰시타전기 연봉 vs. 일본 내 다른 전기회사 연봉(1967년~1971년)

	1967년	1969년	1971년
여타 전기회사 직원(자료: 주 참조)	494	686	874
마쓰시타전기 직원(자료: 주 참조)	731	1,000	1,296

(단위: 100만 엔)
마쓰시타전기자료.

35 야마시타 도시히코, 『파나소닉 웨이』, p. 19.
36 1994년 9월 6일, 게이오 비즈니스 스쿨의 이시다 히데오 교수와의 인터뷰에서. 이시다는 "마쓰시타가 그를 좋아한 이유는 그가 비굴하지 않았기 때문이다"라고 첨언했다.
37 야마시타 도시히코, 『파나소닉 웨이』, p. 7.
38 같은 책, p. 24.
39 같은 책, p. 32.
40 같은 책, p. 37과 38.
41 같은 책, p. 42.
42 같은 책, p. 60.
43 같은 책, p. 95.
44 같은 책, p. 41.
45 1992년 2월 18일, 야마시타와의 인터뷰에서.
46 야마시타 도시히코, 『파나소닉 웨이』, p. 34. 이 일화에 대한 가장 흥미로운 분석은 마이클 쿠수마노Michael Cusumano, 이오르고스 밀로나디스Yiorgos Mylonadis, 리처드 로젠블룸Richard Rosenbloom, "전략적 행동과 대중 시장의 역학: VHS의 승리Strategic Maneuvering and Mass Market Dynamics: The Triumph of VHS over Beta", 「비즈니스 히스토리 리뷰Business History Review」, 66권, pp. 51-94를 참조할 것.
47 "1964년 당시에는 매우 현명한 결정이라 여겨졌지만, 돌이켜보면 아주 잘못된 결정이었다." 1994년 9월 6일, 게이오 비즈니스 스쿨의 이시다 히데오 교수와의 인터뷰에서.
48 "통산산업성(MITI)이 마쓰시타에 대해 편향된 시각을 갖고 있기 때문에 컴퓨터 개발을 위한 기금을 그곳에서 조달받는 일이 매우 어려울 것이라고 마쓰시타는 생각

했다." 1994년 9월 6일, 메이지대학의 유이 츠네히코 교수와의 인터뷰에서.

49 야마시타 도시히코, 『파나소닉 웨이』, p. 64.

13장

1   마쓰시타전기 자료.
2   PHP 역사 자료.
3   같은 책.
4   나와 다로, 『마쓰시타 고노스케 경영의 진수를 말하다』, pp. 99-101.
5   『번영을 향한 길』, p. 274.
6   나와 다로, 『마쓰시타 고노스케 경영의 진수를 말하다』, pp. 99-101.
7   같은 책.
8   『번영을 향한 길』, p. 256.
9   PHP 역사자료.
10 PHP연구소 연구부서, 『마쓰시타 고노스케 발언집 4권』, 교토, PHP, 1991년 10월 27일, p. 69.
11 마쓰시타전기 기업역사박물관.
12 「타임」, 1962년 2월 23일.
13 PHP 역사자료.
14 『번영을 향한 길』, pp. 335와 336.
15 PHP 역사자료.
16 같은 곳.
17 제프리 크루이샹크Jeffrey Cruikshank, 『마쓰시타』, p. 50 참조.
18 "각 부분이 독립적으로는 옳으나 전체적으로는 서로 모순되는 이론들을 결합하는 것이 마쓰시타의 습관이었다. 그의 철학을 이해하려면 그의 사고방식에 존재하는 이 역설적 성격을 먼저 이해해야 한다. 그의 사상은 일목요연하게 정돈되지는 못했으나 모든 것이 어느 정도 조화를 이루고 있다. 대부분의 종교는 특정 맥락의 이야기로 구성되고, 서로 모순되는 부분이 많다. 마쓰시타의 철학도 마찬가지다. 서구 유럽의 분석적 사고와 달리 마쓰시타는 모순된 방식으로 사고하기 때문에 서구 사상과 달리 종교와 더 흡사한 데가 있다." 1994년 9월 12일, 고베대학의 가고노 다다오Tadao Kagono 교수와의 인터뷰에서.
19 『PHP 그룹』, 교토, PHP, 1994년, p. 3.
20 같은 책.

21 같은 책.
22 같은 책.
23 마쓰시타 고노스케, 『나의 경영철학』, 교토, PHP, 1978년, p. 63.
24 "아직도 마쓰시타 고노스케", 「THE21」 7월 특별증간호, 교토, PHP, 1993년 7월 1일, p. 34
25 도쿄대학의 츠치야 모리아키 교수는 "내가 살펴본 모든 증거에 따르면 마쓰시타의 철학 '번영을 통한 평화Peace Through Prosperity'는 그의 삶 곳곳에 스며 있다. 이 철학은 회사 안팎에서 그가 처신하는 방식에 분명하게 드러났다"라고 1994년 9월 5일 인터뷰에서 말했다.
26 여러 인터뷰 내용에 근거해 요약한 것임.
27 1992년 6월, 아라이 마사키와의 인터뷰에서.

14장

1 마쓰시타 고노스케의 저서:
   - PHPのことば (교토: 갑조서림, 1953년 4월).
   - 私の行き方 考え方 (도쿄: 실업지일본사, 1954년 5월).
   - 仕事の夢・暮しの夢 (도쿄: 실업지일본사, 1960년 2월).
   - 物の見方・考え方 (도쿄: 실업지일본사, 1963년 4월).
   - みんなで考えよう (도쿄: 1963년 9월).
   - 繁栄のための考え方 (도쿄: 실업지일본사, 1964년 9월).
   - なぜ (도쿄: 문예춘수, 1965년 5월).
   - 若さに贈る (도쿄: 고단사, 1966년 4월).
   - PHP 道をひらく (교토: PHP Institute, 1968년 5월).
   - 一日本人としての私のねがい (교토: PHP Institute, 1968년 10월).
   - PHP 思うまま (교토: PHP Institute, 1971년 1월).
   - その心意気やよし (교토: PHP Institute, 1971년 7월).
   - 人間を考える、新しい人間?の提唱 (교토: PHP Institute, 1971년 8월).
   - 商売心得帖 (교토: PHP Institute, 1973년 2월).
   - かえりみて明日を思う (교토: PHP Institute, 1973년 3월).
   - 経営心得帖 (교토: PHP Institute, 1974년 7월).
   - 社員稼業 (교토: PHP Institute, 1974년 10월).
   - 崩れゆく日本をどう救うか (교토: PHP Institute, 1974년 12월).

- 松下幸之助実語録 (도쿄: 조출판사, 1974년 11월)
- 人間を考える 第一巻, 新しい人間観の提唱・真の人間道を求めて (교토: PHP Institute, 1975년 2월).
- 道は無限にある (교토: PHP Institute, 1975년 5월).
- 若い君たちに伝えたい (도쿄: 고단사, 1975년 10월).
- 危機日本への私の訴え (교토: PHP Institute, 1975년 12월).
- 指導者の条件, 人心の妙味に思う (교토: PHP Institute, 1975년 12월).
- 新国土創成論 (교토: PHP Institute, 1976년 6월).
- 素直な心になるために (교토: PHP Institute, 1976년 9월).
- 経済談義 (교토: PHP Institute, 1976년 12월).
- 私の夢・日本の夢 21世紀の日本 (교토: PHP Institute, 1977년 1월).
- わが経営を語る (교토: PHP Institute, 1977년 3월).
- 政治を見直そう (교토: PHP Institute, 1977년 3월).
- 人事万華鏡, 私の人の見方・育て方 (교토: PHP Institute, 1977년 9월).
- 続・道をひらく (교토: PHP Institute, 1978년 1월).
- 日本はよみがえるか, めぐりくる繁栄 (교토: PHP Institute, 1978년 2월).
- 決断の経営 (교토: PHP Institute, 1979년 3월).
- 実践経営哲学 (교토: PHP Institute, 1978년 6월).
- 人を活かす経営 (교토: PHP Institute, 1979년 9월).
- 経営のコツここなりと気づいた価値は百万両 (교토: PHP Institute, 1980년 3월).
- 松下政経塾 塾長講話録 (교토: PHP Institute, 1981년 4월).
- 社員心得帖 (교토: PHP Institute, 1981년 9월).
- 〈人間を考える 第二巻・日本の伝統精神〉日本と日本人について (교토: PHP Institute, 1982년 8월).
- 松下幸之助 経営語録 (교토: PHP Institute, 1983년 3월).
- 折々の記, 人生で出会った人たち (교토: PHP Institute, 1983년 7월).
- 人生心得帖 (교토: PHP Institute, 1984년 9월).
- 夢を育てる (교토: PHP Institute, 1989년 5월).
- 人間としての成功 (교토: PHP Institute, 1989년 9월).
- 人生談義 (교토: PHP Institute, 1990년 6월).

2 "아직도 마쓰시타 고노스케", 「THE21」 7월 특별증간호, p. 34와 마쓰시타전기의 기

업시민활동 전담부서에서 제공한 기부활동 자료.
3   마쓰시타 고노스케, 『신국토 창성론』, 교토, PHP, 1976년 6월.
4   『번영을 향한 길』, pp. 332와 333.
5   마쓰시타 고노스케, 『무너져가는 일본을 어떻게 구할 것인가』, 교토, PHP, 1974년 12월.
6   마쓰시타 고노스케, 『위기의 일본』, 도쿄, 고단샤 인터내셔날, p. 92.
7   1992년 2월 17일, 시모무라 미쓰코와의 인터뷰에서.
8   『나의 경영철학』, p. 9.
9   같은 책, p. 42.
10 예를 들면, 마쓰시타의 『A Piece of the Action』 (교토: PHP, 1993)과 『Not For Bread Alone: A Business Ethos, A Management Ethic』 (교토: PHP, 1984)을 참조할 것. 여기서 요약한 핵심 사상들은 에구치 가츠히코와의 대화 내용에 근거한다.
11 더글라스 맥그리거Douglas McGregor, 『기업의 인간적 측면The Human Side of Enterprise』, pp. 45-49.
12 오코치에 대한 자료는 윌리엄 레이 편저, 『산업기업경영: 전전戰前의 일본 사례』의 제8장 마이클 쿠수마노Michael A. Cusumano의 "과학적 산업: 전전 일본의 전략, 기술, 기업 Scientific Industry: Strategy, Technology, and Entrepreneurship in Pre-war Japan"에서 인용함.
13 같은 책, 284쪽에 인용됨.
14 "아직도 마쓰시타 고노스케", 「THE21」 7월 특별증간호, p. 34와 마쓰시타전기의 기업시민활동 전담부서에서 제공한 기부활동 자료. 평균 환율은 IMF의 『무역통계연보International Financial Statistics Yearbook』, 제14권, 1992에서 인용함.
15 설립 사실을 발표한 팸플릿에서.
16 "일본의 과학과 기술 재단, 1991년The Science and Technology Foundation of Japan, 1991"이라는 제목의 팸플릿에서.
17 주14를 참조.
18 1992년 6월 15일, 신야 준노스케와의 인터뷰에서.
19 리처드 크래프트Richard A. Kraft "위대한 인내Great Patience!" 「Intersect」, 1994년 6월, pp. 17과 18.

15장

1   케네디 행정대학원에 대한 정보는 시설관리부와 학사지원팀에서 얻은 것이다.
2   대학원에서 제공한 졸업생 자료.

3 마쓰시타에게 공감하던 일본 사업가들과 개인들조차 마쓰시타정경숙에 대한 그의 비전을 의심했다. 예를 들면, 「월간 경영숙」 임시증간호 1권의 "있는 그대로 마쓰시타 고노스케," 24쪽과 25쪽에서 요시아키 쓰쓰미와의 인터뷰를 보라. 또 29~31쪽 우시오 지로와의 인터뷰도 참조할 것.
4 "사람의 선한 자질에 대한 강조가 마쓰시타 철학의 핵심이었다." 야마시타 도시히코, 『파나소닉 웨이』, p. 55.
5 마쓰시타를 화나게 만든 것이 있다면 무엇인지를 묻는 질문에 (마쓰시타를 근 30년간 알고 지냈던) 도이 도모미는 "그는 늘 정치에 대해 분노했어요"라고 답했다. 1993년 11월 8일 인터뷰에서.
6 적어도 두 차례 신당 창당을 위해 사람들의 관심을 끌고자 시도했으나 실패했다. 1993년 11월 5일, 에구치 가츠히코와의 인터뷰에서.
7 마쓰시타정경숙 자료와 사무직원들과의 인터뷰 자료.
8 같은 인터뷰.
9 같은 인터뷰.
10 제프리 크루이상크, 『마쓰시타』, p. 42.
11 마쓰시타정경숙 자료.
12 이런 구별에 대한 논의를 위해서는 리처드 보이애치스Richard Boyatzis, 스콧 코웬Scott Cowen, 데이비드 콥David Kolb, 『전문적 교육의 혁신Innovation in Professional Education』, 제1장과 10장을 참조할 것.
13 "많은 사람이 마쓰시타정경숙을 설립하겠다는 그의 생각을 탐탁하지 않게 봤고 그저 '돈 많은 사람의 오락거리'로 느꼈습니다." 1994년 9월 6일 게이오 비즈니스스쿨의 이시다 히데오 교수와의 인터뷰에서.
14 고미네 히로야스는 이 책을 준비하는 데 도움을 주었다.
15 제프리 크루이상크, 『마쓰시타』, p. 47.
16 좀 더 일반적인 문제들에 대한 논의는 존 코터와 제임스 헤스켓James L. Heskett의 『기업문화와 성과Corporate Culture and Performance』를 참조할 것.
17 "마쓰시타전기는 마쓰시타의 철학에서 멀어지고 있습니다." 1994년 9월, 회사에 비판적인 입장이기에 이름을 밝히길 원치 않은 사람과의 인터뷰에서.
18 1992년 2월 17일 시모무라 미쓰코와의 인터뷰에서.
19 1993년 11월 4일 요쿠 박사와의 인터뷰에서.
20 같은 인터뷰.

운명

초판 1쇄 인쇄 2015년 2월 23일
초판 1쇄 발행 2015년 3월 3일

지은이 존 코터
옮긴이 이주만
펴낸이 김선식

경영총괄 김은영
마케팅총괄 최창규
책임편집 류혜정 **크로스교정** 한보라
콘텐츠개발1팀장 류혜정 **콘텐츠개발1팀** 한보라, 박지아,
마케팅본부 이주화, 이상혁, 최혜령, 박현미, 반여진, 이소연
경영관리팀 송현주, 권송이, 윤이경, 임해랑
외부스태프 표지디자인 씨디자인 본문디자인 김성엽

펴낸곳 다산북스 **출판등록** 2005년 12월 23일 제313-2005-00277호
주소 경기도 파주시 회동길 37-14 3, 4층
전화 02-702-1724(기획편집) 02-6217-1726(마케팅) 02-704-1724(경영관리)
팩스 02-703-2219 **이메일** dasanbooks@dasanbooks.com
홈페이지 www.dasanbooks.com **블로그** blog.naver.com/dasan_books
종이 한솔피엔에스 **출력 · 제본** 현문 **후가공** 이지앤비 특허 제10-1081185호

ISBN 979-11-306-0477-0 (13320)

- 책값은 뒤표지에 있습니다.
- 파본은 구입하신 서점에서 교환해드립니다.
- 이 책은 저작권법에 의하여 보호를 받는 저작물이므로 무단 전재와 복제를 금합니다.
- 이 도서의 국립중앙도서관 출판시도서목록(CIP)은 서지정보유통지원시스템 홈페이지(http://seoji.nl.go.kr)와
  국가자료공동목록시스템(http://www.nl.go.kr/kolisnet)에서 이용하실 수 있습니다. (CIP제어번호 : CIP2015004912)

다산북스(DASANBOOKS)는 독자 여러분의 책에 관한 아이디어와 원고 투고를 기쁜 마음으로 기다리고 있습니다.
책 출간을 원하는 아이디어가 있으신 분은 이메일 dasanbooks@dasanbooks.com 또는 다산북스 홈페이지 '투고원고'란으로
간단한 개요와 취지, 연락처 등을 보내주세요. 머뭇거리지 말고 문을 두드리세요.